Die Revolution von 1848/49

Die Revolution von 1848/49

Eine Dokumentation

Herausgegeben von
Walter Grab

Philipp Reclam jun. Stuttgart

Umschlagabbildung:
Unruhen vor der Paulskirche am 18. September 1848
(Institut für Stadtgeschichte der Stadt Frankfurt am Main)

Universal-Bibliothek Nr. 9699
Alle Rechte vorbehalten
© 1998 Philipp Reclam jun. GmbH & Co., Stuttgart
Gesamtherstellung: Reclam, Ditzingen. Printed in Germany 1999
RECLAM und UNIVERSAL-BIBLIOTHEK sind eingetragene Marken
der Philipp Reclam jun. GmbH & Co., Stuttgart
ISBN 3-15-009699-5

Einleitung

1848: Eine gescheiterte, aber keine vergebliche Revolution

»Nie wurde eine revolutionäre Bewegung mit so erbaulicher Ouvertüre eröffnet wie die revolutionäre Bewegung von 1848. Der Papst segnete sie kirchlich ein, Lamartines Äolsharfe erzitterte unter weichklingend philanthropischen Weisen, deren Text die Fraternité, die Verbrüderung der Gesellschaftsglieder und der Nationen war. ›Seid umschlungen, Millionen, dieser Kuß der ganzen Welt!‹«[1]

Mit diesen Worten, die die Aufbruchstimmung des Völkerfrühlings prägnant charakterisierten und gleichzeitig die politischen und sozialen Illusionen der Revolutionäre entlarvten, begann der Leitartikel des ›Organs der Demokratie‹, der von Karl Marx redigierten »Neuen Rheinischen Zeitung« vom 1. Januar 1849. Die Februarrevolution in Frankreich, die den Thron des ›Bürgerkönigs‹ Louis Philippe hinwegfegte, erweckte diesseits des Rheins größte Hoffnungen auf die Errichtung eines einheitlichen und parlamentarischen deutschen Nationalstaates, erfüllt von demokratischem Geist und gestützt auf freiheitliche Einrichtungen. Die bürgerliche Opposition in den Teilstaaten des Deutschen Bundes verstärkte nachdrücklich ihre alten Forderungen nach staatsbürgerlicher Mitverantwortung, Aufhebung der Zensur, öffentlichen Schwurgerichten, allgemeinem Wahlrecht, Volksbewaffnung, Abschaffung der feudalen Überreste, Freiheit des Handels und Gewerbes, des Glaubens, der Wissenschaft, der Petition, der Rede. Die von

---

1 *Neue Rheinische Zeitung*, Nr. 184, 1. Januar 1849. – Papst Pius IX., der 1846 den Stuhl Petri bestiegen hatte, galt am Beginn seiner Amtszeit als fortschrittsfreundlich. Alphonse de Lamartine war ein lyrisch-romantischer Dichter, der in der ersten republikanischen Regierung (24. Februar bis 10. Mai 1848) als Außenminister Frankreichs fungierte.

breiten Volksschichten unterstützte Bewegung schwoll innerhalb weniger Tage so mächtig an, daß die Potentaten einiger konstitutioneller Teilstaaten bürgerliche ›Märzminister‹ aus den Reihen der landständischen Opposition ernannten und sich sogar die ›Mumienversammlung‹ des Frankfurter Bundestags genötigt sah, von »gesetzlichem Fortschritt« und »einheitlicher Entwicklung« zu sprechen und dem Nationalgeist Zugeständnisse zu machen, indem der Reichsadler zum Wappen und Schwarz-Rot-Gold zu den Farben des Deutschen Bundes erklärt wurden.

Am 5. März 1848 traten in Heidelberg 51 Persönlichkeiten des öffentlichen Lebens – fast ausschließlich aus Südwestdeutschland – zusammen. Sie bezeichneten in einer Proklamation »die Versammlung einer in allen deutschen Landen nach der Volkszahl gewählten Volksvertretung« als unaufschiebbar und wählten einen siebenköpfigen Ausschuß, der Vorschläge über die Wahl des Parlaments und dessen Einrichtungen ausarbeiten sollte. Dieser Ausschuß, dem zwei Märzminister angehörten, erließ eine Einladung an Männer, die »durch das Vertrauen des deutschen Volkes ausgezeichnet« waren, sich am 30. März in Frankfurt zu einer Beratung über die Grundlagen einer staatlichen Neugestaltung einzufinden. Durch die Form der Einladung, die in erster Linie an Mitglieder ständischer Kammern gerichtet war, wahrte man die »gesetzliche Kontinuität« und sorgte hinlänglich dafür, daß im Vorparlament Demokraten und Republikaner in der Minderheit blieben.

Es war nicht das konstitutionell-monarchistische Bürgertum, das die politische Entscheidungsgewalt auch weiterhin den adeligen Machthabern zu überlassen gewillt war und dessen intellektuelle Wortführer sich mit geringen Konzessionen abspeisen ließen, sondern vielmehr die Volksbewegung, die außerparlamentarisch und auf dem Wege revolutionärer Gewalt dem überlebten System feudalbürokratischer Bevormundung den Todesstoß versetzte. Am 13. März kam es bei einer Demonstration von Studenten und Arbeitern in Wien zu Blutvergießen, als Militär auf die unbewaffnete Menge das Feuer eröffnete. Die Aufständischen forderten Volksbewaffnung und die Entlassung Metternichs. Aus Furcht, daß die Soldaten auf die Seite des Volks übergehen könnten, opferte die Hofkamarilla den verhaßten Kanzler, erlaubte die Aufstellung einer Nationalgarde und lockerte die Pressezensur. Zwei Tage später wurde die Gewährung einer Verfassung in Aussicht gestellt.

Die Nachricht vom Sturz Metternichs führte am 18. März zu einer Massenkundgebung vor dem Berliner Schloß, wo ähnliche Forderungen wie bei der Wiener Demonstration erhoben wurden. Als Infanterie vorbrach, um den Platz zu räumen, kam es zu einem Straßenkampf, der dreizehn Stunden dauerte und bei dem etwa zweihundert Bürger, meist Handwerker, Arbeiter und Studenten, niedergemetzelt wurden.

Der König war dadurch gezwungen, die Truppen zeitweise aus der Stadt abzuziehen; mit ihnen verließ der Kronprinz (der spätere Kaiser Wilhelm I.) Berlin. Sein Refugium war London, wohin auch Metternich geflohen war. Beim feierlichen Leichenzug der ›Märzgefallenen‹ zwang der Druck des Volks den König, den Toten zu huldigen und sich vor ihnen zu verneigen.[2]

Die Revolution von 1848 war einer der seltenen Augenblicke der deutschen Geschichte, in denen die Volksmassen in Bewegung gerieten, zu einem wichtigen politischen Faktor wurden und – obwohl sie vor den Thronen stehenblieben – die Grundfesten der monarchistischen Staatsgebäude erschütterten. Allerdings war der Interessengegensatz zwischen Besitz- und Bildungsbürgertum einerseits und dem einfachen Volk andererseits schon in den Märztagen deutlich zu erkennen. Gehörten für die Oberschichten und ihre intellektuellen Sprecher die Errungung und verfassungs-

---

2 Vgl. Freiligraths poetische Darstellung der Berliner Märzkämpfe und der Verneigung Friedrich Wilhelms IV. vor den Gefallenen in: *Die Todten an die Lebenden*, Nr. 35.

rechtliche Absicherung der nationalen Einheit sowie die künftige politische Weltgeltung eines mächtigen Deutschen Reiches zu den wichtigsten Postulaten, so waren für die Handwerker und Arbeiter, die im Sturmjahr 1848/49 ihr Leben auf den Barrikaden Wiens und Berlins, Frankfurts und Dresdens in die Schanze schlugen, vor allem wirtschaftliche und soziale Aspekte ausschlaggebend. Die Massen erhofften vom Sieg der Revolution Beseitigung ihrer materiellen Notlage und Verbesserung ihrer Lebensbedingungen. Der Industrialisierungsprozeß, der mit der Errichtung des Zollvereins und dem Beginn des Eisenbahnbaus in den dreißiger Jahren einsetzte und seither ständig an Impetus gewann, riß zahllose Menschen aus ihrer gewohnten ländlichen Umgebung und drängte sie in die rapide wachsenden Elendsviertel der Städte; die krasse frühkapitalistische Ausbeutung zerrüttete mit der Frauen- und Kinderarbeit viele Proletarierfamilien; Handwerker, deren primitive Arbeitsmethoden mit der maschinellen Produktion nicht Schritt halten konnten, verloren ihre Existenz, verarmten und wurden zu Bettlern; die seit Mitte der vierziger Jahre einsetzende allgemeine Agrar-, Handels- und Finanzkrise führte zu massenhaften Bankrotten unter den Kleingewerbetreibenden und machte viele Fabrikarbeiter arbeitslos, so daß sie die Miete ihrer Elendsquartiere nicht bezahlen konnten und aufs Pflaster geworfen wurden. Infolge einiger Mißernten des Hauptnahrungsmittels – der Kartoffel – kam es in weiten Teilen Mitteleuropas zu Epidemien von Hungertyphus. Die Millionen Menschen, die in stetem Kampf mit der sich täglich erneuernden Not ihren Lebensunterhalt erwarben, waren kaum imstande, ihre Gedanken auf etwas anderes als auf Beseitigung dieser Not zu richten. Die proletarischen Barrikadenkämpfer hofften, daß der revolutionäre Sturm sie vom Druck des Elends befreien und einen Gesellschaftszustand herbeiführen werde, der jedem Arbeitswilligen eine gesicherte Existenz verbürgte.[3]

3 Vgl. die von Arbeitern verfaßten Dokumente Nr. 20, 28, 36.

Die begonnene Revolution konnte nur erfolgreich enden, wenn alle bisher in politischer Unmündigkeit gehaltenen Gruppen und Klassen ihre sozialen Interessengegensätze für die Dauer des Kampfs hintanstellten und gegen die etablierten Machthaber gemeinsam vorgingen. Der Verlauf früherer siegreicher bürgerlicher Revolutionen bewies, daß die alten Gewalten nur mit Gewalt vertrieben werden konnten. Im englischen Bürgerkrieg warb das Parlament ein Heer, um nicht von den königlichen Truppen auseinandergesprengt zu werden; im nordamerikanischen Unabhängigkeitskampf griffen die Revolutionäre zu den Waffen, bevor sie ihre Selbständigkeit proklamierten; in Frankreich stützten sich die drei aufeinanderfolgenden Nationalversammlungen auf die ihrer Sache ergebene Nationalgarde und die organisierte Volksbewaffnung: ohne die Siege der Sansculottenheere wäre die Revolution verloren gewesen. Die Lehren der Geschichte besagten daher, daß man die traditionellen Machtträger nicht im Besitz der Machtmittel belassen durfte.

Allerdings darf nicht übersehen werden, daß ein entscheidender Unterschied zwischen diesen siegreichen Revolutionen westlicher Länder und den mitteleuropäischen Erhebungen von 1848 bestand. Die Machtverschiebungen in England, den Vereinigten Staaten und Frankreich fanden statt, bevor der mächtige, alle materiellen und geistigen Bedingungen grundlegend verändernde Industrialisierungsprozeß einsetzte – bevor also die Arbeiterklasse als eigenständiger Faktor die politische Arena betrat. Zu Beginn der großen Französischen Revolution traten die bürgerlichen Ideologen, die die Herrschaft beanspruchten, im Namen der ganzen Nation, aller politisch Unterdrückten auf; die plebejischen Sansculotten erhoben erst 1793 eigene Forderungen, als das Bürgertum bereits vier Jahre an den Schalthebeln der Macht saß. In den absolutistisch regierten deutschen Großmächten Preußen und Österreich hingegen befand sich die Bourgeoisie bereits im Gegensatz zu der allmählich Klassenbewußtsein entfaltenden Arbeiterbewegung, bevor noch die von den adeligen Machtträgern konservierten feudalen Überreste hinweggeräumt waren. Der Vorbote plebejisch-proletarischer und antikapitalistischer Drohung, der schlesische Weberaufstand, fand bereits vier Jahre vor Ausbruch der bürgerlichen Revolution von 1848 statt. Der wohlhabende Mittelstand, der sein Eigentum – und das bedeutete ihm das Palladium des sittlichen, weil bürgerlichen Staates – gefährdet glaubte, befürchtete, daß ein gemeinsames Vorgehen mit der verachteten ›Canaille‹ gegen die traditionellen Machtträger zu unkontrollierter und zügelloser Pöbelherrschaft und zu Anarchie führen könne. Die Halbherzigkeit und Kompromißbereitschaft der meisten bürgerlichen Politiker war daher keineswegs Resultat eines angeblichen ›deutschen Volkscharakters‹, der zu entschiedenem politischen Handeln unfähig war. Das von den Volksaufständen des März in Angst und Schrecken gejagte Besitzbürgertum flüchtete in die weitgeöffneten Arme der Reaktion, obwohl es die politische Macht mit Hilfe der unteren Schichten fest hätte übernehmen können; eine solche Unterstützung von Arbeitern und Bauern wäre zum Preis politischer und sozialwirtschaftlicher Konzessionen zu gewinnen gewesen, die das bürgerliche Gesellschafts- und Wirtschaftssystem in keiner Weise bedroht hätten.[4]

Im Frankfurter Vorparlament, das Ende März und Anfang April tagte, waren die Politiker, die mit den adeligen Gewalthabern zu einer gütlichen ›Vereinbarung‹ gelangen wollten und vor der Macht des Volkes mehr zurückschreckten als vor der Fortdauer der Fürstenherrschaft, in der Mehrzahl; der Antrag des Republikaners Hecker, die Revolution nicht zu »schließen«, sondern vielmehr das Vorparlament in Permanenz zu erklären, wurde ebenso verworfen wie die Forderung von Heckers Gesinnungsfreund Struve zur »Bildung einer wahren, alle waffenfähigen Männer

---

4 Vgl. Andreas Dorpalen, »Die Revolution von 1848 in der Geschichtsschreibung der DDR«, in: *Historische Zeitschrift* 210 (1970) S. 324–368, hier S. 335.

umfassenden Volkswehr«. Eine ähnliche Zusammensetzung wie das Vorparlament wies die Mitte Mai zusammentretende Frankfurter Nationalversammlung in der Paulskirche auf. Die politischen Wortführer der Besitzbourgeoisie zogen es vor, die Staatsmacht den adeligen ›Stützen der Gesellschaft‹ zu überlassen, weil diese sich bereit zeigten, das bürgerliche Eigentum gegen mögliche Angriffe seitens der Besitzlosen zu garantieren und in der Wirtschaftsgesetzgebung erhebliche Konzessionen an das Finanz-, Handels- und Industriebürgertum zu machen.

Die Paulskirchenversammlung hätte eine dem Pariser Konvent von 1792/93 ähnliche Tatkraft und Energie entfalten müssen, um die Macht der obrigkeitlichen Reaktion, der Länderregierungen, entscheidend zu schwächen. Eine derartige Politik wäre geeignet gewesen, die revolutionären Errungenschaften zu sichern und die traditionellen Gewalten zum Nachgeben zu zwingen (und gegebenenfalls zu stürzen). Allerdings mußte man sich dann auch auf die Bedürfnisse und Interessen der Volksmassen orientieren. Anträge in dieser Richtung machte der konsequente Demokrat Wilhelm Schulz, der Abgeordnete Darmstadts: Er schlug vor, ein Milizheer zur Verteidigung der Nationalversammlung aufzustellen, einen eigenen Verwaltungsapparat zu schaffen, der von den Einzelregierungen unabhängig war, und zur Finanzierung der Heeres- und Staatsausgaben das höhere Einkommen zu besteuern. Die Verwirklichung dieser Anträge hätte die Paulskirche mit einer Macht ausgestattet, vor der die Eigenbröteleien der traditionellen Machthaber hätten zuschanden werden müssen. Selbst eine nur mäßige Besteuerung der Wohlhabenden hätte genügend Deckungsmittel für ein sofort auszugebendes Papiergeld geliefert, ohne dem Volk neue Lasten aufzubürden; diesem Papiergeld wäre die Bedeutung eines Wechsels zugekommen, dessen Verwertung vom Gelingen der Revolution abhängig war, weil sein Empfänger ein persönliches Interesse an ihrem Sieg haben mußte. Auch die Französische Revolution hätte sich – wie Schulz betonte – ohne Ausgabe von Assignaten keine drei Monate lang gehalten.⁵

Die Mehrheit der Versammlung, der an keiner sozialen Vertiefung der Revolution gelegen war und diese schleunigst zum Stillstand bringen wollte, reagierte mit Abscheu auf derart radikale Anträge. Prominente Liberale wie der Historiker und Paulskirchenabgeordnete Dahlmann, der in jeder Revolution ein »Zeugnis eines ungeheuern Mißgeschicks« erblickte,⁶ steuerten aus Angst vor roter Republik und sozialer Revolution einen konsequent konterrevolutionären Kurs. Dahlmanns Gesinnungsfreund Welcker wollte die »wahre Freiheit« schützen und sie nicht dem »zwecklosen Mehrheitsvotum« eines »unorganisierten Volkshaufens«, der nur über »Krawallsouveränität« verfüge, preisgeben.⁷ Gagern, der Präsident der Nationalversammlung und Reichsminister der machtlosen ›provisorischen Zentralgewalt‹, wollte ebenfalls die Unterklassen durch Wahlrechtsbeschränkungen von der Teilnahme an politischen Entscheidungen fernhalten, dem Monarchen jedoch das Recht einräumen, durch sein Veto in die Gesetzgebung einzugreifen.

Mit tatkräftiger Hilfe dieser konstitutionellen Monarchisten überwanden die alten Kräfte in Staat und Gesellschaft ihre vorübergehende Erschütterung so schnell und gründlich, daß sie den Kampf der Liberalen gegen die revolutionäre Volksbewegung kaum zu honorieren brauchten. Die

---

5 Vgl. Wilhelm Schulz, »Die ungarische und deutsche Revolution. Eine politische Parallele«, in: *Deutsche Monatsschrift für Politik, Wissenschaft, Kunst und Leben*, hrsg. von Adolph Kolatschek, Stuttgart 1850, S. 352. – Eine Analyse der Anträge und politischen Haltung von Schulz findet sich bei Walter Grab, *Dr. Wilhelm Schulz aus Darmstadt. Weggefährte von Georg Büchner und Inspirator von Karl Marx*, Frankfurt a. M. 1987.

6 Vgl. Friedrich Christoph Dahlmann, *Die Politik auf den Grund und das Maß der gegebenen Zustände zurückgeführt*, mit einer Einf. von Otto Westphal, Berlin 1924, S. 178.

7 Die Zitate sind der Rede Carl Theodor Welckers in der Paulskirche vom 12. Dezember 1848 entnommen. Vgl. F. Wigard (Hrsg.), *Stenographischer Bericht über die Verhandlungen der deutschen konstituierenden Nationalversammlung*, Frankfurt a. M. 1848, Bd. 6, S. 6046.

aristokratischen und konservativen Gewalten, die die Fortdauer ihrer politischen Macht der Distanzierung des Besitzbürgertums vor den nachdrängenden proletarischen Massen verdankten, scherten sich keinen Pfifferling um die Beschlüsse der Frankfurter Nationalversammlung. Denn ohne Schaffung eines Volksheers mußte die Durchführung aller Anordnungen und Gesetze der Paulskirche auf die Hilfe der Truppen und der Bürokratie der Einzelländer angewiesen bleiben. Die Paulskirchenversammlung lehnte am 15. Juli 1848 aber die von Schulz und anderen Demokraten eingebrachten Anträge zur Errichtung einer Volkswehr von einer halben Million Mann, die dem Parlament unterstehen sollte, ab, und stimmte vielmehr der Erhöhung der Streitmacht der Einzelländer zu. Damit hatte das Parlament, das nicht ein einziges Bataillon zu seinem Schutz aufbieten, aber durch ein einziges Bataillon gesprengt werden konnte, sein eigenes Todesurteil gesprochen. Die Regierungen Preußens und Österreichs, von jeher gewohnt, mit erbarmungsloser Härte auf Empörungsversuche der Untertanen zu reagieren, versäumten nicht, zu geeignetem Zeitpunkt an die Ultima ratio der Gewalt zu appellieren und ihre Heere für die Ziele der Konterrevolution einzusetzen.

Dieser Zeitpunkt war – im außerdeutschen Raum – damals bereits gekommen. Schon Mitte Juni hatten die unter dem Befehl des kaiserlichen Feldherrn Windischgrätz stehenden Truppen die im Gefolge des Slawenkongresses in Prag ausgebrochene Volkserhebung bezwungen. Der prägende Wendepunkt der gesamteuropäischen Revolution war jedoch der wenige Tage später ausbrechende Aufstand der Pariser Arbeiter. Der von der französischen Großbourgeoisie auf den Schild gehobene General Cavaignac ließ unter den Insurgenten ein fürchterliches Blutbad anrichten, das dreitausend Menschenleben kostete. Einen Monat später bewahrte der Sieg Radetzkys über die piemontesischen Truppen die Habsburgermonarchie vor drohendem Zerfall.

Obwohl diese Ereignisse den konterrevolutionären Kräften Auftrieb gaben, bedeuteten sie noch nicht die Perspektivlosigkeit des demokratischen Kampfes. Der ›Trompeter der Revolution‹ Ferdinand Freiligrath – einer der Mitarbeiter an der von Karl Marx redigierten »Neuen Rheinischen Zeitung« – rief Ende Juli in seiner grandiosen Vision »Die Toten an die Lebenden« dazu auf, »die halbe Revolution zur ganzen zu machen«, keine Kraftanstrengung zu scheuen und die Führung der Revolution nicht dem Großbürgertum zu überlassen, von dem der Sturz der alten Gewalten nicht zu erwarten war.

Die Feuerprobe der Demokraten kam im September. Als die preußische Regierung, die den Staatsstreich vorbereitete und ihre Armee zur Niederwerfung der Revolution in Berlin brauchte, den im April wegen der ›meerumschlungenen‹ Herzogtümer Schleswig und Holstein gegen Dänemark begonnenen und schwächlich geführten Krieg abbrach, billigte die Frankfurter Nationalversammlung den Waffenstillstand von Malmö und damit die Preisgabe nationaler Interessen. Robert Blum, der Führer der Linken in der Paulskirche, betonte zutreffend, daß das Parlament damit den Nagel zu seinem eigenen Sarg geschmiedet habe. Aber die Linke konnte sich nicht entschließen, aus der Versammlung auszutreten, in der alle ihre Anträge von der konterrevolutionären Mehrheit verworfen wurden, und sich an die Spitze der außerparlamentarischen Volksbewegung zu stellen. Die Arbeiter, von den wankelmütigen demokratischen Abgeordneten im Stich gelassen, griffen zu den Waffen, nahmen am 18. September allein den Kampf gegen preußische und österreichische Truppen in Frankfurt auf und unterlagen nach zweitägigem Barrikadenkampf. Der über Frankfurt verhängte Belagerungszustand dauerte bis zum 20. Oktober an.

Zu dieser Zeit hatte bereits der größte Aufstand des revolutionären Sturmjahres, die Wiener Oktobererhebung, ihren Gipfelpunkt erreicht. Den Wiener Demokraten war bewußt, daß der Kampf des um politische Unabhängigkeit ringenden ungarischen Volks von ausschlaggebender Bedeutung für das Ergebnis der Revolution in ganz Mitteleuropa war; sie übten internationale Solidarität und verhinderten am 6. Oktober den Abmarsch von Wiener Truppeneinheiten nach Ungarn. Bei den schweren Kämpfen in der inneren Stadt und bei den Donaubrücken gab es mehr als hundert Tote; der Kriegsminister Latour wurde an einer Laterne aufgeknüpft. Die Aufständischen, denen sich ein Teil der Truppen anschloß, stürmten das Zeughaus und verteilten die dort befindlichen Waffen. Am nächsten Tag flohen der Kaiser, ein Teil der Regierung und der Abgeordneten des österreichischen Reichstags nach Olmütz in Mähren; die Hauptstadt des Habsburgerreichs befand sich in den Händen der Revolutionäre.

Der Wiener Oktoberaufstand wurde von den Demokraten in ganz Deutschland lebhaft begrüßt. Die Frankfurter Linke beschloß, eine Abordnung von vier Delegierten nach Wien zu entsenden, zu denen auch Robert Blum gehörte. Sie trafen am 17. Oktober ein; die Stadt befand sich im Belagerungszustand und wurde von Studenten, Arbeitern und Handwerkern vor dem Ansturm der gegenrevolutionären Truppen, die unter dem Befehl von Windischgrätz und Jellačić standen, verteidigt. Der frühere Leutnant Cäsar Wenzel Messenhauser übernahm das Oberkommando der Nationalgarde; das neuerrichtete Mobilgardekorps, das sich hauptsächlich aus Arbeitern zusammensetzte, wurde vom polnischen General Josef Bem befehligt. Im ganzen wurden etwa 25 000 Waffenträger zur Verteidigung der Stadt mobilisiert. Da Windischgrätz und Jellačić über die dreifache Truppenanzahl verfügten, konnte über den Ausgang des Kampfs kein Zweifel bestehen. Die ungarische Armee, deren siegreiches Eingreifen allein die Übergabe der Stadt zu verhindern vermocht hätte, unternahm zu spät und mit ungenügenden Kräften einen Angriff, der abgeschlagen wurde, am 31. Oktober fiel Wien, und die Konterrevolution hielt blutige Abrechnung. Man stellte Blum, der im Vertrauen auf seine Immunität als Parlamentsabgeordneter zu fliehen abgelehnt hatte, vor ein Standgericht, das ihn zum Tode verurteilte; die siegreiche Reaktion wollte mit seiner Hinrichtung die demokratische Linke ins Herz treffen.

Als die Kunde vom Fall Wiens nach Berlin gelangte, beauftragte Friedrich Wilhelm IV. den Grafen Brandenburg mit der Bildung eines neuen Ministeriums. Dies bedeutete den Staatsstreich: Der neue Premier verlegte die Preußische Nationalversammlung in die Provinz und befahl ihre Vertagung. General Wrangel rückte mit einer Truppenmacht von 40 000 Mann in Berlin ein, wo der Belagerungszustand verhängt, alle politischen Klubs geschlossen, Versammlungen von über zwanzig Personen verboten, die Bürgerwehr aufgelöst und mißliebige Presseorgane untersagt wurden.

Einige Tage später sprengte Wrangel den Teil der Volksvertretung, der sich dem Befehl Brandenburgs zu widersetzen gewagt hatte, mit militärischer Gewalt.

Der letzte Beschluß, den die Preußische Nationalversammlung vor ihrer Auflösung faßte, war die Aufforderung zur Steuerverweigerung; namentlich im Rheinland, wo die »Neue Rheinische Zeitung« wochenlang mit der Überschrift »Keine Steuern mehr!!« erschien, versuchten die Arbeiter und Demokraten, mit diesem Beschluß ernst zu machen.

Führende Vertreter des preußischen Großbürgertums, denen es darum ging, einen erneuten Volksaufstand zu verhindern, gelangten mit der Regierung Brandenburg zu einem Kompromiß, der beide Seiten befriedigte. Am 5. Dezember oktroyierte Friedrich Wilhelm IV. eine Verfassung, die das von der Bourgeoisie gewünschte konstitutionelle Mitbestimmungsrecht verankerte. Die Verfassung, die ein Zweikammersystem vorsah, legte die oberste Entscheidungsgewalt in die Hände der konterrevolutionären Exekutive. Dennoch war den Angriffen der Linken die Spitze gebrochen, weil die Verfassung eine Anzahl demokratischer Forderungen, wie Presse-, Versammlungs- und Religionsfreiheit, Ministerverantwortlichkeit und allgemeines Wahlrecht (für die Zweite Kammer) vorsah. Ängstliche und reaktionäre Gemüter wurden nicht nur durch die Errichtung der adeligen Herrenkammer beruhigt, die die Durchführung etwaiger demokratischer Mehrheitsbeschlüsse der gewählten Zweiten Kammer jederzeit vereiteln konnte, sondern auch durch den ausdrücklichen Vorbehalt des Königs, die Verfassung zu gegebener Zeit einer Revision zu unterziehen.

Diese gnädigst von oben gewährte Konstitution gab jenen Abgeordneten des Frankfurter Parlaments, die Preußens Hegemonialstellung in Deutschland befürworteten, Oberwasser. Dies zeigte sich Mitte Dezember, als der Ministerpräsident der Frankfurter Schattenregierung, der Österreicher Schmerling, zum Rücktritt gezwungen und Gagern, der für preußische Vorherrschaft eintrat, zu seinem Nachfolger ernannt wurde. In seinem Ministerium waren keine Österreicher mehr vertreten. In Österreich selbst wurde nach dem Fall Wiens die Reichsversammlung in das mährische Städtchen Kremsier verlegt und der achtzehnjährige Kaiser Franz Joseph an die Stelle seines Onkels, des schwachsinnigen Ferdinand, gesetzt.

Obwohl im November die Würfel bereits gefallen waren und die endgültige Niederlage der Revolution nur eine Frage der Zeit war, bemühten sich die Linksfraktionen der Paulskirche, die demokratischen Märzerungenschaften zu retten und den weiteren Vormarsch der Reaktion aufzuhalten, indem sie den gemäßigten Liberalen der parlamentarischen Mitte Konzessionen machten. Der im November gegründete »Zentralmärzverein« sollte als Dachorganisation der zahlreichen demokratischen und liberalen politischen Klubs fungieren; er konzentrierte seine Tätigkeit auf eine breite Massenagitation für eine freiheitliche Verfassung des deutschen Nationalstaats.

Im Januar 1849 stand die Wahl der gemäß der neuen preußischen Verfassung gebildeten Zweiten preußischen Kammer im Mittelpunkt des öffentlichen Interesses. Die Linke erzielte einen beträchtlichen Erfolg und stellte fast 45% der Abgeordneten; ihre prominentesten Vertreter waren die Demokraten Johann Jacoby aus Königsberg, Karl D'Ester aus Köln und Benjamin Waldeck aus Berlin. Als der neue österreichische Premierminister Schwarzenberg – ein fähiger Kopf der Gegenrevolution – dem Habsburgerstaat am 4. März eine zentralistische Verfassung aufoktroyieren ließ, das Kremsierer Parlament nach Hause schickte und ein für Preußen unannehmbares Projekt der künftigen politischen Gestaltung des Reichs unterbreitete, war die großdeutsche Lösung der nationalen Frage, also die Einbeziehung Deutschösterreichs ins Reich (inklusive Böhmens und Mährens) praktisch gescheitert. In der Frankfurter Nationalversammlung vollzog daraufhin der prominente Abgeordnete Welcker, der bis dahin für einen großdeutschen Bundesstaat eingetreten war, einen Kurswechsel. Er beantragte, die (fast fertige) Paulskirchenverfassung en bloc anzunehmen und den preußischen König zum Erbkaiser zu wählen. Dieser Vorschlag führte einige Dutzend Abgeordnete ins kleindeutsch-preußische Lager und ermöglichte – nach dem Abschluß eines Kompromisses mit den gemäßigten Linken – am 28. März die Wahl Friedrich Wilhelms IV. zum Erbkaiser.

Das designierte Oberhaupt des Reiches sollte verfassungsgemäß dem Parlament nicht verantwortlich sein und hatte die Gesetzgebung mit den beiden Kammern zu teilen. Das Staatenhaus sollte aus Abgeordneten der Einzelstaaten bestehen, die von den Regierungen ausgewählt waren, während die Zweite Kammer, das Volkshaus, aus allgemeinen Wahlen (aller männlicher Bürger) hervorgehen sollte. Die Verfassung verankerte die demokratischen individuellen Grundrechte, die auf die Unabhängigkeitserklärung der dreizehn amerikanischen Staaten vom Jahre 1776 zurückgingen; in vielen Artikeln war auch der Einfluß der amerikanischen Verfassung vom Jahre 1787 unverkennbar.

Als am 3. April 1849 eine 33köpfige Abgeordnetendelegation, angeführt von Eduard Simson als Königsbote, dem Preußenkönig die Krone anbot, wies er sie verächtlich zurück. Schon früher hatte er geäußert, er halte den Liberalismus »für eine Krankheit, gerade wie die Rückenmarksdürre«; die von der Paulskirchenversammlung ausgearbeitete Verfassung sei, würde er sie akzeptieren, ein »eisernes Halsband«, durch das er »zum Leibeigenen der Revolution gemacht werden solle«; an der angebotenen Krone hafte »der Ludergeruch der Revolution«[8].

Damit sah sich die Frankfurter Versammlung auf eben jenen revolutionären Standort zurückgeworfen, den sie zu ihrem Unheil verlassen hatte. Die verkrüppelte Reichsverfassung wurde zum Panier des letzten Aktes der Revolution. Am 5. April berief die österreichische Regierung die im Habsburgerreich gewählten Abgeordneten aus dem Parlament ab, weil es den »Weg der Vereinbarung« verlassen habe und Österreich aus dem deutschen Bundesstaat ausschließen wolle. Es gelang zwar dem Drängen von Gagerns Zentralregierung, 28 kleine und kleinste deutsche Teilstaaten zur Annahme der Verfassung zu bewegen; durch dieses Manöver ließen sich jedoch die mächtigen Regierungen, auf die es ankam, nicht einschüchtern.

Die Paulskirchenmehrheit konnte sich auch nach dem Fußtritt des Preußenkönigs nicht dazu aufraffen, die Bevölkerung zu einer erneuten revolutionären Erhebung aufzurufen, sondern überließ die Initiative dem Zentralmärzverein, der die Reichsverfassung noch in letzter Stunde retten wollte. Gagern und die Seinen fürchteten jede geringste Volksbewegung mehr als die konterrevolutionären Komplotte der deutschen Einzelregierungen; Preußen zögerte nicht, militärisch zu intervenieren und die Erhebungen demokratischer Arbeiter, Handwerker, Kleingewerbetreibender, die in verschiedenen Teilen des Landes aufflammten, in Blut zu ersticken. Den Auftakt bildeten die am 3. Mai beginnenden Barrikadenkämpfe in Dresden, die sechs Tage währten; nach der Niederwerfung des Aufstands durch

---

8 Das letzte Zitat ist dem Brief Friedrich Wilhelms IV. an den preußischen Botschafter in London, K. Chr. J. von Bunsen, vom 13. Dezember 1848 entnommen, vgl. Nr. 57; die anderen Zitate entstammen seinen Briefen an Bunsen vom 13. Mai 1848 und 11. März 1849. Vgl. Leopold von Ranke, *Aus dem Briefwechsel Friedrich Wilhelms IV. mit Bunsen*, Leipzig 1874, S. 117 und 169.

preußische Truppen verurteilte das Frankfurter Parlament diese Intervention in Sachsen als Reichsfriedensbruch. Das ›Reichskabinett‹ Gagern trat zurück; die Berliner Regierung erklärte – obwohl ihr dazu jede rechtliche Handhabe fehlte – das Mandat der preußischen Abgeordneten in Frankfurt für erloschen. Scharenweise leisteten daraufhin die Delegierten des Volks dem Obrigkeitsbefehl Folge und verließen die Nationalversammlung.

Während im Rheinland und im Ruhrgebiet, in der Pfalz und in Baden die Reichsverfassungskampagne tobte und die in revolutionären Volkswehren organisierten Arbeiter und Bürger verzweifelt gegen die überlegene und gutbewaffnete preußische Truppenmacht kämpften, verlegte das Rumpfparlament, dem noch 104 Abgeordnete angehörten, seinen Sitz nach Stuttgart und nahm dort am 6. Juni die Beratungen auf. Nunmehr enthob die Versammlung, aus der die Erbkaiserpartei ausgetreten war, den Reichsverweser Johann und seine provisorische Reichsregierung ihrer Ämter und beschloß die Einsetzung einer aus fünf Mitgliedern bestehenden Reichsregentschaft.

Die Reichsregenten, denen alle wirksamen Machtmittel fehlten, erließen eine Reihe von Proklamationen, ließen an verschiedene Generäle Anweisungen ergehen und setzten die Tradition der Frankfurter Versammlung, die wortreiche Tatenarmut, fort. Eines der Spottlieder über die gescheiterte Volksvertretung lautete:

> Erst hatten sie das Reich,
> Doch keinen Regenten gefunden,
> Dann hatten sie fünf Regenten zugleich,
> Das Reich war inzwischen verschwunden.

Nachdem am 17. Juni der Stuttgarter ›Märzminister‹ Römer in einem herablassenden und höhnischen Brief an den letzten Präsidenten der Nationalversammlung, Loewe aus Calbe, das Verschwinden von Reichsregentschaft und Abgeordneten aus der schwäbischen Hauptstadt gefordert hatte, sprengten am nächsten Tag württembergische Truppen das

Rumpfparlament. In einem Brief, den der Königsberger Demokrat Johann Jacoby (der dem Parlament in der letzten Phase angehörte) am Tage nach dem schmählichen Scheitern der Volksvertretung schrieb, stand die zutreffende Bemerkung, »daß jede Revolution verloren ist, welche die alten wohlorganisierten Gewalten neben sich fortbestehen läßt«.⁹

Die Aufstände in Elberfeld, Köln, Düsseldorf, Iserlohn und anderen rheinischen und westfälischen Städten, bei denen einige Abteilungen der Landwehr Schulter an Schulter mit den revolutionären Volksmassen gegen preußisches Militär kämpften, waren schon Mitte Mai zusammengebrochen; die »Neue Rheinische Zeitung« mußte am 19. Mai ihr Erscheinen einstellen, Marx und andere Redaktionsmitglieder begaben sich ins Exil. In den Kämpfen, die in der Pfalz und in Baden noch mehrere Wochen weitergingen, führte die schlecht ausgerüstete Revolutionsarmee einen aussichtslosen Kampf gegen die vom ›Kartätschenprinzen‹, dem späteren Kaiser Wilhelm I., befehligten preußischen Streitkräfte. Die ehemaligen Mitglieder der Frankfurter Erbkaiserpartei, die sich als »Realpolitiker« auf den »Boden der Tatsachen« gestellt hatten, versammelten sich Ende Juni in Gotha. Sie unterzeichneten ein Programm, dessen Duckmäusertum kaum überbietbar war, indem sie das in Frankfurt beschlossene demokratische allgemeine Wahlrecht preisgaben, die Wahl des Preußenkönigs als »erbliches Reichsoberhaupt« aber eine der »unerläßlichen Grundlagen des deutschen Bundesstaates« nannten.

Während diese in Untertanengeist ersterbenden Kaisertreuen um den Thron des Mannes scharwenzelten, der gegen die demokratische Rechte fordernde Bevölkerung militärische Gewalt einsetzte, ging die Reichsverfassungskampagne zu Ende. Die Festung Rastatt, die letzte Zuflucht der eingeschlossenen Revolutionäre, ergab sich nach dreiwöchiger Belagerung am 23. Juli. Die Konterrevolution kostete

---

9 Vgl. Johann Jacoby, *Briefwechsel 1816 – 1849*, hrsg. und erl. von Edmund Silberner, Hannover 1974, S. 585 f.

ihren Triumph genüßlich aus; ihre Kriegsgerichte begannen sofort mit der Tätigkeit. Ihre Bluturteile markierten das Ende der gescheiterten Revolution.

Neunzehn Revolutionäre wurden in Rastatt, neun andere in Freiburg und Mannheim standrechtlich erschossen. Hunderte wanderten auf Jahre in die Zuchthäuser; Tausende, derer die Reaktion nicht habhaft werden konnte, flohen und verbrachten lange Jahre im Exil; Zehntausende, die nicht mehr in einem despotischen Deutschland leben mochten, emigrierten in die Schweiz, nach England oder in die Vereinigten Staaten. In der Reaktionsperiode der fünfziger Jahre wurde jede demokratische Regung brutal unterdrückt; noch 1855 enthielt der »Anzeiger für die politische Polizei Deutschlands« die Namen von über sechstausend demokratisch und republikanisch gesinnten Teilnehmern an Volksaufständen, Abgeordneten von lokalen und regionalen Versammlungen und Mitgliedern des Rumpfparlaments, die als »Hochverräter und gefährliche Subjekte« bezeichnet und beim Betreten deutschen Bodens zu verhaften waren.

Die blutige Niederschlagung der Revolution schien die Aussichtslosigkeit der Hoffnungen auf ein politisch geeintes und von den alten sozialen Zwängen befreites Deutschland zu beweisen und stürzte viele verfolgte und exilierte Demokraten in ohnmächtige und schmerzliche Resignation. Der Darmstädter Abgeordnete in der Paulskirche, Wilhelm Schulz, der vergeblich die Errichtung eines dem Parlament unterstellten Reichsheeres gefordert hatte, als es noch nicht zu spät war, prophezeite in seinem Zürcher Exil, daß aus der »grausamen Milde und Schwäche« der Volksvertretung »in nicht ferner Zeit noch eine verderbliche Saat entsprießen« werde. »Ein künftiges Geschlecht wird noch die Ohnmacht verdammen, zu welcher die erste deutsche Nationalversammlung sich selbst verdammt hatte!«[10]

Zweifellos war diese Voraussage weitgehend zutreffend; allerdings war die von Schulz beklagte »Ohnmacht« der

---

10 Vgl. Schulz (s. Anm. 5), S. 279.

Paulskirche kein Zufall, da ja die Mehrheit der Abgeordneten die Macht der Einzelregierungen der deutschen Teilstaaten nicht beschneiden wollte und sich von vornherein auf gegenrevolutionären Boden stellte. Aber auch den Demokraten, die den Erfolg der Revolution anstrebten, gelang die Organisierung des Zusammenwirkens zwischen Parlamentsopposition und Massenbewegung nur in sehr beschränktem Maß. Zweifellos wäre bei einem Sieg der bürgerlichen Revolution der Weg zum ersehnten deutschen Einheitsstaat nicht über Staatsstreiche, aufgelöste Parlamente, oktroyierte Verfassungen und schließlich über Schlachtfelder in drei Kriegen gegen andere Völker gegangen. Zweifellos hätte bei einem Triumph der Volksbewegung die Idee der Demokratie, der aktiven Teilnahme der Öffentlichkeit am politischen Entscheidungsprozeß, tiefe Wurzeln in den Köpfen von Millionen geschlagen, anstatt im militaristischen Obrigkeitsstaat zu verkümmern. Zweifellos hätte ein siegreiches 1848 die Ungeheuerlichkeiten, die den deutschen Namen in unserem Jahrhundert befleckt und geschändet haben, verhindert.

Aber trotz ihres Scheiterns bildet das revolutionäre Sturmjahr einen epochalen Einschnitt in der deutschen Geschichte. Die bürgerlich-demokratische Revolution leitete einen nicht mehr rückgängig zu machenden Prozeß der Erneuerung in allen Lebensbereichen ein. Erstmals eröffnete sich der Ausblick auf eine von politischer Freiheit und sozialer Gleichheit bestimmte Gesellschaftsordnung, in der der Einzelne nicht mehr Objekt fremder Befehlsgewalt, sondern Subjekt eigener Entscheidungen ist. Erstmals betrat die Arbeiterbewegung, die im Kampf ihre Organisationen zu schaffen begann, die politische Arena. Erstmals wurden 1848 laut und allen vernehmbar die Ideen des sozialen Wohlfahrtsstaats, der freiheitlich-parlamentarischen Demokratie, der Föderativrepublik, der Abschaffung aller sozialen Privilegien der Geburt und des Besitzes verkündet. Die geschichtliche Entwicklung hat gezeigt, daß diese Ideen von 1848 mächtiger und zukunftsträchtiger waren als die Ideen von 1871, auf denen der Obrigkeitsstaat Bismarcks beruhte. Heute ist erkennbar, wie vergänglich die Schöpfung des charismatischen Vertreters der Junkerkaste war, der die anachronistische Adelsherrschaft konservieren und verewigen wollte und den demokratisch gewählten, aber politisch ohnmächtigen Reichstag zu einer Schwatzbude erniedrigte. Das unter seiner Ägide in Blut und Eisen geschaffene Reich, dessen Verfassung keinen Grundrechtskatalog besaß und in dem – nach Aussage eines unvoreingenommenen Zeitgenossen – »das Militärische das Vorbild alles Öffentlichen« war,[11] ging nach weniger als einem halben Jahrhundert blutig und eisern in einem Krieg zugrunde, für dessen Ausbruch die deutsche Politik die Hauptverantwortung trug. Die Grundsätze hingegen, von denen sich die 1848 unterlegenen republikanischen Volkstribunen leiten ließen, nämlich die universalen Ideen der unveräußerlichen Menschenrechte, der demokratischen Sozialordnung und der brüderlichen Gleichberechtigung aller Nationen, sind heute ebenso gültig wie vor fünf Generationen. Ein Jahrhundert nach dem anscheinenden Triumph der Reaktion und dem Scheitern der Revolution sind sie zum großen Teil im Grundgesetz der Bundesrepublik verankert worden. An dieses stets neu zu erkämpfende Vermächtnis der geschlagenen, aber unbesiegbaren Revolutionäre von 1848 gilt es anzuknüpfen. Es hat einen tiefen politischen Sinn, daß der verstorbene Bundespräsident Gustav Heinemann die letzte Zuflucht der Freiheitskämpfer von 1848, die Festung Rastatt – bei deren Verteidigung einer seiner Vorfahren fiel –, zur Erinnerungsstätte der deutschen Freiheitsbewegungen bestimmt hat.

---

11 Das Zitat ist dem Brief Jacob Burckhardts an Friedrich von Preen vom 23. Dezember 1871 entnommen, vgl. J. Burckhardt, *Briefe*, Bd. 5, Basel/Stuttgart 1963, S. 150.

1
Das Offenburger Programm der südwestdeutschen Demokraten

12. September 1847

Art. 1. Wir verlangen, daß sich unsere Staatsregierung lossage von den Karlsbader Beschlüssen vom Jahre 1819, von den Frankfurter Beschlüssen von 1831 und 1832 und von den Wiener Beschlüssen von 1834. Diese Beschlüsse verletzen gleichmäßig unsere unveräußerlichen Menschenrechte, wie die deutsche Bundesakte und unsere Landesverfassung.

Art. 2. Wir verlangen Preßfreiheit: das unveräußerliche Recht des menschlichen Geistes, seine Gedanken unverstümmelt mitzuteilen, darf uns nicht länger vorenthalten werden.

Art. 3. Wir verlangen Gewissens- und Lehrfreiheit. Die Beziehungen des Menschen zu seinem Gott gehören seinem innersten Wesen an, und keine äußere Gewalt darf sich anmaßen, sie nach ihrem Gutdünken zu bestimmen. Jedes Glaubensbekenntnis hat daher Anspruch auf gleiche Berechtigung im Staat. Keine Gewalt dränge sich mehr zwischen Lehrer und Lernende. Den Unterricht scheide keine Konfession.

Art. 4. Wir verlangen Beeidigung des Militärs auf die Verfassung. Der Bürger, welchem der Staat die Waffen in die Hand gibt, bekräftige gleich den übrigen Bürgern durch einen Eid seine Verfassungstreue.

Art. 5. Wir verlangen persönliche Freiheit. Die Polizei höre auf, den Bürger zu bevormunden und zu quälen. Das Vereinsrecht, ein frisches Gemeindeleben, das Recht des Volks, sich zu versammeln und zu reden, das Recht des Einzelnen, sich zu ernähren, sich zu bewegen und auf dem Boden des deutschen Vaterlandes frei zu verkehren, seien hinfür ungestört.

Art. 6. Wir verlangen Vertretung des Volks beim deutschen Bund. Dem Deutschen werde ein Vaterland und eine Stimme in dessen Angelegenheiten. Gerechtigkeit und Freiheit im Innern, eine feste Stellung dem Ausland gegenüber gebühren uns als Nation.

Art. 7. Wir verlangen eine volkstümliche Wehrverfassung. Die waffengeübte und bewaffnete Bürger kann allein den Staat schützen. Man gebe dem Volk Waffen und nehme von ihm die unerschwingliche Last, welche die stehenden Heere ihm auferlegen.

Art. 8. Wir verlangen eine gerechte Besteuerung. Jeder trage zu den Lasten des Staats nach Kräften bei. An die Stelle der bisherigen Besteuerung trete eine progressive Einkommensteuer.

Art. 9. Wir verlangen, daß die Bildung durch Unterricht allen gleich zugänglich werde. Die Mittel dazu hat die Gesamtheit in gerechter Verteilung aufzubringen.

Art. 10. Wir verlangen Ausgleichung des Mißverhältnisses zwischen Arbeit und Kapital. Die Gesellschaft ist schuldig, die Arbeit zu heben und zu schützen.

Art. 11. Wir verlangen Gesetze, welche freier Bürger würdig sind und deren Anwendung durch Geschworenengerichte. Der Bürger werde von dem Bürger gerichtet. Die Gerechtigkeitspflege sei die Sache des Volks.

Art. 12. Wir verlangen eine volkstümliche Staatsverwaltung. Das frische Leben eines Volks bedarf freier Organe. Nicht aus der Schreibstube lassen sich seine Kräfte regeln und bestimmen. An die Stelle der Vielregierung der Beamten trete die Selbstregierung des Volks.

Art. 13. Wir verlangen Abschaffung aller Vorrechte. Jedem sei die Achtung freier Mitbürger einziger Vorzug und Lohn.

D: Huber, S. 323 f.

Dieses Programm kursierte als Flugblatt mit dem Titel *Die Forderungen des Volks* im Herbst 1847 in weiten Teilen Deutschlands.

2
Das Heppenheimer Programm
der südwestdeutschen Liberalen

10. Oktober 1847

Was nun zunächst die Förderung der Nationalanliegen durch gemeinsame Leitung und Vertretung betrifft, so war man darüber einig, daß von der Bundesversammlung, wie sie gegenwärtig besteht, nichts Ersprießliches zu erwarten sei. Dieselbe hat ihre in der Bundesakte vorgezeichnete Aufgabe, soweit sie die Herstellung landständischer Verfassungen, freien Handels und Verkehrs, der Flußschiffahrt, des freien Gebrauchs der Presse, usw. betrifft, nicht gelöst; die Bundesmilitärverfassung hat weder eine allgemeine Volksbewaffnung, noch ein gleichmäßig organisiertes Bundesheer geliefert. Dagegen ist die Presse unter Zensurzwang gestellt, sind die Verhandlungen der Bundesversammlung in Dunkel gehüllt, aus welchem von Zeit zu Zeit Beschlüsse zutag kommen, welche jeder freien Entwicklung Hindernisse in den Weg legen. Das einzige Band gemeinsam deutscher Interessen, der Zollverein, wurde nicht vom Bunde, sondern außerhalb desselben, durch Verträge zwischen den einzelnen Staaten geschaffen; auch die Verhandlungen über ein deutsches Wechselrecht und einen Postverein werden nicht vom Bunde, sondern von Bevollmächtigten der Einzelregierungen gepflogen. An diese und ähnliche Betrachtungen knüpfte sich die Frage: ob eine Vertretung der Nation bei der Bundesversammlung Besserung bewirken und daher als Strebeziel der Vaterlandsfreunde aufzustellen sei? Für die Bejahung sprach die Empfänglichkeit der Gemüter für den erhebenden Gedanken, die Erwägung, daß nur bei dem gegebenen Organ der Bundesregierungen eine Vertretung aller Bundesstaaten zu begründen möglich sei, und die Erwartung, daß die erstarkende öffentliche Meinung auch die Verwirklichung erzielen und damit die Bahn zu einer deutschen Politik und einer kräftigen Entwicklung aller geistigen und materiellen Hilfsquellen der Nation eröffnet werde. Dem entgegen wurde ausgeführt, daß, bei aller Erhabenheit des Gedankens, doch eine Aussicht auf Verwirklichung nicht vorhanden sei. Der Bund enthalte Glieder, die als zugleich auswärtige Mächte, wie Dänemark und Niederland, sich mit einer deutschen Politik und der Stärkung deutscher Macht niemals befreunden würden; andere, die wenigstens nicht ausschließlich deutsche Mächte sind, und wieder Gebietsteile enthalten, die zwar, wie Ostpreußen, deutsch sind, aber nicht zum Bunde gehören. Ferner bedinge eine Nationalvertretung auch eine Nationalregierung, ausgerüstet mit den Befugnissen der obersten Staatsgewalt, die bei dem völkerrechtlichen Bunde nicht vorhanden ist. Das Ziel der Einigung Deutschlands zu einer deutschen Politik und gemeinsamer Leitung und Pflege nationaler Interessen werde wohl eher erreicht, wenn man die öffentliche Meinung für die Ausbildung des Zollvereins zu einem deutschen Vereine gewinne. Hier habe man schon eine, wenn auch mangelhafte, Verwaltung, welche die Verbesserungen, deren sie dringend bedarf, und eine Vertretung von Notabeln, die von den Kammern und andern Körperschaften der Vereinsstaaten zu wählen seien, zur Seite erhalten könnte. Jetzt schon habe der Zollverein die Leitung einer Reihe wichtiger gemeinschaftlicher Interessen in Händen und stehe auch in Vertragsverhältnissen zu auswärtigen Staaten. Hier liege sonach der Keim einer Vereinspolitik, durch keine fremden Glieder gestört, und den Zoll- und Handelsverhältnissen würden sich andere verwandte Interessen anreihen, z. B. das Transportsystem von Land- und Wasserstraßen, gleiche Besteuerung, besonders für Verbrauchssteuern, Gewerbeverfassung, Marine, Konsulate, Handelsgesetz u. dgl. Durch solche Ausbildung zur Macht geworden, werde der deutsche Verein eine unwiderstehliche Anziehungskraft für den Beitritt der übrigen deutschen Länder üben, endlich auch den Anschluß der österreichischen Bundesländer herbeiführen und somit eine wahre deutsche

Macht begründen. Dieser Gedankengang, den wir natürlich hier nur andeuten können, der aber bis ins einzelne besprochen und erörtert wurde, vereinigte endlich alle Meinungen, doch mit der Erweiterung, daß zwar vorzugsweise auf die Ausbildung des Zollvereins und eine Vertretung seiner Bevölkerung im Zollkongreß durch Notable hinzuwirken, aber auch keine andere Gelegenheit, welche Zeit und Ereignisse bringen mögen, unbenutzt zu lassen sei, um die Idee der deutschen Einigung zu stärken. Unbestritten blieb, daß die Mitwirkung des Volkes durch gewählte Vertreter hierbei unerläßlich, und unbezweifelt, daß bei dem Entwicklungsgang des Jahrhunderts und Deutschlands die Einigung durch Gewaltherrschaft unmöglich, nur durch die Freiheit und mit derselben zu erringen sei. So wie nach dieser Verständigung jeder Anwesende in sich die Verpflichtung fühlte, in diesem Sinne sowohl persönlich in seiner öffentlichen Stellung als bei Freunden nach Kräften und bei jedem Anlaß zu wirken, ebenso ergab sich eine erfreuliche Übereinstimmung der Gesinnungen bezüglich auf die Anträge, welche in allen deutschen Kammern möglichst gleichlautend, doch mit Rücksicht auf die eigentümlichen Verhältnisse der einzelnen Staaten, zu stellen seien. Die Entfesselung der Presse, damit die Deutschen der ungehemmten Wirksamkeit dieses mächtigsten Bildungsmittels teilhaftig und von der Schmach befreit werden, die ihnen das Ausland so häufig ins Gesicht wirft, weil sie eines der höchsten Güter freier Völker, das ihnen längst verheißen ist, noch nicht errungen haben; öffentliches und mündliches Gerichtsverfahren mit Schwurgerichten, Trennung der Verwaltung von der Rechtspflege, Übertragung aller Zweige der Rechtspflege, der Administrativjustiz und der Polizeistrafgewalt an die Gerichte und Abfassung zweckmäßiger Polizeistrafgesetze, Befreiung des Bodens und seiner Bearbeiter von mittelalterlichen Lasten, Selbständigkeit der Gemeinden in der Verwaltung ihrer Angelegenheiten, Minderung des Aufwandes für das stehende Heer und Einführung einer Volkswehr u. a. kamen zu ausführlicher Besprechung; ebenso die verfassungsmäßigen Mittel, welche geeignet sind, den gerechten Ansprüchen des Volkes Nachdruck zu geben. Vorzugsweise aber nahmen auch die Mittel gegen Verarmung und Not, sowie das damit im Zusammenhang stehende Steuerwesen Zeit und Aufmerksamkeit der Versammlung in Anspruch. Da jedoch so wichtige und umfassende Gegenstände nicht in wenigen Stunden zur Vereinigung über bestimmte Vorschläge, wie sie über Leitung des Armen- und Unterrichtswesens, über Einkommensteuer usw. vielfach gemacht wurden, geführt werden konnten, so wurde aus Abgeordneten verschiedener Länder eine Kommission ernannt, um im nächsten Jahre über das Steuerwesen und die Zustände der ärmeren Klassen im Zusammenhang zu berichten und Anträge zu bringen, wobei besonders die gerechte Verteilung der öffentlichen Lasten zur Erleichterung des kleineren Mittelstandes und der Arbeiter zu berücksichtigen ist.

D: Huber, S. 324–326.

3

Bundesbeschluß über die Einführung der Preßfreiheit

3. März 1848

1) Jedem deutschen Bundesstaate wird freigestellt, die Censur aufzuheben und Preßfreiheit einzuführen.
2) Dieß darf jedoch nur unter Garantieen geschehen, welche die anderen deutschen Bundesstaaten und den ganzen Bund gegen den Mißbrauch der Preßfreiheit möglichst sicherstellen.

3) Vorstehende Bestimmungen sind sofort öffentlich zu verkünden.

D: Huber, S. 329.

4

Anonyme revolutionäre Flugschrift

Anfang März 1848

Das deutsche Volk
an die sogenannte deutsche Bundesversammlung

Zum ersten Male seit mehr denn 30 Jahren vernimmt mit billigem Erstaunen das deutsche Volk die Stimme der Bundesversammlung, welche zur Eintracht zwischen den Völkern und Regierungen mahnt. Die deutsche Nation hat dieses Machwerk (datiert Frankfurt den 1. März) teils mit Hohngelächter, teils mit gerechter Entrüstung aufgenommen. Jetzt, wo einer der mächtigsten Throne (Louis Philipp) gesunken und die brausende Woge der Völkerfreiheit drohend an die übrigen Throne schlägt, jetzt kommt diese Mahnung, jetzt auf einmal Vertrauen und Preßfreiheit.

Auf dem blutgetränkten Schlachtfelde von Leipzig knieten die Fürsten nach dem durch ihre Völker mutig errungenen Siege und schwuren: Freiheit ihren Völkern. – *Sie haben falsch geschworen!* –

Ja falsch geschworen, denn keine von allen Versprechungen wurde gehalten, und statt Freiheit wurde namentlich auf die deutsche Nation – Druck, Schmach und Schande gehäuft, und jede deutsche Regierung wurde in ihren schmählichsten Handlungen unterstützt – von der Bundesversammlung, die jederzeit der geistigen Entwicklung der deutschen Nation hemmend im Wege stand.

Hat diese Bundesversammlung je die Fürsten gemahnt, ihre Verpflichtungen den Völkern zu halten? – *Nein!*

Hat diese Versammlung dem Herzoge von Nassau sein Unrecht bedeutet, als er sich die Domänen anmaßte und die sich diesem widersetzenden, edelsten Abgeordneten des Landes in schmählichen Kerker setzte? – *Nein!*

Hat der Bundestag auf die Stimme des deutschen Volkes und den Notschrei der Hannoveraner um den Verlust ihrer Verfassung gehört? – *Nein!*

Hat der Bundestag dem sittenlosen Kurfürsten von Hessen, als er mit seiner Hure die Millionen des verarmten Landes im Auslande verpraßte, die gebührende Zurechtweisung gegeben? – *Nein!*

Hat dieser Bundestag die deutschen Stämme in Schleswig und Holstein gegen die Anmaßungen eines erbärmlichen dänischen Königs geschützt? – Nein! sondern hat selbst die Sympathien des übrigen Deutschlands mißbilligt! –

Hat dieser Bundestag den König von Preußen gehindert, die hungernden schlesischen Weber mit Kartätschen niederzuschießen, statt sie mit den Millionen zu sättigen, die er durch Festlichkeiten zu Ehren einer fremden Königin vergeudete? – *Nein!* –

Hat dieser Bundestag dem scheinheiligen, schuldbefleckten Wasserdichter von Bayern in seinem finstern Treiben und schamlosen Wandel, als er selbst eine spanische Hure, zur Schmach des deutschen Volkes, zur Gräfin machte, gehemmt? – *Nein!* –

Hat dieser Bundestag einen übermütigen Prinzen von Sachsen zur Rechenschaft gezogen, als er die Bürger von Leipzig niederschießen ließ? – *Nein!* –

Hat dieser Bundestag den dreißigjährigen Prinzipienreiter von Ebersdorf zur Rechenschaft gezogen, als derselbe 1831 hundertundzwanzig Bauern morden ließ? – *Nein!* –

Hat dieser Bundestag die verblendeten Regierungen von Baden und Hessen gefragt, warum man die Männer des Volkes, v. Gagern, v. Rotteck u.s.w. aus dem Staatsdienste entfernte? – *Nein!*

Hat dieser Bundestag die Falschmünzer von Koburg, die das deutsche Volk um Hunderttausende betrogen, dafür zur Entschädigung angehalten? *Nein!* –

Hat dieser Hemmschuh von Bundestag dafür Sorge getragen, daß jedem Deutschen im Auslande der gebührende Schutz zu Teil wurde? – *Nein!* sondern gab zu, daß man Badens edle Männer v. Itzstein und Hecker in Preußen wie gemeine Verbrecher des Landes verwies.

Das deutsche Volk erkennt daher auch keinen Bundestag und keinen seiner schon gefaßten oder noch zu fassenden Beschlüsse mehr an.

Das deutsche Volk fürchtet sich nicht vor der französischen Nation, sondern erkennt in derselben eine **sichere Bürgschaft seiner künftigen Freiheit als in den wortbrüchigen Versprechungen** seiner eigenen Fürsten.

Das deutsche Volk *will:* Preßfreiheit, Glaubensfreiheit, allgemeines Parlament, Aufhebung des Zweikammersystems, Verminderung der Zivil- und Pensionsliste, Aufhebung der stehenden Heere, dieser Zwangsjacke für die Völker und Puppenspiels der Fürsten, und dagegen allgemeine Volksbewaffnung.

Werden dem deutschen Volke diese Forderungen nicht im vollsten Umfange und augenblicklich bewilligt, so wird die Zukunft beweisen, daß es auf anderm Wege noch mehr zu bekommen versteht.

Das deutsche Volk wird einig sein in sich, und ein Ganzes werden mit seinen Söhnen, die jetzt noch als Krieger in die bunten Farben der Fürsten gekleidet, ihm ferne zu stehen scheinen, und dann wird der schöne Tag erscheinen, der uns unter einer, der schwarz-rot-goldnen Fahne vereinigt zu einem – großen Deutschlande!

Es lebe Frankreich! Es lebe das vereinigte Deutschland!

Gedruckt in Deutschland bei Schlagdrauf und Hilfdirselbst.

D: Obermann, *Flugblätter*, S. 61–63.

Dieses Flugblatt wurde Anfang März 1848 im Gebiet von Frankfurt, Mainz und Mannheim gedruckt und verbreitet.

5

Erklärung der Heidelberger Versammlung

5. März 1848

Heidelberg, den 5. März. Heute waren hier 51 Männer versammelt aus Preußen, Bayern, Württemberg, Baden, Hessen, Nassau und Frankfurt, fast alle Mitglieder von Ständekammern, um in diesem Augenblicke der Entscheidung über die dringendsten Maaßregeln für das Vaterland sich zu besprechen.

Einmüthig entschlossen in der Hingebung für Freiheit, Einheit, Selbstständigkeit und Ehre der deutschen Nation, sprachen Alle die Ueberzeugung aus, daß die Herstellung und Vertheidigung dieser höchsten Güter im Zusammenwirken aller deutschen Volksstämme mit ihren Regierungen – so lange auf diesem Wege Rettung noch möglich ist – erstrebt werden müsse.

Einmüthig nicht minder war der tiefe Ausdruck des Schmerzes, daß die traurigsten Erfahrungen über die Wirksamkeit der deutschen Bundesbehörde das Vertrauen zu derselben so sehr erschüttert haben, daß eine Ansprache der Bürger an sie die schlimmsten Mißklänge hervorrufen würde. Tief betrübend in einem Augenblicke, wo diese Behörde sich auf die traurigen Erfahrungen der Geschichte beruft und mit schönen Worten von der hohen Stellung spricht, welche die Nation unter den Völkern einzunehmen berufen ist, wo sie jeden Deutschen zu vertrauensvollem Mitwirken auffordert – tief betrübend in diesem Augenblick ist die Erinnerung, daß sie selbst den Deutschen verboten hat, Vorstellungen an sie zu richten.

Die Versammelten sprachen ihre Ueberzeugung von dem, was das Vaterland dringend bedarf, einstimmig dahin aus:

»Deutschland darf nicht durch Dazwischenkunft in die Angelegenheiten des Nachbarlandes oder durch Nichtanerkennung der dort eingetretenen Staatsveränderung in Krieg verwickelt werden.

»Die Deutschen dürfen nicht veranlaßt werden, die Freiheit und Selbstständigkeit, welche sie als ihr Recht für sich selbst fordern, anderen Nationen zu schmälern oder zu rauben.

»Die Vertheidigung der Deutschen und ihrer Fürsten darf hauptsächlich nur in der Treue und dem bewährten Kriegsmuthe der Nation, nie in einem russischen Bündnisse gesucht werden.

»Die Versammlung einer in allen deutschen Landen nach der Volkszahl gewählten Nationalvertretung ist unaufschiebbar, sowohl zur Beseitigung der nächsten inneren und äußeren Gefahren, wie zur Entwickelung der Kraft und Blüthe deutschen Nationallebens.«

Um zur schleunigsten und möglichst vollständigen Vertretung der Nation das Ihrige beizutragen, haben die Versammelten beschlossen:

»Ihre betreffenden Regierungen auf das Dringendste anzugehen, sobald und so vollständig, als nur immer möglich ist, das gesammte deutsche Vaterland und die Throne mit diesem kräftigen Schutzwalle zu umgeben.

»Zugleich haben sie verabredet, dahin zu wirken, daß baldmöglichst eine vollständigere Versammlung von Männern des Vertrauens aller deutschen Volksstämme zusammentrete, um diese wichtige Angelegenheit weiter zu berathen und dem Vaterlande wie den Regierungen ihre Mitwirkung anzubieten.«

Zu dem Ende wurden sieben Mitglieder ersucht, hinsichtlich der Wahl und der Einrichtungen einer angemessenen Nationalvertretung Vorschläge vorzubereiten, und die Einladung zu einer Versammlung deutscher Männer schleunigst zu besorgen.

Eine Hauptaufgabe der Nationalvertretung wird jedenfalls die Gemeinschaftlichkeit der Vertheidigung und der Vertretung nach Außen sein, wodurch große Geldmittel für andere wichtige Bedürfnisse erspart werden, während zugleich die Besonderheit und angemessene Selbstverwaltung der einzelnen Länder bestehen bleibt.

Bei besonnenem treuen und mannhaften Zusammenwirken aller Deutschen darf das Vaterland hoffen, auch in der schwierigsten Lage Freiheit, Einheit und Ordnung zu erringen und zu bewahren, und die Zeit einer kaum geahnten Blüthe und Macht freudig zu begrüßen.

[Es folgen die Namen der 51 Unterzeichner, darunter: *Bassermann*, Baden, *Binding*, Frankfurt, *Brentano*, Baden, *Carové*, Rheinpreußen, *H. v. Gagern*, Hessen, *Gervinus*, Baden, *Hansemann*, Rheinpreußen, *Häusser*, Baden, *Hekker*, Baden, *v. Itzstein*, Baden, *Jucho*, Frankfurt, *Kirchgeßner*, Bayern, *Mathy*, Baden, *Römer*, Württemberg, *v. Soiron*, Baden, *Stedmann*, Rheinpreußen, *v. Struve*, Baden, *Welcker*, Baden, *Wiesner*, Österreich, *Willich*, Bayern.]

D: Huber, S. 326–328.

6
Bundesbeschluß über Wappen und Farben des Deutschen Bundes

9. März 1848

– Auszug –

Der politische Ausschuß und in dessen Namen der Königlich Preußische Herr Bundestagsgesandte trägt vor:

Der Ausschuß, von der Ueberzeugung ausgehend, daß die Kraft Deutschlands wesentlich auf dem Bewußtseyn seiner Einheit beruht, dieses Bewußtseyn aber, damit es der Nation lebendig und klar vorschwebe, äußerer Symbole bedarf, glaubt die wiederholt schon in Anregung gebrachte Frage wegen eines Bundeswappens und wegen Bundesfarben dermalen zur Lösung bringen zu sollen.

Der Ausschuß ist der entschiedenen Ansicht, daß zum Bundeswappen sich am besten dasjenige Emblem eignet, welches schon im Jahr 1846 zur Bezeichnung der Geschützrohre und übrigen Gegenstände der Artilleriedotation der beiden Festungen Ulm und Rastatt verwendet worden ist – der alte deutsche Reichsadler mit der Umschrift: »Deutscher Bund«; da es kein anderes geschichtliches Symbol der tausendjährigen Einheit der verschiedenen deutschen Stämme gibt.

Eben so werden die Bundesfarben der deutschen Vorzeit zu entnehmen seyn, wo das deutsche Reichspanier schwarz, roth und golden war.

Der Ausschuß trägt daher darauf an – unbeschadet der einzelnen Landesfarben und Wappen – jenes Emblem zum Bundeswappen und diese Farben zu den Bundesfarben zu erklären [...].

Es erfolgte demnach der Beschluß:

Die Bundesversammlung erklärt den alten deutschen Reichsadler mit der Umschrift »Deutscher Bund« und die

Farben des ehemaligen deutschen Reichspaniers – schwarz, roth, gold – zu Wappen und Farben des Deutschen Bundes, und behält sich vor, wegen der Anwendung derselben nach Erstattung des Ausschußvortrags das Weitere zu beschließen.

D: Huber, S. 329.

7

Bundesbeschluß über die Berufung von Männern des allgemeinen Vertrauens

10. März 1848

Der politische Ausschuß und in dessen Namen der Großherzoglich Badische Herr Bundestagsgesandte erstattet folgenden Vortrag:

Hohe Bundesversammlung hat in ihrer Sitzung vom 8. dieses [Monats] den Ausschuß aufgefordert, sich unverzüglich darüber zu äußern: auf welche Art und Weise die von ihr als unumgänglich nothwendig erkannte Revision der Bundesverfassung auf wahrhaft zeitgemäßer und nationaler Basis zu bewirken sey.

Der Ausschuß hat sich sofort damit beschäftigt, ist aber zu der Ueberzeugung gelangt, daß die dem engern Rathe der Bundesversammlung nach Artikel VII der Bundesacte obliegende Vorbereitung einer Revision der Bundesverfassung auf der bezeichneten Grundlage nicht mit Erfolg vorgenommen werden kann, wenn der Bundesversammlung und deren Ausschüssen nicht unverzüglich Männer, die das allgemeine Vertrauen genießen, zum gutachtlichen Beirath beigegeben werden.

Nach ausführlicher Erörterung des Ausschußantrages erfolgte der Beschluß:

sämmtliche Bundesregierungen einzuladen, Männer des allgemeinen Vertrauens, und zwar für jede der 17 Stimmen des engern Raths einen, alsbald (spätestens bis zu Ende dieses Monats) mit dem Auftrage hierher abzuordnen, der Bundesversammlung und deren Ausschüssen zum Behufe der Vorbereitung der Revision der Bundesverfassung mit gutachtlichem Beirath an die Hand zu gehen.

D: Huber, S. 330.

8

Kundmachung über die Zugeständnisse des kaiserlichen Hofes nach dem Wiener Volksaufstand

14. März 1848

Se. k. k. Majestät haben folgendes Allerhöchste Kabinettsschreiben an den Obersten Kanzler allergnädigst zu erlassen geruhet:
»Ich habe die Errichtung einer Nationalgarde zur Aufrechthaltung der gesetzmäßigen Ruhe und Ordnung der Residenz und zum Schutze der Personen und des Eigentums, und zwar unter den Garantien, welche sowohl der Besitz als die Intelligenz dem Staate darbieten, genehmigt und gleichzeitig Meinen Oberstjägermeister und Feldmarschall-Leutnant, Ernest Grafen von Hoyos, zum Befehlshaber der Nationalgarde, zu deren Organisierung sogleich die nötigen Einleitungen zu treffen sind, ernannt.

Ich erwarte von der Treue und Ergebenheit meiner Untertanen, daß sie dem, ihnen hierdurch bewiesenen ›Vertrauen entsprechen werden!‹«

Wien am 14. März 1848.

Ferdinand.

Se. k. k. Apostol. Majestät haben die Aufhebung der Zensur und die alsbaldige Veröffentlichung eines Preßgesetzes allergnädigst zu beschließen geruhet.

Wien am 14. März 1848.

Johann Talatzko Freiherr v. Gestieticz,
k. k. Ni. Öst. Regierungs-Präsident

In Erwägung der gegenwärtigen politischen Verhältnisse haben Wir beschlossen, die Stände Unserer deutschen und slawischen Reiche sowie die Zentral-Kongregationen Unseres lombardisch-venetianischen Königreiches durch Abgeordnete in der Absicht um Unsern Thron zu versammeln, Uns in legislativen und administrativen Fragen deren Beirates zu versichern. Zu diesem Ende treffen Wir die nötigen Anordnungen, daß diese Vereinigung, wo nicht früher, am 3. Juli l. J. stattfinden könne.

Wien am 14. März 1848.

Ferdinand m. p.

D: Obermann, *Flugblätter*, S. 88 f.

9
Preußisches Preßgesetz

17. März 1848

– Auszug –

Wir, Friedrich Wilhelm, von Gottes Gnaden König von Preußen etc. etc., haben bereits im vergangenen Jahre bei der deutschen Bundesversammlung eine auf Censurfreiheit beruhende Preßgesetzgebung in Antrag gebracht. Nachdem inzwischen der Bundesbeschluß vom 3. März d. J. ergangen, ein für alle deutsche Bundesstaaten gemeinsames Pressegesetz aber, wie Wir es im Interesse deutscher Einheit gewünscht hätten, für jetzt nicht zu erzielen gewesen ist, verordnen Wir, unter Vorbehalt eines nach Anhörung des Vereinigten Landtages zu erlassenden Preßgesetzes, auf den Antrag Unseres Staatsministeriums, was folgt:

§ 1. Die Censur wird hiermit aufgehoben.

Alle auf die Censur bezüglichen Bestimmungen, Anordnungen, Einrichtungen und Strafvorschriften treten außer Kraft.

§ 2. Die Entscheidung darüber: ob in Druckschriften, oder vermittelst mechanisch vervielfältigter Bildwerke ein Verbrechen oder Vergehen verübt worden und wer dafür strafbar sei, steht den ordentlichen Gerichten zu. Dieselben haben hierbei lediglich nach den Vorschriften der in Unseren Staaten geltenden Strafgesetze sich zu achten.

Sämmtliche zur weiteren Verbreitung noch vorräthige Exemplare von Schriften oder Bildwerken, welche rechtskräftig für verbrecherisch erachtet worden, sind ganz oder theilweise zu vernichten. Auch hierüber haben die Gerichte zu erkennen.

§ 3. Auf jeder Druckschrift muß am Schlusse der Name und Wohnort des Druckers, auf jedem mechanisch vervielfältigten Bildwerke am Fuße der Name und Wohnort desjenigen, der die Vervielfältigung bewirkt hat, angegeben werden.

Außerdem muß auf der Schrift oder dem Bildwerke, wenn sie, es sei mit oder ohne Übertragung des Verlagsrechts, durch den Buch- oder Kunsthandel verbreitet werden sollen, der Name und Wohnort der mit der Verbreitung beauftragten Handlung genannt sein. [...]

§ 7. Die Polizeibehörden sind berechtigt, zur Verbreitung bestimmte Druckschriften oder Bildwerke, durch welche nach ihrem Ermessen ein Strafgesetz verletzt ist, vorläufig in Beschlag zu nehmen; sie müssen jedoch innerhalb 24 Stunden nach der Beschlagnahme die gerichtliche Verfolgung beantragen.

Das Gericht hat über die Fortdauer oder Aufhebung der verhängten vorläufigen Beschlagnahme schleunigst zu befinden.

§ 8. In Ansehung des Debits der im Auslande erscheinenden Zeitungen verbleibt es bis dahin, daß ein allgemeines deutsches Preßgesetz vereinbart sein wird, bei den bestehenden Vorschriften.

§ 9. Alle Strafen, welche wegen Übertretung der bisherigen Censur-Vorschriften verwirkt und noch nicht verbüßt sind, werden hierdurch niedergeschlagen, und jedes dieserhalb eingeleitete Verfahren wird aufgehoben.

Urkundlich unter Unserer Höchsteigenhändigen Unterschrift und beigedrucktem Königlichen Insiegel.

Gegeben Berlin, 17. März 1848.

Friedrich Wilhelm,
Prinz von Preußen.

v. Rother. Eichhorn. v. Thile. v. Savigny.
v. Bodelschwingh. Gr. zu Stolberg. Uhden.
Frhr. v. Canitz. v. Düesberg. v. Rohr.

Verantwortlicher Redakteur:
Dr. J. W. Zinkeisen.
Im Selbstverlage der Expedition.

D: Obermann, *Einheit*, S. 269 f.

10
Die Märztage in Berlin oder die Nacht des Freiheitskampfes

18. März 1848

Der Sturm, der mit wachsender Gewalt das königliche Schloß umbrauste, konnte nicht länger überhört werden, und hätte man die Ohren verstopfen wollen, der Ruf von Österreich wäre hindurchgedrungen, daß Preußen jetzt vereinzelt in Deutschland dastehe, daß es die Gewalt der Ereignisse bei weitem überholt, und seine Stellung gänzlich unhaltbar geworden sei. Aus diesem Gefühle ging auch der Entschluß hervor, es zum Kampf auf Tod und Leben kommen zu lassen, und dieser gänzliche Wechsel in der inneren Gesinnung prägte sich auch blitzschnell in der äußeren Erscheinung der Stadt aus. Es wurden sogleich Barrikaden, die sich in wenigen Stunden über die ganze Stadt ausdehnten, bis zur Zahl von 5000 errichtet, dann wurde mit allen Glocken Sturm geläutet, das Straßenpflaster aufgerissen, mehrere Straßen mit Glasscherben bestreut, spitziges Eisen in den Boden getrieben, um der Reiterei den Weg unmöglich zu machen. Steine wurden auf die Dächer geschafft und sogar abgedeckt, siedendes Wasser und Öl war in Bereitschaft. Leute jeden Alters, Geschlechts und Standes waren dabei, und nur beim Heranrücken des Militärs entfernten sich Frauen, Kinder, Greise in die Häuser, alles Bereitgehaltene herabzuschleudern. Mit der Beleuchtung der Häuser verfuhr man in der Weise, daß die Fenster des zweiten Stockes beleuchtet wurden, sobald die Kämpfer Licht oder Dunkelheit bedürften, wenn ihr Rückzug sie den Blicken des verfolgenden Feindes entziehen sollte. Die Kämpfer anlangend, so erblicken wir unter ihnen Studenten, Schriftsteller, Künstler, junge Beamte und Arbeiter; Polen mögen wenige als Mitkämpfer gefehlt haben. Die Schützen-Gilde machte eine, am besten bewaffnet und im Gebrauch der Gewehre große Wirkung. Eines der hitzigsten Gefechte war bei der Barrikade in der Breitenstraße, unfern des köllnischen Rathauses! Der Kampf währte drei Stunden, fünfmal lief das Militär dagegen Sturm, 4 Offiziere und 30 Mann wurden getötet; es wurde mit Kartätschen dagegen geschossen, aber erst, nachdem fortwährend neue Truppen herbeigezogen waren, wurden die Verteidiger überwältigt. Jedoch im Rücken waren neue Barrikaden errichtet, und die ihnen nachdrängenden Truppen mit Steinhagel vom köllnischen Rathause empfangen. Und als Mangel an Waffen wurde, so sind gleich mehrere Kasernen, Waffenläden und wo man nur Waffen hoffte, erstürmt worden. Die einzeln auf der Straße getroffenen Offiziere und Soldaten wurden entwaffnet. Am mörderischsten war der Kampf am Landwehrzeughaus in der Lindenstraße, bei dessen Verteidigung sich besonders zwanzig Offiziere auszeichneten, welche von den Fenstern aus ein wohlgezieltes Feuer gegen die Anstürmenden unterhielten. Letztere wurden von einem Arbeiter aus Halle, namens Hesse, angeführt, der, jede Gefahr kühn verachtend, den Kampf unnachlassend fortsetzte. Da es seinem Haufen jedoch gänzlich an Feuerwaffen fehlte, so wurden mehrere Bürgerschützen herbeigeholt, welche die Verteidiger von den Fenstern vertrieben und es dem braven Hesse und seinen Gefährten möglich machten, die Türen zu sprengen und in das Innere einzudringen. Fast durch die ganze Nacht hat der Streit gedauert, und der vorgefundene Waffenvorrat kam schon zu spät, um bei dem bald beendeten Blutbad noch wirksame Dienste zu leisten. Nun wurde das Militär von allen Posten entfernt, Bürger, Studenten und Arbeiter besetzten das Schloß und alle öffentlichen Gebäude. Einen schauerlichen Eindruck machten die Leichen der Gefallenen, jedes Haupt mußte sich entblößen. Die Zahl der Gefallenen, die öffentlich bestattet wurden, war 155; viele Familien beerdigten die ihrigen abgesondert; die Verwundeten wurden im Schloßgebäude unter der Königin Aufsicht aufs beste verpflegt, 700 verwundet, von denen viele starben. Der Verlust des Militärs wird auf 1590 gerechnet. Den 22. März ertönten alle Glocken der Stadt zum Aufbruch des Zuges, der sich um 2 Uhr in Bewegung setzte, wobei die Särge von Jungfrauen mit Blumen und Kränzen, Bürgergarden, Studenten, Arbeitern mit Fahnen begleitet wurden. Tränen waren in aller Augen.

D: Obermann, *Flugblätter*, S. 102–104.

11
Errichtung einer Bürgerwehr in Berlin

19. März 1848

Bekanntmachung

Seine Majestät der König haben auf den Wunsch der Einwohner Berlins die Bürgerbewaffnung zu genehmigen geruht und ist darüber von den dazu ernannten Unterzeichneten einstweilen folgende provisorische Bestimmung getroffen:

§ 1. Es wird eine Bürgerbewaffnung organisirt.
§ 2. Daran nehmen die Bürger und Schutzverwandten Theil.
§ 3. Die Kosten der Bewaffnung trägt der Staat.
§ 4. Die Schützengilde wird auf der Stelle einberufen und außerdem eine angemessene Zahl von Bürgern sogleich armirt.
§ 5. Alle näheren gesetzlichen Bestimmungen dieser Organisation werden so schnell als möglich in den nächsten Tagen erfolgen.

Berlin, den 19. März 1848.

v. Minutoli.
Hollbein. Glaue. Haack. Woeniger.
Devaranne. Krug.

D: Obermann, *Einheit*, S. 282.

12
Proklamation des Königs von Preußen

21. März 1848

An Mein Volk und an die deutsche Nation!

Mit Vertrauen sprach der König vor fünfunddreißig Jahren in den Tagen hoher Gefahr zu seinem Volke, und sein Vertrauen ward nicht zu Schanden; der König, mit seinem Volke vereint, rettete Preußen und Deutschland von Schmach und Erniedrigung.

Mit Vertrauen spreche Ich heute, im Augenblick, wo das Vaterland in höchster Gefahr schwebt, zu der deutschen Nation, unter deren edelste Stämme Mein Volk sich mit Stolz rechnen darf. Deutschland ist von innerer Gährung ergriffen und kann durch äußere Gefahr von mehr als einer Seite bedroht werden. Rettung aus dieser doppelten, dringenden Gefahr kann nur aus der innigsten Vereinigung der deutschen Fürsten und Völker unter Einer Leitung hervorgehen.

Ich übernehme heute diese Leitung für die Tage der Gefahr. Mein Volk, das die Gefahr nicht scheut, wird Mich nicht verlassen und Deutschland wird sich Mir mit Vertrauen anschließen. Ich habe heute die alten deutschen Farben angenommen und Mich und Mein Volk unter das ehrwürdige Banner des deutschen Reiches gestellt. **Preußen geht fortan in Deutschland auf.**

Als Mittel und gesetzliches Organ, um im Vereine mit Meinem Volke zur Rettung und Beruhigung Deutschlands voranzugehen, bietet sich der auf den 2. April einberufene Landtag dar. Ich beabsichtige, in einer unverzüglich näher zu erwägenden Form den Fürsten und Ständen Deutschlands die Gelegenheit zu eröffnen, mit Organen dieses Landtages zu einer gemeinschaftlichen Versammlung zusammenzutreten.

Die auf diese Weise zeitweilig sich bildende deutsche Stände-Versammlung wird in gemeinsamer, freier Berathung das Erforderliche in der gemeinsamen innern und äußern Gefahr ohne Verzug vorkehren.

Was heute vor Allem Noth thut ist

1. Aufstellung eines allgemeinen deutschen, volksthümlichen Bundesheeres,
2. Bewaffnete Neutralitäts-Erklärung.

Solche vaterländische Rüstung und Erklärung werden Europa Achtung einflößen vor der Heiligkeit und Unverletzlichkeit des Gebietes deutscher Zunge und deutschen Namens. Nur Eintracht und Stärke vermögen heute den Frieden in unserm schönen, durch Handel und Gewerbe blühenden Gesammt-Vaterlande zu erhalten.

Gleichzeitig mit den Maßregeln zur Abwendung der augenblicklichen Gefahr wird die deutsche Stände-Versammlung über die Wiedergeburt und Gründung eines neuen Deutschlands berathen, eines einigen, nicht einförmigen Deutschlands, einer Einheit in der Verschiedenheit, einer Einheit mit Freiheit.

Allgemeine Einführung wahrer konstitutioneller Verfassungen, mit Verantwortlichkeit der Minister in allen Einzelstaaten, öffentliche und mündliche Rechtspflege, in Strafsachen auf Geschworenengerichte gestützt, gleiche politische und bürgerliche Rechte für alle religiösen Glaubensbekenntnisse und eine wahrhaft volksthümliche, freisinnige Verwaltung werden allein solche sichere und innere Einheit zu bewirken und zu befestigen im Stande sein.

Berlin, den 21. März 1848.

Friedrich Wilhelm.

Graf Arnim.   v. Rohr.   Graf Schwerin.
Bornemann.   v. Arnim.   Kühne.

D: Blos, S. 485 f.

13
Proklamation des Königs von Preußen über Volksvertretung und Bürgerrechte

22. März 1848

Nachdem Ich eine konstitutionelle Verfassung auf den breitesten Grundlagen verheißen habe, ist es Mein Wille, ein volksthümliches Wahlgesetz zu erlassen, welches eine, auf Urwahlen begründete, alle Interessen des Volkes, ohne Unterschied der religiösen Glaubensbekenntnisse umfassende Vertretung herbeizuführen geeignet ist, und dieses Gesetz vorher dem Vereinigten Landtage zur Begutachtung vorzulegen, dessen schleunige Berufung Ich, nach allen bisher Mir zugegangenen Anträgen für den allgemeinen Wunsch des Landes halten muß. Diesem bisher kundgegebenen Wunsche des Landes würde Ich entschieden zuwiderhandeln, wenn Ich, nach Ihrem Antrage, das neue Wahlgesetz ohne ständischen Beirath erlassen wollte. Sie werden daher, wie Ich zu Ihrer Loyalität vertraue, sich selbst überzeugen und Ihre Kommittenten davon zu überzeugen wissen, daß Ich auf Ihren gedachten Antrag für jetzt und so lange nicht der allgemeine Wunsch des Landes sich dem Ihrigen anschließt, nicht eingehen kann.

Der auf diese Weise zu bildenden neuen Vertretung Meines Volkes werden dann auch, Meinen bereits kundgegebenen Entschließungen entsprechend, Vorschläge über folgende Punkte vorgelegt werden:

1. über Sicherstellung der persönlichen Freiheit;
2. über freies Vereinigungs- und Versammlungsrecht;
3. über eine allgemeine Bürgerwehrverfassung mit freier Wahl der Führer;
4. über Verantwortlichkeit der Minister;
5. über die Einführung von Schwurgerichten für Strafsachen, namentlich für alle politischen und Preßvergehen;

6. über die Unabhängigkeit des Richterstandes;
7. über Aufhebung des eximirten Gerichtsstandes, der Patrimonial-Gerichtsbarkeit und der Dominial-Polizeigewalt.

Außerdem werde Ich das stehende Heer auf die neue Verfassung vereidigen lassen.

Berlin, den 22. März 1848.

Friedrich Wilhelm.

Graf Arnim.　v. Rohr.　Graf Schwerin.
Bornemann.　v. Arnim.　I. Kühne.

D: Blos, S. 486.

14

Forderungen der Volksversammlung zu Heidelberg

26. März 1848

Die Beschlüsse der Offenburger Volksversammlung vom 19. März 1848 haben den kräftigsten Widerhall gefunden nicht bloß im ganzen badischen, sondern auch im gesamten deutschen Vaterlande. Dieselben haben den Grund gelegt zu einer freiheitlichen Organisation des deutschen Volkes. Die blutigen Ereignisse, welche an dem Tage selbst, da das badische Volk in Offenburg die Angelegenheiten Deutschlands beriet, stattfanden, und welche daher von demselben damals nicht in Erwägung gezogen werden konnten, bilden einen neuen Beweis von der blutdürstigen Unterdrückungswut deutscher Tyrannen, und der erschöpften Geduld des deutschen Volkes. Auch die Wiener Ereignisse waren am 19. März noch nicht in dem Maße bekannt, wie am heutigen

Tage. Diese großartigen Ereignisse, welchen gegenüber die Untätigkeit und teilweise sogar die verkehrte Tätigkeit der meisten Regierungen in einem sehr trüben Lichte erscheint, machen es dem Volke zur ernsten Aufforderung, auf der zu Offenburg betretenen Bahn rüstig vorwärtszuschreiten.

Das Volk verlangt Bürgschaften, daß ähnliche Schlächtereien, wie sie zu Wien und in noch weit schrecklicherem Maße zu Berlin stattfanden, sich nicht wiederholen können. Diese Bürgschaften werden ihm nur zuteil werden, wenn das zu erwartende deutsche Parlament die Zustände Deutschlands von Grund aus verbessert.

Das deutsche Volk verlangt eine Verbesserung an Haupt und Gliedern, eine vollständige Reinigung des deutschen Augius-Stalls.

Das deutsche Volk verlangt daher vor allen Dingen, daß ein von dem ganzen deutschen Volke unmittelbar aus seiner Mitte freigewähltes deutsches Parlament

I. die von demselben zu entwerfende neue Verfassung Deutschlands auf den allerfreiesten Grundlagen ohne zweckwidrige Rücksicht auf die bestehenden Verhältnisse feststelle, und durch eine Reihe von Gesetzen, welche ganz Deutschland gemeinsam umfassen, allen gerechten Forderungen des Volkes Genüge leiste. Die Mehrheit der Heidelberger Versammlung ist überzeugt, daß das deutsche Volk für die nordamerikanische Verfassung reif ist und sie wünscht.

Das Volk verlangt von dem zu erwartenden deutschen Parlamente

II. daß dasselbe unter den vielen Gegenständen, welche neu zu gestalten sein werden, vor allen Dingen

1. die Verschmelzung der Bürgerwehr und des stehenden Heeres zum Behufe der Bildung einer wahren, alle waffenfähigen Männer umfassenden Volkswehr,
2. die vollständigste Preßfreiheit,
3. das Schwurgericht,
4. gleiche Berechtigung aller Bürger ohne Unterschied des Glaubens,

5. Abschaffung des Adels,
6. allgemeines deutsches Niederlassungs- und Staatsbürgerrecht

anordne, überwache und leite.

III. Zu den mannigfaltigen Forderungen, welche das deutsche Volk aller Orten aufstellt, fügt dasselbe folgende hinzu:

Das Volk verlangt

1. Sicherstellung der persönlichen Freiheit des Bürgers durch ein besonderes Gesetz (Habeas-corpus-Acte) und
2. vollständige Trennung der Kirche vom Staate,
3. augenblickliche Aufhebung aller auf der Benutzung von Flüssen, Straßen und Brücken ruhenden Abgaben,
4. sofortige Erleichterung des Notstandes der arbeitenden Klassen und des Mittelstandes.

Die mannigfaltigen Stiftungen und die jetzt brachliegenden Besitzungen vieler Körperschaften sowie die Domänen des Landes bieten dazu reiche Mittel.

IV. Das Volk erkennt in der Verwirklichung der zu Offenburg beschlossenen Organisation vaterländischer Vereine die kräftigste Bürgschaft für die Begründung eines dauerhaften Zustandes der Freiheit und erwartet von der Vaterlandsliebe aller Deutschen, daß sie diese Organisation rasch und kräftig verwirkliche.

Die Volksversammlung bestätigt ferner die Beschlüsse der Offenburger Versammlung und erhebt sie zu ihren eigenen. Sie bestätigt den für den Unterrheinkreis gewählten Ausschuß und beschließt, den vaterländischen Verein aller Orten sogleich ins Leben zu rufen.

Die Volksversammlung war von Bürgern aller deutschen Staaten besucht. Besonders stark vertreten waren die Rheinlande, Baden, Hessen, die Pfalz, Frankfurt, Kurhessen und Rheinpreußen.

D: Obermann, *Flugblätter*, S. 126 f.

15

Die Beschlüsse des Vorparlaments

31. März und 1. bis 4. April 1848

Aufgabe der Versammlung

Die Versammlung hat ihre Aufgabe darin erkannt, die Art und Weise festzustellen, in welcher die constituirende Nationalversammlung gebildet werden soll. Sie hat dabei ausdrücklich ausgesprochen, daß die Beschlußnahme über die künftige Verfassung Deutschlands einzig und allein dieser vom Volke zu erwählenden constituirenden Nationalversammlung zu überlassen sei.

Das Bundesgebiet

Schleswig, staatlich und national mit Holstein unzertrennlich verbunden, ist unverzüglich in den deutschen Bund aufzunehmen und in der constituirenden Versammlung gleich jedem andern deutschen Bundesstaate durch freigewählte Abgeordnete zu vertreten.

Ost- und Westpreußen ist auf gleiche Weise in den deutschen Bund aufzunehmen.

Die Versammlung erklärt die Theilung Polens für ein schmachvolles Unrecht. Sie erkennt die heilige Pflicht des deutschen Volkes, zur Wiederherstellung Polens mitzuwirken. Sie spricht dabei den Wunsch aus, daß die deutschen Regierungen den in ihr Vaterland rückkehrenden Polen freien Durchzug ohne Waffen und, so weit es nöthig, Unterstützung gewähren mögen.

Zahl der Volksvertreter in der deutschen constituirenden Versammlung

Auf je 50,000 Seelen wird ein Vertreter zur deutschen constituirenden Versammlung gewählt.

Ein Staat mit weniger als 50,000 Seelen wählt einen Deputirten.

Bei Berechnung der Seelenzahl ist die letzte Bundesmatrikel maßgebend.

Wahlart der Abgeordneten zur deutschen constituirenden Versammlung

In Betreff der Wahlart gelten für jedes der deutschen Länder folgende Bedingungen:

Die Wahlberechtigung und Wählbarkeit darf nicht beschränkt werden durch einen Wahlcensus, durch Bevorrechtung einer Religion, durch eine Wahl nach bestimmten Ständen.

Jeder volljährige selbstständige Staatsangehörige ist wahlberechtigt und wählbar.

Der zu Wählende braucht nicht dem Staate anzugehören, welchen er bei der Versammlung vertreten soll.

Die politischen Flüchtlinge, die nach Deutschland zurückkehren und ihr Staatsbürgerrecht wieder antreten, sind wahlberechtigt und wählbar.

In allen übrigen Beziehungen ist es jedem einzelnen deutschen Staate überlassen, auf welche Weise er die Wahlen zu ordnen angemessen findet; die Versammlung erachtet jedoch die directe Wahl im Prinzipe für die zweckmäßigste.

Ort der constituirenden Nationalversammlung

Die constituirende Nationalversammlung hält ihre Sitzungen in Frankfurt am Main.

Zeit des Zusammentritts

Das Wahlgeschäft ist von den einzelnen Staaten in der Art anzuordnen, daß die Nationalversammlung am 1. Mai d. J. ihre erste Sitzung halten kann.

Permanenter Ausschuß der Versammlung

Die gegenwärtige Versammlung wählt einen permanenten Ausschuß von fünfzig Mitgliedern, der bis zum Zusammentritt der constituirenden Versammlung in Frankfurt am Main verweilt.

Der Ausschuß wird aus den Mitgliedern der Versammlung in der Art gewählt, daß jeder Wahlzettel fünfzig Personen bezeichnet, in Betreff derer die Versammlung voraussetzt, daß jeder Wählende alle Theile des Vaterlandes in dem Ausschusse vertreten sehen wolle.

Dieser Fünfziger-Ausschuß ist beauftragt:
die Bundesversammlung einzuladen, mit ihm bis zum Zusammentritt der constituirenden Versammlung in Vernehmen zu treten;

er ist beauftragt:
die Bundesversammlung bei Wahrung der Interessen der Nation und bei der Verwaltung der Bundesangelegenheiten bis zum Zusammentritte der constituirenden Versammlung selbstständig zu berathen, und die nöthigen Anträge an die Bundesversammlung zu bringen;

er ist beauftragt:
bei eintretender Gefahr des Vaterlandes die gegenwärtige Versammlung sofort wieder einzuberufen.

Der Ausschuß wird bei den Regierungen dahin wirken, daß die allgemeine Volksbewaffnung in allen deutschen Ländern schleunigst in's Leben gerufen werde.

Der Ausschuß hat dafür zu sorgen, daß ihm sechs Männer aus Oesterreich als weitere Ausschußmitglieder beitreten.

Die Verhandlungen des Ausschusses mit der Bundesversammlung sind durch die Presse zu veröffentlichen.

Die Versammlung verlangt, daß der Bundestag, indem er die Angelegenheit der Begründung eines constituirenden Parlaments in die Hand nimmt, sich von den verfassungswidrigen Ausnahmebeschlüssen lossage, und die Männer aus seinem Schooß entferne, welche zu Hervorrufung und Ausführung derselben mitgewirkt haben.

Grundrechte und Forderungen des deutschen Volkes

Die Versammlung empfiehlt, mit ihrer grundsätzlichen Zustimmung, dem constituirenden Parlamente zur Prüfung und geeigneten Berücksichtigung die nachstehenden Anträge, welche bestimmte Grundrechte als geringstes Maaß deutscher Volksfreiheit verlangen, und die im deutschen Volke lebenden Wünsche und Forderungen aussprechen:

Gleichstellung der politischen Rechte, ohne Unterschied des Glaubensbekenntnisses, und Unabhängigkeit der Kirche vom Staate.

Volle Preßfreiheit.

Freies Vereinigungsrecht.

Petitionsrecht.

Eine freie volksvertretende Landesverfassung mit entscheidender Stimme der Volksabgeordneten in der Gesetzgebung und Besteuerung und mit Verantwortlichkeit der Minister.

Gerechtes Maaß der Steuerpflicht nach der Steuerkraft.

Gleichheit der Wehrpflicht und des Wehrrechts.

Gleiche Berechtigung aller Bürger zu Gemeinde- und Staatsämtern.

Unbedingtes Auswanderungsrecht.

Allgemeines deutsches Staatsbürgerrecht.

Lehr- und Lernfreiheit.
Schutz der persönlichen Freiheit.
Schutz gegen Justizverweigerungen.
Unabhängigkeit der Justiz.
Oeffentlichkeit und Mündlichkeit der Rechtspflege und Schwurgerichte in Strafsachen.

Ferner:

ein volksthümliches Creditsystem mit Ackerbau- und Arbeiterkassen.

Schutz der Arbeit durch Einrichtungen und Maaßregeln, um Arbeitsunfähige vor Mangel zu bewahren, Erwerblosen lohnende Beschäftigung zu verschaffen, die Verfassung des Gewerb- und Fabrikwesens den Bedürfnissen der Zeit anzupassen.

Schulunterricht für alle Classen, Gewerbe und Berufe aus Staatsmitteln.

Anerkennung endlich der Auswanderung als Nationalangelegenheit und Regelung derselben zum Schutze der Auswanderer.

Dank der Versammlung

Der Dank der Versammlung wird ausgesprochen den zu Heppenheim und Heidelberg zusammengetretenen Männern;

Den Behörden und den Bürgern der Stadt Frankfurt a. M. für die gastliche Aufnahme und ihre Anordnungen;

Dem Vorstande der Versammlung für seine Mühewaltung;

Der Bürgerwehr für ihren Schutz und den Turnern für ihre dienstliche Mitwirkung in der Versammlung.

Frankfurt am Main, am 4. April 1848.

Namens des Fünfziger-Ausschusses:

Soiron, als Vorsitzender.
H. Simon, als Schriftführer.

D: Huber, S. 334–337.

16
Bundesbeschluß über die Aufhebung der Bundes-Ausnahmegesetze gegen demokratische Bewegungen

2. April 1848

Auf den in der 22. Sitzung vom 23. März d. J. § 176 erfolgten Antrag der freien Städte für Frankfurt, daß, da die seit dem Jahre 1819 erlassenen sogenannten Ausnahmsgesetze des Deutschen Bundes unter veränderten Umständen bereits allenthalben außer Wirksamkeit getreten, dieselben auch von Seiten des Deutschen Bundes förmlich als aufgehoben und beseitigt zu erklären seyen; beschließt die Bundesversammlung: daß die gedachten beanstandeten Ausnahmsgesetze und Beschlüsse für sämmtliche Bundesstaaten aufgehoben, mithin als bereits völlig beseitigt zu betrachten, und wo es noch erforderlich befunden werden sollte, darüber die nöthigen Bekanntmachungen zu erlassen seyen.

D: Huber, S. 330.

17
Forderungen der kommunistischen Partei

5. April 1848

Motto: »Proletarier aller Länder vereinigt euch!«

1. Ganz Deutschland wird zu einer einigen, unteilbaren Republik erklärt.
2. Jeder Deutsche, der 21 Jahre alt, ist Wähler und wähl-

bar, vorausgesetzt, daß er keine Kriminalstrafe erlitten hat.
3. Die Volksvertreter werden besoldet, damit auch der Arbeiter im Parlament des deutschen Volkes sitzen könne.
4. Allgemeine Volksbewaffnung. Die Armeen sind in Zukunft zugleich Arbeiter-Armeen, so daß das Heer nicht bloß, wie früher, verzehrt, sondern noch mehr produziert, als seine Unterhaltungskosten betragen.
Dies ist außerdem ein Mittel zur Organisation der Arbeit.
5. Die Gerechtigkeitspflege ist unentgeltlich.
6. Alle Feudallasten, alle Abgaben, Frohnden, Zehnten, usw., die bisher auf dem Landvolke lasteten, werden ohne irgendeine Entschädigung abgeschafft.
7. Die fürstlichen und andern feudalen Landgüter, alle Bergwerke, Gruben usw. werden in Staatseigentum umgewandelt. Auf diesen Landgütern wird der Ackerbau im großen und mit den modernsten Hilfsmitteln der Wissenschaft zum Vorteil der Gesamtheit betrieben.
8. Die Hypotheken auf den Bauerngütern werden für Staatseigentum erklärt. Die Interessen für jene Hypotheken werden von den Bauern an den Staat gezahlt.
9. In den Gegenden, wo das Pachtwesen entwickelt ist, wird die Grundrente oder der Pachtschilling als Steuer an den Staat gezahlt.
Alle diese unter 6, 7, 8 und 9 angegebenen Maßregeln werden gefaßt, um öffentliche und andere Lasten der Bauern und kleinen Pächter zu vermindern, ohne die zur Bestreitung der Staatskosten nötigen Mittel zu schmälern und ohne die Produktion selbst zu gefährden.
Der eigentliche Grundeigentümer, der weder Bauer noch Pächter ist, hat an der Produktion gar keinen Anteil. Seine Konsumtion ist daher ein bloßer Mißbrauch.

10. An die Stelle aller Privatbanken tritt eine Staatsbank, deren Papier gesetzlichen Kurs hat.
    Diese Maßregel macht es möglich, das Kreditwesen im Interesse des ganzen Volkes zu regeln und untergräbt damit die Herrschaft der großen Geldmänner. Indem sie nach und nach Papiergeld an die Stelle von Gold und Silber setzt, verwohlfeilert sie das unentbehrliche Instrument des bürgerlichen Verkehrs, das allgemeine Tauschmittel, und erlaubt, das Gold und Silber nach außen hin wirken zu lassen. Diese Maßregel ist schließlich notwendig, um die Interessen der konservativen Bourgeois an die Regierung festzuschmieden.
11. Alle Transportmittel: Eisenbahnen, Kanäle, Dampfschiffe, Wege, Posten usw. nimmt der Staat in seine Hand. Sie werden in Staatseigentum umgewandelt und der unbemittelten Klasse zur unentgeltlichen Verfügung gestellt.
12. In der Besoldung sämtlicher Staatsbeamten findet kein anderer Unterschied statt, als der, daß diejenigen mit Familie, also mit mehr Bedürfnissen, auch ein höheres Gehalt beziehen als die übrigen.
13. Völlige Trennung der Kirche vom Staat. Die Geistlichen aller Konfessionen werden lediglich von ihrer freiwilligen Gemeinde besoldet.
14. Beschränkung des Erbrechts.
15. Einführung von starken Progressivsteuern und Abschaffung der Konsumtionssteuern.
16. Errichtung von Nationalwerkstätten. Der Staat garantiert allen Arbeitern ihre Existenz und versorgt die zur Arbeit Unfähigen.
17. Allgemeine, unentgeltliche Volkserziehung.

Es liegt im Interesse des deutschen Proletariats, des kleinen Bürger- und Bauernstandes, mit aller Energie an der Durchsetzung obiger Maßregeln zu arbeiten. Denn nur durch Verwirklichung derselben können die Millionen, die bisher in Deutschland von einer kleinen Zahl ausgebeutet wurden und die man weiter in der Unterdrückung zu erhalten suchen wird, zu ihrem Recht und zu derjenigen Macht gelangen, die ihnen, als den Hervorbringern alles Reichtums, gebührt.

Das Komitee:
Karl Marx. Karl Schapper. H. Bauer.
F. Engels. J. Moll. W. Wolff.

D: Obermann, *Flugblätter*, S. 128 f.

18
Beschluß des Frankfurter Bundestages über die Wahlen zur deutschen Nationalversammlung

7. April 1848

Daß die Bundesversammlung, in Berücksichtigung des immittelst bekannt gewordenen öffentlichen Wunsches und gestützt auf das einstimmige Gutachten der ihr beigeordneten Männer des öffentlichen Vertrauens, ihren Beschluß vom 30. v. Mts. in Beziehung auf die Verhältnißzahl der Vertretung dahin abändere und ferner in der Weise vervollständige, daß

1) die Wahl der Vertreter des Volks zu der constituirenden deutschen Nationalversammlung so zu geschehen habe, daß, unter Beibehaltung des Verhältnisses der Bundesmatrikel, je nach 50,000 Seelen ein Vertreter gewählt werde, daß, wenn der Ueberschuß der Bevölkerung 25,000 Seelen übersteigt, ein weiterer Abgeordneter zu wählen sey, und daß jeder kleinere Staat, dessen Bevölkerung nicht 50,000 Seelen erreicht, einen Vertreter zu wählen habe;

2) daß in Beziehung auf die Wahl der Abgeordneten zur constituirenden Versammlung auf jeden Fall bei der Wählbarkeit keine Beschränkung durch Vorschriften über gewisse Eigenschaften in Beziehung auf Wahlcensus oder Bekenntniß einer bestimmten Religion vorkommen, und eine Wahl nach bestimmten Ständen nicht angeordnet werden könne;

3) daß als wahlberechtigt und als wählbar jeder volljährige, selbstständige Staatsangehörige zu betrachten sey;

4) daß jeder Deutsche, wenn er die voranstehenden Eigenschaften besitzt, wählbar, und dann es nicht nothwendig sey, daß er dem Staate angehöre, welchen er bei der Versammlung vertreten soll;

5) daß auch die politischen Flüchtlinge, wenn sie nach Deutschland zurückkehren und ihr Staatsbürgerrecht wieder angetreten haben, wahlberechtigt und wählbar sind;

6) endlich, daß dieselbe die höchsten Regierungen ersuche, diese Wahlen so zu beschleunigen, daß, wo möglich, die Sitzungen der Nationalversammlung am 1. Mai beginnen können.

D: Huber, S. 338.

19

Wahlmanifest des Deutschen Vereins

10. April 1848

Ein großer Schritt zur Einheit Deutschlands ist geschehen durch den Zusammentritt der Frankfurter Versammlung. Diese Versammlung hat volle Haltung gewonnen als ein vorbereitendes Zentralorgan des Gesamtvaterlandes. Der Bund, gereinigt von einer gerichteten Vergangenheit in Beschlüssen und Personen, ist mit ihr in unmittelbare Verbindung getreten zur Vermittlung aller organischen Beschlüsse.

An uns, an den Bürgern Deutschlands ist es nun, diesen angebahnten Weg zu betreten und zu verfolgen, indem wir unseren Regierungen der einzelnen Landesteile zeigen, daß wir den Beschlüssen der Frankfurter Versammlung Folge gegeben sehen wollen und indem wir an die Wahlen gehen, welche binnen 4 Wochen eine konstituierende Versammlung in Frankfurt mit Männern des allgemeinen Vertrauens auszurüsten haben. Unsere Regierung wird sicherlich schon in den nächsten Tagen die Wahlen dergestalt anordnen, daß auf Grund der Frankfurter Beschlüsse von je 50 000 Seelen ein Abgeordneter für die konstituierende Versammlung gewählt werde.

Dies ist der Augenblick, uns auszusprechen über die Grundsätze, von welchen wir die Wahlen geleitet sehen mögen. Indem wir uns nach unserer Überzeugung vor allem dazu bekennen, daß

»nach der Lage der Art der Verhältnisse unserer Zeit, für die Gestaltung und Erhaltung eines einigen, freien und starken Deutschlands die sicherste Gewähr geboten werde durch einen Bundesstaat mit volkstümlichem Parlament, der die Gesamtheit des deutschen Vaterlandes umfaßt,

und

in den einzelnen Staaten durch konstitutionelle Monarchie, ruhend auf breitester demokratischer Grundlage«,

bezeichnen wir als die Punkte, die wir in einem deutschen Parlament durchgesetzt haben wollen, folgende:

1. Einheit Deutschlands. Volle Macht und Pflicht der konstituierenden Versammlung zur Bildung eines die deutschen Staaten umfassenden Bundesstaates, ruhend auf volkstümlicher Vertretung, und zur Verwirklichung der

souveränen Gewalt der zu schaffenden Bundesmacht über ganz Deutschland. Bundesgericht.
2. Einheit der bürgerlichen und Strafgesetzgebung. Öffentlichkeit, Mündlichkeit und Geschworenengericht.
3. Allgemeines deutsches Staatsbürgerrecht und Freizügigkeit.
4. Gleiches Maß, Münze, Gewicht.
5. Gemeinschaftliche Maßregeln für den Verkehr, für Post, Eisenbahnen, Land- und Wasserstraßen. Aufhebung aller Paßschererei.
6. Allgemeine deutsche Volkswehr: Sobald äußere Kriegsgefahr beseitigt ist, Aufhebung des stehenden Heeres bis auf einen Kern aller Truppengattungen. Dagegen Schaffung einer deutschen Flotte.
7. Aufhebung aller inneren Landeszölle.
8. Aufhebung aller auf den notwendigen Lebensbedürfnissen lastenden Steuern. Einführung einer Einkommensteuer durch ganz Deutschland.
9. Aufhebung der den Landmann und Gewerbetreibenden drückenden Lasten.
10. Beschränkung des Beamtenheeres durch Beseitigung des Zuvielregierens.
11. Freie Gemeindeverfassung.
12. Freies Vereins- und Versammlungsrecht.
13. Sicherstellung der Person vor willkürlicher Verhaftung.
14. Völlige, nur unter dem Rechtsgesetz stehende Pressefreiheit ohne alle Konzessionen und Kautionen.
15. Aufhebung aller auf Geburt, Rang und Stand ruhenden Vorrechte.
16. Unabhängigkeit der Kirche vom Staat: Gleiche Berechtigung jedes Glaubensbekenntnisses.
17. Beschaffung und Leitung des Unterrichts durch den Staat. Unabhängigkeit der Kirche von der Schule. Lehrfreiheit. Besserstellung des Lehrerstandes. Aufhebung des Schulgeldes und Einführung einer allgemeinen Schulsteuer.
18. Sorge für das geistige und körperliche Wohl der arbei-

tenden Klassen. Förderung desselben durch eine eigene
Behörde des Staates.

Dies sind die Grundsätze, welche wir von unseren Vertretern standhaft verfochten sehen wollen. Männer solcher Grundsätze wollen wir gewählt haben. Wir wollen alles daransetzen, keinerlei Reaktion aufkommen zu lassen. Wir wollen ein einiges Volk und dadurch eine wahrhafte und wehrhafte deutsche Nation werden. Die Einheit allein und eine freie Gesamtgesetzgebung, welche von uns selbst, und zwar von uns allein ausgeht, bringt das zustande, was wir von den verschiedensten Standpunkten aus alle wollen, einen starken deutschen Gesamtstaat. Konstituierende Versammlung also, aus uns allein hervorgehend, sei die allein entscheidende Behörde für des neuen deutschen Reiches Verfassung. Darum jetzt keinen voreiligen Streit über den besonderen Namen und die besondere Form dieser Verfassung. Der konstituierenden Versammlung steht darüber die Bestimmung zu. Was die konstituierende Versammlung beschließt, das sei in allem und jedem unser Staatsgesetz, das werde von allen bereitwillig, ja hingebend anerkannt, es mag dem einzelnen gefallen oder nicht. So nur gewinnen wir Einheit, Wahrheit und Kraft. Und deshalb ist es, bis die konstituierende Versammlung entschieden hat, eines jeden deutschen Patrioten heilige Pflicht, alles tumultarische Vorgreifen von der einen Seite, alles Zurückstauen von der anderen Seite entschlossen und nachdrücklich abzuhalten.

D: Obermann, *Einheit*, S. 341–343.

20
Kölner Volks-Wahlprogramm,

festgesetzt in der Volksversammlung im Deutschen Kaffeehause bei Stollwerck am 19. und 20. April 1848.

Ein für die Zukunft Deutschlands und insbesondere Preußens höchst wichtiges doppeltes Wahlgeschäft steht uns bevor. Es sollen erstens die Vertreter des gesamten deutschen Volkes gewählt werden, welche, in der konstituierenden Nationalversammlung in Frankfurt zusammentretend, das Verfassungswerk für das gesamte Deutschland festzusetzen berufen sind; zweitens aber auch diejenigen Vertreter, deren Beschlüsse die Bestimmung der speziellen Verfassung des preußischen Volkes obliegt.

Zum ersten Male in Deutschland ist das gesamte Volk berufen, über sein zukünftiges Geschick zu entscheiden, zum ersten Male seine Souveränität ausgesprochen. Deshalb gilt es vor allem an der Spitze des Wahlprogramms den Fundamental-Grundsatz

der Einführung von Konstitutionen auf Grundlage der Volkssouveränität, und als notwendige Folge davon den Grundsatz aufzustellen,

daß der konstituierenden deutschen National-Versammlung die Festsetzung der zukünftigen Staatsform Deutschlands, und der konstituierenden preußischen Versammlung die Festsetzung der zukünftigen Staatsform Preußens, unter den durch die National-Versammlung in Frankfurt a. M. zu gebenden Beschränkungen, zu überlassen sei.

Die Gewährleistung folgender in die Staatsgrundgesetze aufzunehmenden Rechte erscheinen als die *unerläßlichen* Bedingungen der zukünftigen Verfassungen:

1. Allgemeines Wahlrecht und allgemeine Wählbarkeit für alle großjährigen, nicht durch rechtskräftiges Urteil der

bürgerlichen Rechte verlustig erklärten Staatsmitglieder;
Direkte Wahlen;
Dauer des Mandats der Gewählten auf ein Jahr;
Besoldung der Volksvertreter;
Unverletzlichkeit der Volksvertreter.
2. Unbeschränktes Versammlungs- und Assoziationsrecht.
3. Unbedingte Rede- und Preßfreiheit.
4. Umwandlung des stehenden Heeres in eine Volkswehr, mit eigener Wahl der Führer; allgemeine deutsche Heer-Verfassung.
5. Einfachheit und Wohlfeilheit der Verwaltung. Völlige Unabhängigkeit der Zivilgemeinden in Anordnung ihrer inneren Angelegenheiten.
6. Völlige Trennung der Kirche vom Staate.
7. Einrichtung eines unentgeltlichen, die Bedürfnisse aller Volksklassen, Gewerbe und Berufe umfassenden Unterrichtswesens durch den Staat – ohne Beschränkung der Lehr- und Lernfreiheit.
8. Allgemeine deutsche Gesetzgebung. Abschaffung der privilegierten Gerichtsbarkeit; öffentliches und mündliches Verfahren; Schwurgerichte in Strafsachen, insbesondere bei politischen und Preßvergehen.
9. Unabhängigkeit der Justizpflege und Sicherstellung gegen Justiz-Verweigerung.
10. Schutz der persönlichen Freiheit und Unverletzlichkeit des Hausrechts.
11. Allgemeines deutsches Heimatsrecht.
12. Abschaffung aller Vorrechte einzelner Stände sowie aller Privilegien; Aufhören der Verleihung von Orden, Titeln und sogenannten Standeserhöhungen.
13. Aufhebung aller indirekten Steuern und Lasten; progressive Einkommensteuer als einzige Besteuerungsart mit Befreiung des notwendigen Lebensunterhalts von allen Abgaben.
14. Einrichtung eines geregelten Kreditwesens für Handel, Industrie und Ackerbau durch den Staat.

15. Übernahme des Gesamt-Armenwesens durch den Staat.
16. Schutz der Arbeit. Staatliche Maßregeln zur möglichsten Sicherstellung des notwendigen Lebensunterhaltes eines jeden. Errichtung eines besonderen Arbeiter-Ministeriums.
17. Unverzügliche Aufhebung aller Zollinien innerhalb sämtlicher deutschen Staaten und Einführung gleichen Maßes, gleichen Gewichtes und gleicher Münze.
18. Abschaffung des Diensteides.

Wer mithin von der Notwendigkeit überzeugt ist, daß nur unter der Verwirklichung obiger Grundsätze und Rechte für das deutsche Volk Freiheit, Bildung und Wohlstand und die baldige Einführung eines Ruhe, Ordnung und Sicherheit versprechenden Zustandes zu erwarten ist, der wird den Maßstab derselben an das Glaubensbekenntnis derjenigen Männer legen, deren Händen er den Bau des Verfassungswerkes für Deutschland und Preußen anzuvertrauen beabsichtigt.

Möge sich jeder, von der Richtigkeit der ausgesprochenen Grundsätze Überzeugte, der Volksversammlung im »Deutschen Kaffeehause bei Stollwerck«, welche obiges Programm von ihrer Seite dem Wahlgeschäft zugrunde gelegt, anschließen, um gemeinschaftlich mit ihr das so wichtige Werk zum Heile Deutschlands und Preußens zu vollführen.

Das unterzeichnete, von der Vollversammlung gewählte *Komitee* bringt hiermit das vorstehende Wahlprogramm zur öffentlichen Kenntnis und ladet alle wahren Freunde des Volkes zur tätigsten Teilnahme ein.

Das Komitee.

Bauenthal. G. A. Boecker. Bohl. Borchardt. H. Bürgers. C. Cramer. Dr. D'Ester. B. J. Klein. Kurth. Rittinghausen. Schneider II. Schützendorf. Vogel. C. Wachter. Dr. Weil. M. Zimmermann.

D: Obermann, *Flugblätter*, S. 208–210.

21
Aufruf des Wiener Wahlkomitees zur Wahl der Abgeordneten zur deutschen National-Versammlung in Frankfurt am Main

20. April 1848

Bürger des konstitutionellen Vaterlandes!

In wenigen Tagen tritt in Frankfurt am Main die von dem deutschen Bundestage berufene konstituierende National-Versammlung zusammen. Ihre große Aufgabe ist, die Verfassung des deutschen Bundes für die Zukunft festzusetzen, und dadurch eine wahre Einheit Deutschlands zu begründen. Von der Lösung dieser schwierigen Aufgabe hängt das Geschick des deutschen Volkes, die Macht und das Ansehen Deutschlands nach außen wie nach innen ab. An uns Österreichern, Mitbürgern des großen Deutschlands, ist es nun, durch Männer unserer Wahl an diesem wichtigen Werke teilzunehmen, und die Rechte und Ansprüche unseres Vaterlandes geltend zu machen. Die Wahlen für diesen Zweck sind von der Regierung bereits ausgeschrieben.

Dies ist der Zeitpunkt, daß sich die politisch-gebildeten Männer Österreichs über die Hauptgrundsätze aussprechen mögen, von welchen diese Wahlen geleitet sein sollen, um dabei das Wohl Österreichs mit jenem von ganz Deutschland innig zu verknüpfen, um durch die neue Bundesverfassung für die Gestaltung und Erhaltung eines einigen, freien und starken Deutschlands sichere Gewähr zu bieten.

Dieser Zweck soll erreicht werden durch einen deutschen Bund mit volkstümlichem Parlament, welcher die Gesamtheit des deutschen Vaterlandes umfaßt und dadurch den innigsten Anschluß Österreichs an das übrige Deutschland verwirklicht. Die Souveränität und Integrität des Österreichischen Staates darf durch die zu schaffende Bundesgewalt nur insoweit beschränkt werden, als es zu dem wirksamsten

Bestande des Letzteren und zur Herstellung eines wahrhaft einigen und starken Deutschlands unumgänglich notwendig ist. Zugleich soll die vollständige Aufrechterhaltung und gleichmäßige Berechtigung der nichtdeutschen Nationalitäten in den zum Bunde gehörigen Ländern Österreichs gewahrt werden.

Dies sind die Grundsätze, welche die Wähler Österreichs standhaft verfochten sehen wollen. Nur freisinnige Männer, welche dem konstitutionell-monarchischen Prinzip mit allen seinen Folgerungen huldigen, können die Männer ihrer Wahl sein. Sie sollen vor den Augen der Welt den festen Willen ihrer Wähler betätigen, keinerlei Rückschritt aufkommen zu lassen, aber auch ebenso kräftig allen republikanischen Tendenzen entgegenzutreten.

Um die Wahl zu erleichtern, werden bei dem gefertigten Zentral-Komitee, welches aus Mitgliedern des N. Öst. ständischen Ausschusses, des Bürger-Ausschusses, des juridisch-politischen Lese-Vereins, des kaufmännischen, Gewerbe- und Schriftsteller-Vereins besteht, und in dem N. Öst. Landhause seinen Sitz hat, Kandidatenlisten ausgelegt, in welchen alle, die in sich den Beruf fühlen, Österreichs Interessen im Hinblick auf das große Gesamt-Vaterland bei der deutschen National-Versammlung zu vertreten, sich einzuzeichnen eingeladen werden.

Wien am 20. April 1848.

    Das Zentralkomitee für die Wahlen zur konstituierenden deutschen National-Versammlung.

D: Obermann, *Flugblätter*, S. 210–212.

22
Grundgesetze des Deutschen Vaterlandsvereins

Angenommen in der Hauptversammlung sämtlicher sächsischer Vereine zu Leipzig am 24. April 1848.

Der Deutsche Vaterlandsverein hat den Zweck, zu wirken für Einheit, Freiheit und Wohlstand des deutschen Volkes und Vaterlandes.

Zu diesem Zwecke strebt er zu erwecken und zu heben: Allgemeine Bildung; Liebe und Begeisterung für das deutsche Vaterland; Sinn für gesetzliche Freiheit, für gleiche Berechtigung und Verpflichtung, für brüderliches Zusammenwirken Aller.

Als einzige Bürgschaft für Erreichung und Erhaltung dieser Güter erkennt er:
ein Grundgesetz für das gesamte deutsche Vaterland, welches als obersten Grundsatz aufstellt:
der verfassungsmäßig ausgesprochene Wille des deutschen Volkes ist das höchste Gesetz;
die Vertreter dieses Volkswillens sind die freigewählten Abgeordneten deutscher Stämme, vereinigt in einem deutschen Reichstage (Parlament).

Als Recht der einzelnen deutschen Staaten erkennt der Verein:
freie Wahl ihrer Regierungsform.

In Sachsen will er mit dem Volke:
Beibehaltung und zeitgemäße Fortbildung der konstitutionellen Monarchie, als Vertreterin und Vollzieherin des Volkswillens.

D: Obermann, *Flugblätter*, S. 142 f.

23

Aufrufe der Nationalgarde und der Akademischen Legion nach den Mai-Unruhen in Wien

18. Mai 1848

Arbeiter!

Ihr Männer wißt, daß es die Studenten mit Euch immer gut gemeint haben.

So denken sie noch und erwarten von Euch, daß Ihr mit uns Ruhe und Ordnung erhalten werdet, die uns Allen jetzt Noth thut, und zu deren Erhaltung die Studenten, Bürger und Nationalgarden sich brüderlich verbunden haben. Ihr werdet Euren Geschäften, wie sonst nachgehen, und dadurch zeigen, daß wir uns nicht irren, wenn wir sagen, daß Ihr wahrhaft gute und brave Leute seyn wollet. Glaubet den Studenten, daß es so am besten ist, für unsern guten Kaiser, für Euch und für uns Alle.

Für die Studenten:
Dr. Goldmark. Dr. Fischhof. Dr. Giskra. Unger.

An die Arbeiter!

Studenten und Nationalgarden haben sich brüderlich vereint. Wir danken Euch, liebe Brüder, für Euern guten Willen. Den besten Beweis Eures Zutrauens könnt Ihr uns dadurch geben, und wir bitten Euch darum, daß Ihr um die Studenten nicht besorgt seyn wollt. Sie, die Nationalgarde und das Militär haben sich unter Ein Commando gestellt, und sie werden alle zusammen im Stande sein, Ruhe, Ordnung und Sicherheit aufrecht zu erhalten. Seid ruhig, dieß ist unsere Bitte.

    Dr. Hruby,   Dr. Taußig,   Dr. Joh. Goldmark,
  prov. Präsident.   prov. Secretär.   Hauptmann der
                                              akademischen Legion.

D: Otruba, S. 12.

24
Statuten des demokratischen Klubs in Berlin

21. Mai 1848

§ 1. Zweck des Klubs ist die Verbreitung und Durchführung des demokratischen Prinzips.

§ 2. Die Aufnahme geschieht auf Vorschlag zweier Mitglieder, wofern sich nicht 10 Stimmen gegen den Aufnehmenden erheben.

§ 3. Zur Ausschließung bedarf es des Antrages von 10 Mitgliedern. Nach vorhergegangener Debatte entscheidet die Majorität. Der Auszuschließende muß von dem Antrag benachrichtigt und zu seiner Verteidigung eingeladen sein.

§ 4. Die Sitzungen des Klubs sind in der Regel öffentlich.

§ 5. Die Mitglieder zeichnen monatlich einen freiwilligen Beitrag. Außerordentliche Sammlungen können in jeder Sitzung stattfinden.

§ 6. Für jeden Monat erwählt die Versammlung durch Stimmzettel 1 Präsidenten und 2 Vicepräsidenten nach absoluter Majorität. Die Präsidenten schlagen der Versammlung ein Direktorium von 12 Mitgliedern vor, über welches im ganzen abgestimmt wird.

§ 7. Alle Anträge müssen schriftlich vor der Sitzung beim Präsidenten eingereicht werden. Soweit es möglich ist, wird am Schluß jeder Sitzung die Tagesordnung für die folgende angezeigt. Amendements werden ebenfalls schriftlich formuliert.

§ 8. Die Anträge bedürfen, ehe sie zur Debatte kommen, der Unterstützung von 10 Mitgliedern und werden einer Kommission zur Vorberatung überwiesen.

§ 9. Das Direktorium ist ermächtigt, Verbindungen jeder Art mit auswärtigen demokratischen Vereinen einzuleiten.

D: Obermann, *Flugblätter*, S. 145 f.

25
Appell des Wiener Bürger- und Studentenausschusses an die Arbeiter nach den Barrikadenkämpfen vom 26. Mai 1848

27. Mai 1848

An die Arbeiter!

Liebe Brüder, wackere Freunde!

Der Ausschuß der Bürger, der Nationalgarde und der Studenten ist stolz darauf, euch im Namen der ganzen Bevölkerung für euern in den Tagen der Gefahr bewiesenen Muth, für den uns geleisteten kräftigen Beistand und für euer biederes höchst ehrenhaftes Benehmen den innigsten und wärmsten Dank auszusprechen. Wir erwarten zuversichtlich, daß ihr liebe Freunde nun ebenso eifrig für die Herstellung der Ordnung sorgen werdet, als ihr tapfer für die Erlangung unserer Freiheit mitgewirkt.

Kehret nun so wie wir Alle zur Arbeit zurück, damit Handel und Wandel wieder belebt werden, und damit nicht durch Stocken aller Geschäfte über unsere Stadt unberechenbares Unglück komme. Das Ministerium der öffentlichen Arbeiten wird dafür Sorge tragen, daß alle Arbeitslosen auf Staatskosten Beschäftigung finden.

> Vom Ausschusse der Bürger, der Nationalgarde
> und der Studenten.

D: Otruba, S. 16.

26
Anträge an die Reichsversammlung in Frankfurt zur Abwehr der unserem Vaterlande drohenden Gefahren

Von Wilh. Schulz,
Abgeordneter des ersten Wahlbezirks des
Großherzogtums Hessen.

28. Mai 1848

Dem souveränen deutschen Volke, insbesondere den Wählern und Wahlmännern des ersten Wahlbezirks des Großherzogtums Hessen

Mitbürger!

Seit zehn Tagen ist die deutsche Nationalversammlung in Frankfurt eröffnet.

Viel ist schon verhandelt, wenig ist gehandelt worden. [...]

I.

Wir beantragen,

daß der verfassungsgebende Reichstag das Vaterland in Gefahr erkläre und die zu seiner Rettung erforderlichen Maßregeln in einer durch keine Sonntage und Feiertage unterbrochenen Reihe von Sitzungen beschließe.

Er beschließe also

1. die zur Herstellung des Vertrauens in Handel und Wandel, zur Beseitigung der Stockungen in Arbeit und Erwerb und zur Erreichung aller anderen zunächst vorliegenden Nationalzwecke unumgänglich notwendigen volkswirtschaftlichen und finanziellen Maßregeln;
2. die zur Erhaltung der inneren Ordnung und zur Verteidigung der Grenzen des Vaterlandes erforderlichen militärischen Maßregeln.

Er treffe zugleich

3. alle zur Vollziehung seiner Beschlüsse dienlichen Vorkehrungen, bis die höchste vollziehende Behörde des zu gründenden deutschen Bundesstaats in Wirksamkeit getreten ist.

II.

In Erwägung, daß außerordentliche Umstände außerordentliche Maßregeln erfordern,

daß dem auf allen Klassen der Gesellschaft drückenden Notstand ein Ende gemacht werden muß,

daß also der referneren Entwertung des wesentlich produktiven Vermögens vorzubeugen ist,

daß die stockenden Quellen des produktiven Einkommens wieder geöffnet werden müssen,

daß die gesamte deutsche Nation zur Verteidigung der Unabhängigkeit des Vaterlands und zur Erreichung der ihr vorliegenden weltgeschichtlichen Zwecke befähigt werden muß,

daß die deutschen Einzelstaaten in den Stand gesetzt werden müssen, die auf dem Volke da und dort so schwer lastenden besonderen Übel beschleunigt zu beseitigen,

beantragen wir:

I. der von der Reichsversammlung niedergesetzte Arbeitsausschuß möge reiflich erwägen und begutachten: die für die Produktion in Aussicht stehenden Vorteile und Nachteile einer Bestimmung, wonach Häuser, Grundstücke, Gewerbs- und Handelsanlagen mit den zugehörigen Instrumenten der Arbeit – als Ackergeräte, Nutz- und Lastvieh, Handwerkszeug und Maschinen – während einer bestimmten nicht allzulangen Frist einer zwangsweisen Veräußerung nicht unterworfen werden dürften. Jedenfalls müßte aber wohl eine Ausnahme stattfinden zum Vorteile von Spar-, Armen-, Witwen- und Waisenkassen, von Leih-, Kredit-, Renten- und Lebensversicherungsanstalten; sowie von ähnlichen, näher zu bezeichnenden, auf Vereinigung (Assoziation) beruhenden Anstalten, welche Zahlungsverpflichtungen gegen eine größere Zahl Beteiligter zu erfüllen haben. Diese würden nach wie vor berechtigt bleiben müssen, ihre ausstehenden Kapitalien und Zinsen zwangsweise eintreiben zu lassen.

II. Die Reichsversammlung erkennt die Verbindlichkeit der deutschen Einzelstaaten zur Erfüllung der gegen ihre Staatsgläubiger eingegangenen Verpflichtungen an und wird sofort weitere Maßregeln gegen die Entwertung der Staatspapiere beschließen, wie etwa durch Ausgabe fundierter Scheine gegen Hinterlegung von Staatsschuldscheinen.

III. Die Reichsversammlung, indem sie die Regierungen der Einzelstaaten dafür verantwortlich macht, daß sie die für Erreichung der Nationalzwecke erforderlichen

Geldmittel in Bereitschaft halten, ermächtigt diese Regierungen für den Zeitraum von drei Jahren:

1. die für allmähliche Tilgung der Staatsschulden (Amortisation) bestimmten Staatsgelder für andere und dringendere Zwecke des öffentlichen Lebens zu verwenden.
2. Sie entbindet dieselben auf eben so lange von der Bezahlung der Staatsschuldzinsen.

Dagegen übernimmt

3. die Nation die Sicherstellung der Staatsgläubiger während drei Jahren in folgender Weise:
   a. Die fällig gewordenen Zinsscheine (Coupons) werden mit einem Nationalstempel versehen und erhalten dadurch das Gepräge eines Papiergeldes, das in allen öffentlichen Kassen, wie im Privatverkehr, nach seinem namhaften Betrage (Nominalwerte) angenommen werden muß.
   b. Die Zinsen von Staatsschuldscheinen auf Namen werden durch ein ähnliches Papiergeld bezahlt.
   c. Nach Verlauf von drei Jahren erfolgt die möglichst schnelle Einlösung dieses Papiergeldes, wozu die Einzelstaaten im Verhältnisse ihrer bisherigen Entlastung von der Zinsenzahlung beizutragen haben. In zweiter Linie verbürgt sich die gesamte Nation für diese Einlösung, und erkennt dieselbe als ihre erste und heiligste Nationalschuld an.

IV. Alle Münzstätten sollen in den Stand gesetzt werden, das ihnen angebotene Silber- und Goldgeräte zu billigen Preisen für sofortige Vermünzung einzulösen.

V. Die Reichsversammlung macht die Regierungen der Einzelstaaten für die baldige Aufhebung oder Erleichterung der ungerecht und ungleich auf dem Volke ruhenden Steuern, Abgaben und Lasten aller Art verantwort-

lich; namentlich solcher Lasten, deren Fortdauer eine zunehmende Verarmung, Störungen der Arbeit, Unordnung und Bürgerkrieg besorgen läßt.
Dagegen ermächtigt sie die Regierungen für eine Zeit von längstens drei Jahren, die Besteuerung alles Einkommens zu beschließen, welches nicht unmittelbar (direkt), oder welches noch unverhältnismäßig gering besteuert ist.

Also die Besteuerung

1. der auf Häusern, Grund und Boden versicherten Kapitalien, und zwar bis zu ⅕ der fällig werdenden Zinsen. Die Schuldner sind anzuweisen, den Steuerbetrag an den Staat zu entrichten und ihren Gläubigern in Abzug zu bringen.
2. Die stufenweise (progressive) Besteuerung alles wirtschaftlichen und jährlich über etwa 1000 Gulden rheinisch betragenden Einkommens aus Kapitalzinsen, Renten, Pensionen, Besoldungen und Apanagen, sowie des Einkommens von Reichtags- und Landtagsabgeordneten, von Geistlichen, Lehrern, Advokaten, Ärzten, Schriftstellern und Künstlern. Alles Einkommen unter beiläufig Eintausend Gulden rheinisch bleibt von dieser Steuer befreit. Die stufenweise Steigerung der Einkommensteuer wird den Einzelstaaten mit Rücksicht auf ihre besonderen Bedürfnisse überlassen. Als Grundsatz wird jedoch ausgesprochen, daß der Überschuß alles hier bezeichneten reinen Einkommens über beiläufig 3000 Gulden rheinisch für die Dauer der Not höchstens bis zu 50 % besteuert werden kann.

Was die Zivillisten betrifft, so mag es den Ministern der fürstlichen Häuser und Höfe überlassen bleiben, die Regenten in ihrem eigenen Interesse zu freiwilligen Opfern für die Zeit der Not zu vermögen, mit billiger und umsichtiger Berücksichtigung des Nahrungsstandes der Bewohner der Residenzen.

III.

Ich beantrage:

I. Die Reichsversammlung, indem sie die militärischen Vorkehrungen beschließt, welche die Sicherheit und Unverletzlichkeit des deutschen Gesamtgebietes verbürgen, legt zugleich den Grund zu einer Heerverfassung, wodurch die Nation nach überstandener Gefahr von einem Aufwande von vielen Millionen befreit werden muß.

II. Für die Dauer der Gefahr wird unverzüglich das stehende Heer durch das erste Aufgebot eines Volksheeres ergänzt; und es soll zugleich für Verschmelzung und Verbrüderung desselben mit dem stehenden Heere zu einem großen deutschen Nationalheer gesorgt werden.

  1. Dieses erste, unverzüglich schlagfertig zu machende Aufgebot besteht:

     a. Aus den zum Kriegsdienste tauglichen jungen Männern von 18 bis 21 Jahren, die sich von der Kriegsdienstpflicht noch nicht freigelost haben. Das Vaterland vertraut seine Rettung, die Bewahrung seiner Freiheit und Einheit, sowie den Schutz gegen Reaktion und gegen Gesetzlosigkeit, welche die Reaktion zur Folge haben würde, zunächst und hauptsächlich der kräftigen und heldenmütigen deutschen Jugend in Dörfern und Städten an; zumal auch unseren Studenten und Turnern, welche jetzt schon für die Befreiung des Volkes aus unwürdiger Knechtschaft so viel getan, welche der heiligen Sache der Nation und ihrer Souveränität die größten Opfer gebracht haben.

     b. Aus den zum Felddienste schon tauglichen jungen Männern von 16 bis 18 Jahren, die sich freiwillig dazu anmelden.

     c. Aus den zum Felddienste noch tauglichen Freiwilligen aller höheren Altersklassen, ob sie verheiratet seien oder nicht, ob sie früher im Militärdienst gestanden oder nicht.

2. Die Reichsversammlung bestimmt, durch die sofort von ihr zu berufenden militärischen Sachverständigen, die Organisation, Ausrüstung und gemeinsame Wehrtracht mit den nötigen Unterscheidungszeichen.
3. Binnen vier Wochen soll in ganz Deutschland nicht bloß die Einschreibung und vorläufige Gliederung des 1. Aufgebots erfolgt sein, sondern es sollen auch die ersten schon vor der vollständigen Equipierung und Ausrüstung möglichen militärischen Übungen begonnen haben.

III. Das zweite Aufgebot, so weit nicht die preußische Heerverfassung für den preußischen Staat bereits in anderer Weise gesorgt hat, besteht aus allen unverheirateten Männern vom 22. bis zum 30. Jahre, die nicht im stehenden Heere dienen und sich nicht freiwillig zum 1. Aufgebot gemeldet haben.
Sie bilden die Reserve der Volkswehr, sind nur im Notfalle für Verteidigung des Vaterlandes zum Felddienste verpflichtet; und sollen im Frieden durch keine gezwungenen militärischen Übungen vom Betriebe des Landbaus und der Gewerbe abgehalten werden.
Auch für ihre Equipierung und Ausrüstung wird von Staatswegen gesorgt, jedoch erst nach der vollständigen Ausrüstung des 1. Aufgebots.

IV. Alle anderen waffenfähigen Männer gehören zum Landsturm. Den beiden Aufgeboten und dem Landsturme wird vorzugsweise die Aufrechterhaltung der inneren Sicherheit und Ordnung anvertraut, so daß das stehende Heer zu diesem Zwecke nur ergänzend einzuschreiten hat.

V. Zur Verschmelzung des stehenden Heeres mit dem ersten Aufgebot erhält dieses das Recht,
1. einen näher zu bestimmenden Teil seiner Unteroffiziere und Offiziere aus den Reihen der Wehrmänner des stehenden Heeres zu wählen.
In dem Maße, als dies geschieht, werden im stehen-

den Heere Beförderungen von Soldaten zu Unteroffizieren, von Unteroffizieren zu Offizieren vorgenommen. Die Beförderten beziehen ihren höheren Sold vom Ausrücken in's Feld an.
2. Die beiden Aufgebote und stehendes Heer geloben sofort Treue der souveränen deutschen Nation, sowie den von ihr berufenen und an die Spitze des deutschen Gesamtvaterlandes gestellten Behörden.
3. Stehendes Heer und beide Aufgebote tragen zum äußeren Zeichen der Einheit Deutschlands eine Feldbinde mit den deutschen Volksfarben, sowie die deutsche Kokarde über der Landeskokarde.

VI. Besondere Bestimmungen, um dem Nationalheer sofort die zweckmäßigste und nachdrücklichste Wirksamkeit zu sichern:

1. Die Regierungen werden dafür verantwortlich erklärt, daß sie die für schnelle Verproviantierung des Nationalheeres erforderlichen Vorkehrungen treffen.
2. Für Bewaffnung und Bekleidung des Nationalheeres, sowie für Beischaffung der nötigen Munition werden sofort die betreffenden Gewerbsleute in Tätigkeit gesetzt. Nur im Notfall und für die zuerst dringend notwendige Bewaffnung ist es den Regierungen gestattet, Ankäufe von Gewehren im Auslande zu machen.
3. Die Wehrmänner der beiden Aufgebote können, besondere Ausnahmen vorbehalten, nur in ihren Heimatsbezirken zum Dienste einberufen und eingeübt werden.
4. Für die nächsten 3 Jahre wird jedes Jahr Dienstzeit im Felde für 2 Jahre Dienstzeit im Frieden angerechnet.
5. Die Wehrmänner der beiden Aufgebote beziehen den für das stehende Heer festgesetzten Sold von dem Beginne ihrer regelmäßigen Übungen an.

6. Von der Zeit des Felddienstes an erhalten Wehrmänner und Unteroffiziere des stehenden Heeres und der beiden Aufgebote doppelten Sold; sowie die Offiziere die gewöhnliche, oder näher zu bestimmende Kriegszulage. Die Hälfte jenes Doppelsoldes wird nach siegreich beendigtem Kriege an die einzelnen Wehrmänner und Unteroffiziere ausgezahlt. Könnte alsdann die Auszahlung nicht sofort erfolgen, so wird jedem Einzelnen sein Guthaben zugeschrieben und von der Beendigung des Krieges an von der Nation verzinst. Auf diese Weise wird eine große Nationalsparkasse zum Vorteil derjenigen gebildet, die sich im Kriege um das Vaterland verdient gemacht haben.

Feigheit im Kriege, andere Strafen vorbehalten, wird immer mit dem gänzlichen Verluste dieses Guthabens bestraft. Ungehorsam und Excesse können mit dem gänzlichen oder teilweisen Verluste desselben bestraft werden.

Das deutsche Vaterland sorgt im Kriegsfalle nicht bloß für die Pflege der Verwundeten, sondern auch für die spätere Unterhaltung der durch Verwundung oder unverschuldete Krankheit arbeitsunfähig Gewordenen. Es sorgt zugleich für die Hinterlassenen der im Kampfe Gefallenen.

IV.

Ich beantrage:

I. Bis zur Berufung einer anderen höchsten Vollziehungsbehörde für das gesamte Deutschland, teilt die Reichsversammlung ihre Beschlüsse der Bundesversammlung zur unverzüglichen Vollstreckung mit.

II. Sie sorgt aber auch von sich aus für die Vollziehung ihrer Beschlüsse und ernennt zu diesem Zwecke aus ihrer Mitte einen Vollziehungsausschuß von drei Mitgliedern: eines aus Österreich, eines aus Preußen und eines aus dem Gesamtgebiete der mittleren und kleineren deutschen Staaten.

III. Der Vollziehungsausschuß ist der Reichsversammlung verantwortlich.

IV. Er hat das Recht, aus den Mitgliedern der Reichsversammlung, je nach der Wichtigkeit des vorliegenden Falles, 1 bis 3 Beauftragte (Kommissäre) in die einzelnen deutschen Staaten oder in's Ausland abzuordnen.

V. Diese Kommissäre können sich in Deutschland

1. mit den betreffenden Ministerien in unmittelbare Verbindung setzen;
2. in den gerade versammelten Kammern der Abgeordneten auftreten, um die Unterstützung derselben zur Vollziehung der Beschlüsse der Reichsversammlung in Anspruch zu nehmen;
3. Volksversammlungen berufen, um das Volk aufzufordern, durch den gesetzmäßigen Ausdruck seines Willens den Beschlüssen der Reichsversammlung Nachdruck zu geben.
4. Die Person der Beauftragten der Reichsversammlung ist unverletzlich.
5. Zur Beurkundung ihres Auftrags erhalten sie eine Vollmacht des Vollziehungsausschusses, sowie ein äußeres Abzeichen.
6. Sie stehen unter dem Schutze der deutschen Nation, zumal der Volkswehr, Bürgergarden und des stehenden Heeres.

D: Grab, S. 110–118.

27
Flugblatt Friedrich Heckers, verteilt in der Nationalversammlung zu Frankfurt a. M.

Anfang Juni 1848

– Auszug –

In der heutigen Sitzung wurde folgendes Flugblatt verteilt: P. P. Ein verzerrteres Bild vollständiger Ratlosigkeit und planlosen Umhertappens, als Deutschland gegenwärtig darbietet, kann es nicht geben, und dennoch liegen so gewaltige Kräfte offen zur Hand, um unser Volk zu einem fruchtbaren Volkskörper zu gestalten; aber niemand wagt es, die deutsche Revolution mit den Mitteln der Revolution zur Gestaltung zu bringen; nutzlos lodert die energische Volkskraft in einzelnen Demonstrationen auf; die Partei, welche sich anmaßt, die Majorität zu vertreten, führt Land und Volk dem Verderben, führt sie einer polnischen Teilung zu. Diese feigen Doktrinärs haben es bereits soweit gebracht, daß Deutschland an den freien Völkern keinen Freund hat, daß es verachtet zu werden beginnt, während Russen und Skandinavier im geheimen festen Bunde mit den Fürsten lauernd an den Toren stehen, um heute oder morgen über das planmäßig in Agonie gehaltene Volk herzufallen, und einen racheschnaubenden Despotismus einsetzen. – Beleuchten wir nun diejenigen, welche das Siechtum der Nation bewußt oder unbewußt sich als Aufgabe gestellt haben, jene Partei, welche die Republikaner Anarchisten und Raubgesindel heißt, sich aber als Ausdruck des Volkswillens proklamiert. Es ist jene Partei, welche in der Presse die deutsche Zeitung, in der National-Versammlung die Majorität, im Volke den wackligen Sitz »des Fortschritts auf gesetzlichem Wege« eingenommen hat. Ihre Rat- und Tatlosigkeit spricht sich nirgends klarer aus als in ihrem Organ, der deutschen Zeitung, weil dort alle ihre Wasserrinnen zusammenlaufen. Durch alle ihre jüngsten Nummern geht nichts als ein Greinen, Lamentieren, untermischt mit Fluchen und Schimpfen, aber nicht ein energischer, das Volk in Mark und Bein packender Vorschlag, dem es zujauchzt, weil er ihm eine rettende Tat in Aussicht stellt, es zur Handlung zur Rettung seiner selbst erhebt. Jene Partei will mit Fürsten auf dem Wege der Unterhandlung einen Volksstaat schaffen. [...] – **Sie will mit den Fürsten unterhandeln.** Wie ein heulender Polizist denunziert sie heute die republikanische Presse, die demokratischen Vereins- und Massenbestrebungen, morgen den Soldaten Ungehorsam; heute will sie Volksbewaffnung, morgen heißt sie es gut, daß die Mainzer Bürgerwehr entwaffnet bleibe; bald preist sie das Kleinod der freien Presse, und kurz hinterher wütet sie gegen die radikal republikanischen Blätter und sanktioniert in Mainz die Zensur – **denn sie will mit den Fürsten unterhandeln.**

Heute beruft sich jene Partei auf die Majestät und Herrlichkeit des souveränen Volkes, und morgen bespricht sie allen Ernstes die Frage, ob ein Mann in der National-Versammlung den Zutritt habe, welcher trotz der Anklage, er habe die Fürstenherrschaft zerbrochen, und das souveräne Volk als Quell aller Macht und alles Rechts anerkennen wollen, von eben dem souveränen Volk zum Repräsentanten gewählt worden sei. Sie erkennt das Wahlvolk als alleinigen Herrn und Meister, und will ihm verbieten, einen zu wählen, welcher der Monarchie den ehrlichen Krieg mit den Waffen erklärt – **sie unterhandelt mit den Fürsten.** Sie spricht begeistert von Barrikaden Wiens und Berlins, dem über dem Königtum siegenden Volk und bewirft mit Geifer, Schmutz und Verleumdung die besiegten Republikaner – **denn sie will noch mit den Fürsten unterhandeln.** Sie hat das berüchtigte Bundespromemoria vom 4. Mai 1848 angehört, welches das souveräne Volk verleugnet, sie hat die österreichische Protestation vernommen, welche die Beschlüsse der National-Versammlung nicht anerkannt, sie hat die bayerische Erklärung vernommen, welche dasselbe ausdrückt, sie hat die preuß. und österr. Erklärung im nämlichen Sinne wohl verstanden – und sie will noch mit den Fürsten unterhandeln. – Heute ruft sie die Regierungen, (d. h. die monarchische Gewalt, soweit sie noch besteht) gegen die energischen Revolutionärs an, und morgen weist sie nach, daß hinter dem Rücken des Volkes, ja sogar mancher Minister die scheußlichsten Rachepläne gegen das Volk und zu seiner Vernichtung geschmiedet werden. Sie muß es wissen, daß in einer der letzten Bundestagszusammenkünfte der hannoversche Gesandte erklärte, daß seine Regierung das 10. Armeekorps, trotz des an sie ergangenen Bundesbeschlusses nicht werde zum Kriege gegen Dänemark stellen, und daß die bundestägliche Leiche sogar hierüber in Gärung geriet, und der österr. Gesandte Schmerling in höchster Wut ausrief: »Wenn es so geht, dann sind wir für nichts da, und können auseinander gehn!« – und sie will mit den Fürsten unterhandeln. – Und ihr in Frankfurt Versammelten, wißt ihr, faßt ihr die Hoheit und Allmacht des Ausdrucks, der euch gebietet, im Namen des souveränen Volkes aufzutreten? Wißt ihr, was es heißt, der Vertreter von Fünfzigtausend zu sein? Begreift ihr, was es heißt, im Namen des souveränen, des mächtigen, unverantwortlichen, gewaltigen Volkes von vierzig Millionen! zu sprechen und in seinem Namen kraft aller der in ihm liegenden Kraftfülle, Hoheit, Tapferkeit und Energie handeln zu sollen? Volksrepräsentanten, begreift ihr, daß ein Volk nicht zu unterhandeln braucht, wo es handeln muß? Volksrepräsentanten zu Frankfurt a. M. zerreißt das Papier der Unterhandlung mit der Monarchie und werdet selbst die lebendige Volkstat! Rufet dem Volke, das euch gesendet, hat, zu: Hannibal steht vor den Toren! ruft ihm zu, daß es gilt ein Volk oder Knecht. Erhebt euch, Bürgerrepräsentanten, zu dem Stolz und der Vollkraft, die in jedem wohnen muß, der reden und handeln soll für fünfzig Tausende, für vierzig Millionen! Sprecht es aus, das große Wort: *Deutsche Republik, deutscher Volksstaat*! Erkennt an das Recht auf Selbstherrlichkeit und Selbständigkeit Italiens, und ihr gewinnt aus einem Feinde einen Freund und Bundesgenossen; erkennt sie an, die Selbstberechtigung des Ungarn, und reicht ihm die Bruderhand; erkennt an die Selbstgestaltung der Regierungsweise für den Böhmen und reicht ihm die Bruderhand zum Föderativstaat; tretet als Freunde zu den altfreien Eidgenossen und in den Freundesbund zu der jungen Republik Frankreichs und dem fruchtbaren Felsen im Meere, der nordamerikanischen Union. Schließt, Volksrepräsentanten, den großen Bund freier Völker! Ihr schafft Euch Feinde von den Flanken, schafft Euch Freunde daselbst. Versammelt, Bürgerrepräsentanten, 12 Heerführer des deutsch. Heeres, und beeidigt sie vor euren Schranken angesichts des ganzen Vaterlandes »im Namen des souveränen Volkes«, daß sie nach seinen Beschlüssen handeln und vollziehen; stellt auf eine Ostarmee und eine Nordarmee, erlaßt ein Aufgebot an die Jugend Deutschlands, daß sie euch freiwillig zur Seite stehe als junges Heer der Begeisterung und der Kraft! Sprecht aus, Bürgerrepräsentanten die Erklärung der Rechte des Menschen und des Bürgers, und stellt sie unter den Schutz deutscher Nation. Hebt auf ohne Entgelt das Unrecht von Jahrhunderten, die Zehnten oder das Kapital, was dafür bezahlt werden soll, die Zinsen und Beeten und Gülten, Robotte und Frohnden; entlastet die deutsche Nation von dem Drucke der Stegreif- und Leibeigenschaftszeit. Schafft ab Adel und Vorrechte, erklärt Domänen für Nationalgut und verwendet einen Teil davon zur Unterstützung der Gewerbe und des Handels. Ernennt, Bürgerrepräsentanten, die Nation zur Vollstreckerin ihres Willens, stellt eure Dekrete unter den Schutz und Vollzug der Nation. Und habt ihr in der Mehrzahl nicht den Mut und die Kraft, nicht die Entschlossenheit, das Schiff zu steuern durch den Sturm, so legt euer Mandat nieder in die Hände kühnerer Männer, oder du, gedrücktes Volk, das hinsiechen soll in Reden und Tatlosigkeit, rufe du ihnen zu, ihre Vollmacht zurückzugeben in deine Hand, damit du Männer senden könnest, die nicht unterhandeln mit den

Fürsten, sondern handeln in deinem Namen, im *Namen des souveränen Volkes.*

Friedrich Hecker

D: Obermann, *Flugblätter*, S. 252–255.

Hecker, Anführer der republikanischen Linken in Baden und Mitglied des Vorparlaments, war nach seinem gescheiterten Aufstandsversuch vom April 1848 in die Schweiz geflohen, von wo er diesen Appell an die Frankfurter Nationalversammlung richtete. Er wanderte im September 1848 in die Vereinigten Staaten aus.

28
Forderungen des Zentralkomitees der Berliner Arbeitervereine

10. Juni 1848

1. Bestimmung des Minimums des Arbeitslohnes und der Arbeitszeit durch Kommissionen von Arbeitern und Meistern oder Arbeitgebern.
2. Verbindung der Arbeiter zur Aufrechthaltung des festgesetzten Lohnes.
3. Aufhebung der indirekten Steuern, Einführung progressiver Einkommensteuern mit Steuerfreiheit derjenigen, die nur das Nötigste zum Leben haben.
4. Der Staat übernimmt den unentgeltlichen Unterricht und, wo es nötig ist, die unentgeltliche Erziehung der Jugend mit Berücksichtigung ihrer Fähigkeiten.
5. Unentgeltliche Volksbibliotheken.
6. Regelung der Zahl der Lehrlinge, welche ein Meister halten darf, durch Kommissionen von Meistern und Arbeitern.

7. Aufhebung aller für das Reisen der Arbeiter gegebenen Ausnahmegesetze, namentlich der in den Wanderbüchern ausgesprochenen.

8. Herabsetzung der Wählbarkeit für die preußische Kammer auf das 24. Jahr.

9. Beschäftigung der Arbeitslosen in Staatsanstalten, und zwar sorgt der Staat für eine ihren menschlichen Bedürfnissen angemessene Existenz.

10. Errichtung von Musterwerkstätten durch den Staat und Erweiterung der schon bestehenden öffentlichen Kunstanstalten zur Heranbildung tüchtiger Arbeiter.

11. Der Staat versorgt alle Hülflosen und also auch alle Invaliden der Arbeit.

12. Allgemeine Heimatsberechtigung und Freizügigkeit.

13. Schranken gegen Beamtenwillkür in Bezug auf die Arbeitsleute. Dieselben können nur durch das entscheidende Urteil einer Kommission von ihren Stellen entlassen werden.

D: Huber, S. 453 f.

29

Programm des zentralen Wahlkomitees für den Österreichischen Reichstag

Juni 1848

Mit der Sehnsucht und Hoffnung blickt jeder Freund des Vaterlandes der Eröffnung des Reichstages entgegen.

Wien hat der Idee der Freiheit Anerkennung verschafft, der Reichstag muß ihr Geltung verschaffen, sie verwirklichen. Er muß sie verwirklichen durch ein neues Staatsgrundgesetz, durch eine Konstitution; verwirklichen in allen Einrichtungen – von der Verantwortlichkeit der Minister bis zum unbedingten Selbstbestimmungsrecht der kleinsten Dorfgemeinde. Der alte Schutt muß weggeräumt und alles neu gestaltet werden. Der Geist der Freiheit muß alle Organe des Staatskörpers mit den belebenden Grundsätzen einer auf der breitesten Basis ruhenden volksrechtlichen Monarchie durchdringen.

Zur Lösung dieser Aufgabe fordert das Vaterland seine besten Kräfte.

Der Ausschuß der Bürger, Nationalgarde und Studenten zur Aufrechthaltung der Ordnung und Sicherheit und zur Wahrung der Volksrechte hält es für seine heiligste Pflicht, durch alle ihm zu Gebote stehenden erlaubten Mittel dahin zu wirken, daß am Reichstag Männer erscheinen, welche den Willen, die Kraft und die Fähigkeit besitzen, dem Staate eine auf der breitesten Basis der volksrechtlichen Monarchie ruhende Konstitution zu geben.

Zu diesem Behufe hat der Ausschuß ein Zentral-Wahl-Komitee gebildet, und er fordert hiermit alle jene Männer auf, welche als Kandidaten zur konstituierenden Reichsversammlung aufzutreten gedenken, sich bei dem erwähnten Wahl-Komitee zu melden. Das Komitee wird die Liste sämtlicher Wahl-Kandidaten veröffentlichen, der Ausschuß aber wird nur diejenigen empfehlen und in ihrer Bewerbung durch seinen moralischen Einfluß kräftigst unterstützen, deren Gesinnungstüchtigkeit und politische Befähigung ihm genügend bekannt sind.

Als unerläßliche Bedingung seiner Unterstützung fordert der Ausschuß von den Kandidaten:

1. Einen unbefleckten, ehrenhaften, festen Charakter.
2. Durch Wort und Tat bewährte, entschieden freisinnige Grundsätze.
3. Hinlängliche, auf wissenschaftlichem Wege oder im praktischen Leben erworbene politische Bildung, um die Forderungen der Gegenwart und die notwendigen Bedingungen einer volksrechtlichen Verfassung richtig zu ermessen. *Als eine wahrhaft volksrechtliche Verfassung vermag der Ausschuß aber nur diejenige anzuerkennen, kraft*

welcher dem ganzen Volke, das heißt, allen Staatsangehörigen ohne Unterschied, allein das Recht zusteht, sich alle seine Gesetze, unter Sanktion des die Volkssouveränität repräsentierenden Monarchen, durch direkt und ohne Zensus gewählte Vertreter zu geben.

4. *Unverbrüchliches Festhalten an dem Grundsatz, daß die Existenz des österreichischen Kaiserstaates unbedingt abhängig sei von dem innigen Anschlusse an das große deutsche Mutterland,* zu gegenseitiger Gewährleistung der volksrechtlichen Verfassungen aller deutschen Einzelstaaten und zu einheitlicher Vertretung ihrer Gesamtinteressen gegenüber dem Auslande; endlich

5. *Anerkennung der vollkommenen staatlichen Gleichberechtigung aller Nationalitäten des österreichischen Kaiserstaates.*

Wien im Juni 1848.

> Vom Ausschusse der Bürger, Nationalgarde und
> Studenten für Ordnung und Sicherheit und
> Wahrung der Rechte des Volkes.

D: Obermann, *Flugblätter*, S. 296 f.

30

Warnung Johannes Ronges vor der Tatenarmut der Nationalversammlung

21. Juni 1848

Süddeutsche Brüder!

Schon seit dem 18. Mai ist die deutsche Nationalversammlung eröffnet und noch ist, außer der formellen Bestätigung der Volkssouveränität, die im März auf den Barrikaden blutig erkämpft wurde, nichts geschehen, was den Erwartungen der Nation auch nur einigermaßen entsprochen hätte. Die Verhandlungen werden, wie ich mich seit meinem Hiersein zur Genüge überzeugt habe, in unerträgliche Länge gezogen, und zwar insbesondere durch eine enggeschlossene Anzahl von Geburts- und Geldaristokraten, nebst Pfaffen, von denen sich noch immer eine große Schar derer bestimmen läßt, welche prinziplos hin und herschwanken, welche den kühnen Aufschwung des Volksgeistes als gefährlich fürchten oder welche die Verfassung des neuen Deutschlands aus mühsam zusammengestoppelten Kathederheften und vermoderten Aktenstücken vergangener Jahrhunderte zusammenflicken wollen. Die Männer (der Linken), welche die Forderungen der Zeit kennen, welche gern dem gedrückten Volke und dem gefährdeten Vaterlande helfen möchten, sind gelähmt und sehen mit bitterem Schmerz, wie das Vertrauen der Nation zu der Versammlung von Tag zu Tag mehr schwindet.

Anfangs hofften Eure deutschen Brüder in Ost und Nord, so wie Ihr: Die Nationalversammlung werde es als erste Pflicht erachten, den dringendsten Bedürfnissen im Innern des Vaterlandes abzuhelfen, sie werde sich beeilen, die Lasten, welche auf dem Ackerbau, auf den Gewerben und auf dem Handel liegen, sowie alle Vorrechte großsinnig und vollständig aufzuheben, um so den innern Unruhen und dem kreditlosen Zustande zu begegnen, der nicht bloß die Arbeiter, sondern auch den Mittelstand in die größte Gefahr gebracht hat. Als wir aber die ersten Nachrichten über die Zusammensetzung und Haltung der Versammlung erhielten, schwanden die großen Hoffnungen immer mehr, Mißtrauen trat ein und wir sehen dieses Mißtrauen durch den Kommissionsentwurf über die Grundrechte der Nation, worin nicht einmal die Feudallasten geradezu aufgehoben sind, mehr als gerechtfertigt. Eins hofften wir jedoch noch immer, wir hofften, daß die Versammlung eine Zentralgewalt nach dem Prinzip der Volkssouveränität schaffen würde, welche imstande sein würde, das gefährdete Vaterland zu leiten, gegen das Ausland kräftig zu vertreten und uns vor neuer Schmach und Erniedrigung zu schützen. Der Kommissionsbericht und die Verhandlungen über diesen Gegenstand berechtigen uns jedoch auch hierüber zu zweifeln und erwecken schwere Besorgnisse, denn man hat sich nicht gescheut, die Volkssouveränität zu verleugnen und will die Wahl der Zentralbehörde den Fürsten überlassen, während sie einzig und allein nur der Nationalversammlung zusteht.

Süddeutsche Brüder! sollte die Nationalversammlung der Mehrheit nach die Wahl der Zentralbehörde wirklich den Fürsten überlassen und das Grundgesetz der neuern Zeit also verleugnen, dann hat sie sich selbst das Urteil gesprochen und Ihr habt von allen Deutschen zuerst die strenge Pflicht, um jeden Preis das Prinzip der Volkssouveränität zu schützen, denn wißt, der Grundsatz der Volkssouveränität ist für uns göttliches Gesetz, ist die Bedingung für unsere Zukunft, lassen wir ihn verletzen und verleugnen, dann sinken wir rettungslos in blutige Anarchie. Es ist schon ein Vergehen, daß das Prinzip der Volkssouveränität in dem Kommissionsentwurf in Frage gestellt wurde, es wäre aber ein Verrat an der Nation, ihn zum Gesetz zu erheben.

Brüder seid darum wachsam, es gilt Eure Freiheit, Eure Zukunft, Eure Ehre zu wahren!

Frankfurt a. M. den 21. Juni 1848.

Johannes Ronge.

D: Obermann, *Flugblätter*, S. 239–241.

Johannes Ronge war Hauptbegründer der Deutsch-Katholischen Bewegung, Mitglied des Vorparlaments und des provisorischen Zentralausschusses der demokratischen Vereine.

Beschluß der Frankfurter Nationalversammlung über die Errichtung einer provisorischen Zentralgewalt

28. Juni 1848

1) Bis zur definitiven Begründung einer Regierungsgewalt für Deutschland soll eine provisorische Zentralgewalt für alle gemeinsamen Angelegenheiten der deutschen Nation bestellt werden.
2) Dieselbe hat
   a) die vollziehende Gewalt zu üben in allen Angelegenheiten, welche die allgemeine Sicherheit und Wohlfahrt des deutschen Bundesstaates betreffen;
   b) die Oberleitung der gesammten bewaffneten Macht zu übernehmen, und namentlich die Oberbefehlshaber derselben zu ernennen;
   c) die völkerrechtliche und handelspolitische Vertretung Deutschlands auszuüben, und zu diesem Ende Gesandte und Konsuln zu ernennen.
3) Die Errichtung des Verfassungswerkes bleibt von der Wirksamkeit der Zentralgewalt ausgeschlossen.
4) Ueber Krieg und Frieden und über Verträge mit auswärtigen Mächten beschließt die Zentralgewalt im Einverständnisse mit der Nationalversammlung.
5) Die provisorische Zentralgewalt wird einem Reichsverweser übertragen, welcher von der Nationalversammlung gewählt wird.
6) Der Reichsverweser übt seine Gewalt durch von ihm ernannte, der Nationalversammlung verantwortliche Minister aus. Alle Anordnungen desselben bedürfen zu ihrer Gültigkeit der Gegenzeichnung wenigstens eines verantwortlichen Ministers.
7) Der Reichsverweser ist unverantwortlich.

8) Ueber die Verantwortlichkeit der Minister wird die Nationalversammlung ein besonderes Gesetz erlassen.

9) Die Minister haben das Recht, den Berathungen der Nationalversammlung beizuwohnen und von derselben gehört zu werden.

10) Die Minister haben die Verpflichtung, auf Verlangen der Nationalversammlung in derselben zu erscheinen und Auskunft zu ertheilen.

11) Die Minister haben das Stimmenrecht in der Nationalversammlung nur dann, wenn sie als deren Mitglieder gewählt sind.

12) Die Stellung des Reichsverwesers ist mit der eines Abgeordneten der Nationalversammlung unvereinbar.

13) Mit dem Eintritte der Wirksamkeit der provisorischen Zentralgewalt hört das Bestehen des Bundestages auf.

14) Die Zentralgewalt hat sich in Beziehung auf die Vollziehungsmaaßregeln, soweit thunlich, mit den Bevollmächtigten der Landesregierungen in's Einvernehmen zu setzen.

15) Sobald das Verfassungswerk für Deutschland vollendet und in Ausführung gebracht ist, hört die Thätigkeit der provisorischen Zentralgewalt auf.

D: Huber, S. 340 f.

32
Die Programme der Parteien der Deutschen Nationalversammlung in Frankfurt a. M.

Juni bis Oktober 1848

Das Programm der Äußersten Rechten
(Partei Milani)

1. Zweck und Aufgabe der Nationalversammlung ist die Gründung der deutschen Verfassung.
2. Dieselbe kann nur durch Vereinbarung mit den Regierungen der deutschen Einzelstaaten für diese rechtsgültig zustande kommen. Die Zustimmung der Einzelstaaten kann ausdrücklich oder stillschweigend erteilt werden.
3. Mit Ausnahme der Verfassung und der einen integrierenden Bestandteil derselben bildenden Gesetze steht der Nationalversammlung der Erlaß neuer Gesetze für Deutschland nur insoweit zu, als dieselben die Geltendmachung der durch das Gesetz vom 28. Juni der Zentralgewalt beigelegten Befugnisse betreffen.
4. Die Nationalversammlung übt nur die konstitutionelle Kontrolle der Handlungen des Reichsministeriums aus und befaßt sich nicht mit der Einmischung in exekutive Maßregeln.
5. Soweit diese Prinzipien nicht verletzt werden, vermag sich die Gesellschaft mit anderen Fraktionen der Nationalversammlung zu verständigen und mit ihnen zu gehen, wo jenes der Fall ist, tritt eine streng festhaltende, eine Vermittlung ausschließende Scheidung ein.

Das Programm der Rechten im engeren Sinne
(Partei im Casino)
Grundsätze: Frankfurt, 25. September 1848

1. Im Verfassungswerk Festhalten am Beschluß der Nationalversammlung vom 27. Mai d. J.
Die Deutsche Nationalversammlung als das aus dem Willen des Volks und den Wahlen der deutschen Nation hervorgegangene Organ zur Begründung der Einheit und politischen Freiheit Deutschlands erklärt, daß alle Bestimmungen einzelner deutscher Verfassungen, welche mit dem von ihr zu gründenden allgemeinen Verfassungswerk nicht übereinstimmen, nur nach Maßgabe des letzteren als gültig zu betrachten sind, ihrer bis dahin bestandenen Wirksamkeit unbeschadet.

2. Die Einheit Deutschlands ist vor allem zu erstreben, daher kein Partikularismus, aber Anerkennung der den einzelnen deutschen Staaten und Stämmen in der Gesamtheit gebührenden Besonderheit.

3. Die politische Freiheit soll begründet und gesichert werden, also keine Reaktion; aber mit aller Entschiedenheit ist für die öffentliche Ordnung gegen die Anarchie zu kämpfen.

Das Programm des Rechten Zentrums
(Partei Landsberg)
Anfang September 1848

1. Der Verein der unterschriebenen Mitglieder der verfassungsgebenden Reichsversammlung nimmt für diese das Recht in Anspruch: die Verfassung des deutschen Bundesstaates selbständig herzustellen und über alle in dieser Beziehung gemachten Vorschläge endgültig zu beschließen. Dagegen ist derselbe der Ansicht, daß alle mit dem Verfassungswerk nicht in Verbindung stehenden Angelegenheiten in der Regel an die Reichsgewalt zu verweisen sind.

2. Der Verein verlangt von den einzelnen deutschen Staaten die Aufopferung ihrer Selbständigkeit nicht, wohl aber, daß sie sich eine Beschränkung derselben insoweit gefallen lassen, als solches zur Begründung eines einigen, festen und kräftigen Bundesstaates erforderlich ist. Demnach hält derselbe dafür, daß namentlich die obere Leitung des Heereswesens, die völkerrechtliche und handelspolitische Vertretung Deutschlands in die Hände der Reichsgewalt gelegt werden müssen.

3. Der Verein macht es sich zur Aufgabe, die durch die jüngste Staatsumwälzung zur Geltung gekommenen Rechte des deutschen Volks weiter auszubilden und sicherzustellen, aber auf Rückführung der früheren Zustände wie auf Zerrüttung der gesetzlichen Ordnung hinzielenden Bestrebungen entgegenzuwirken und einen wahren Rechtsstaat zu gründen.

4. Der Verein erkennt in der auf demokratischen Grundlagen ruhenden konstitutionellen Regierungsform diejenige, welche die Einrichtung jener Zwecke am zuverlässigsten verbürgt.

Das Programm des Linken Zentrums
(Partei des Württemberger Hofes)
Zweite Hälfte September 1848

1. Wir wollen, daß der verfassunggebende deutsche Reichstag selbständig die allgemeine deutsche Verfassung gründe. Wir verwerfen somit die Ansicht, daß der Reichstag in dieser Beziehung auf dem Boden des Vertrages mit den Regierungen – als Organe der einzelnen deutschen Staaten – stehe. Wir erachten hierdurch eine Berücksichtigung der von den gedachten Regierungen an den Reichstag gebrachten und von diesem geeignet befundenen Ansichten nicht ausgeschlossen.

2. Wir wollen, daß die zu gründende deutsche Bundesverfassung in allen ihren Teilen die Souveränität des deut-

schen Volks zur Grundlage habe und diese Grundlage sichere.

3. Wir wollen, daß die Souveränität der einzelnen deutschen Staaten denjenigen Beschränkungen und nur denjenigen Beschränkungen unterworfen werde, welche zur Begründung eines einigen und kräftigen Bundesstaats erforderlich sind.

4. Wir erachten alle übrigen Fragen zur Zeit für offen.

Abzweigungen vom Linken Zentrum
1. Das Programm der Partei des Augsburger Hofes
6. Oktober 1848

Wir erkennen die Notwendigkeit, unter den gegenwärtigen schwierigen Verhältnissen die Zentralgewalt in Wiederherstellung und Aufrechterhaltung der gesetzlichen Ordnung kräftigst zu unterstützen. Wir erachten es daher als unsere Pflicht, für alle Maßregeln zu stimmen, welche geeignet sind, diesen Zweck zu erfüllen, und gegen alle Anträge, welche entweder darauf abzielen oder doch notwendig dahin führen, die Zentralgewalt in dieser ihrer ordnungstiftenden Tätigkeit zu hemmen und ihr Schwierigkeiten zu bereiten, oder welche ein Mißtrauen gegen sie bekunden.

Wir sind uns dabei entschieden bewußt, unter »Herstellung der Ordnung« nichts zu verstehen, was die Entwicklung der Freiheit und ihren durch die Revolution dieses Jahres zur Geltung gebrachten Prinzipien entgegen wäre, und sind fest entschlossen, jeden unberechtigten Übergriff in dieses Gebiet der unantastbaren Volksrechte, möchte das Reichsministerium, möchte eine Einzelregierung ihn versuchen, ebenso unnachsichtlich wie die freiheitsfeindlichen Bestrebungen der Anarchie zu bekämpfen.

Wir betrachten es als eine unerläßliche Bedingung der von uns dem Ministerium zu gewährenden Unterstützung, daß dasselbe sich offen durch die Tat zu eben diesem Grundsatz bekenne.

Wir verlangen ferner von dem Ministerium, daß dasselbe nicht bloß eine abwehrende, sondern auch eine positiv schaffende, vorwärtsschreitende Politik entfalte und kräftig auf die einheitliche Gestaltung der gemeinsamen deutschen Angelegenheiten, auf die Förderung der Wohlfahrt im Innern, auf die Sicherheit und Macht Deutschlands nach außen hin wirke, dadurch die Quellen gerechter Unzufriedenheit im Volk verstopfe und der Zentralgewalt das ihr gebührende Ansehen und Vertrauen, der Nationalversammlung die zur Vollendung des Verfassungswerkes notwendige Ruhe verschaffe. Auf der Grundlage dieser politischen Anschauungen und Entschlüsse treten wir zum gemeinsamen Handeln als Partei zusammen.

In Verfassungsfragen halten wir fest an dem Programm des Württemberger Hofes. Jedoch machen wir den Eintritt in unsere Gesellschaft vor allem von der Bedingung abhängig, daß der Eintretende zu den oben aufgestellten praktischen Sätzen sich ausdrücklich bekenne.

2. Das Programm der Partei Westendhall

24. Oktober 1848

1. Wir wollen, daß der verfassunggebende deutsche Reichstag selbständig die allgemeine deutsche Verfassung gründe. Wir verwerfen somit die Ansicht, daß der Reichstag in dieser Beziehung auf dem Boden des Vertrages mit den einzelnen deutschen Regierungen stehe. Wir erachten hierdurch eine Berücksichtigung der von den deutschen Regierungen an den Reichstag gebrachten und von diesem geeignet befundenen Ansichten nicht ausgeschlossen.

2. Wir wollen, daß die zu gründende deutsche Bundesverfassung in allen Teilen Souveränität des deutschen Volks zur Grundlage habe und diese Grundlage sichere.

3. Wir wollen, daß die Souveränität der einzelnen deutschen Staaten denjenigen Beschränkungen und nur denjenigen Beschränkungen unterworfen werde, welche zur Be-

gründung eines einigen und kräftigen Bundesstaates erforderlich sind.

4. Wir erachten alle übrigen Fragen zur Zeit für offen.

Das Programm der Linken im engeren Sinne
(Partei des Deutschen Hofes)
Ende Oktober 1848

Die Partei der Linken, welche ihre Vereinsversammlungen im »Deutschen Hof« hält, erkennt als oberste Grundlage für ihre Handlungsweise an: Volkssouveränität, demokratische Freiheit und Einheit des deutschen Vaterlandes, Humanität und Nationalität. Sie will die Volkssouveränität in ihrem vollen Umfang. Sie will daher durch die Deutsche Nationalversammlung, sie will für alle Zukunft die Gesetzgebung ausschließlich und allein der Volksvertretung mit Ausschluß des Bestimmungsrechtes der vollziehenden Reichsgewalt überlassen wissen, unbeschadet einer nochmaligen Beratung auf Grund erhobener Bedenken der Vollzugsgewalt. Sie will eine Volksvertretung, aus der freien Wahl aller volljährigen Deutschen hervorgegangen, und will deren Wirksamkeit nur auf das dauernde Vertrauen des Volkes gegründet wissen. Sie will eine verantwortliche, nur auf Zeit gewählte vollziehende Reichsgewalt. Sie will das Recht der einzelnen deutschen Staaten, ihre Verfassung festzustellen, sei es in Form der demokratischen Monarchie, sei es in Form des demokratischen Freistaates. Sie will die vollkommene Freiheit. Sie will daher die Freiheit nicht mehr beschränkt wissen, als das Zusammenleben der Staatsgenossen unumgänglich notwendig macht. Sie will die Grundrechte aller Deutschen in diesem Sinne festgestellt, gegen alle Verkümmerung und alle vorbeugenden Maßregeln sowohl der Reichsgewalt als der Regierungen der einzelnen Staaten für alle Zukunft geschützt, sie will gegen Verletzung eines jeden verfassungsmäßigen Rechts das Klagerecht vor dem Reichsgericht gesichert haben.

Sie will die Einheit Deutschlands. Sie will daher einen konsequent durchgeführten Bundesstaat, eine gesetzgebende und vollziehende Reichsgewalt, die Reichsgesetzgebung für bürgerliches Recht, Handels- und Wechselrecht, Strafrecht, gerichtliches Verfahren. Sie will die Reichsgesetzgebung im Schiffahrts-, Eisenbahn-, Zoll-, Post-, Münz-, Gewichts- und Bankwesen. Sie will das Gesandtschafts- und Heerwesen ausschließlich für die Reichsgewalt. Sie will die Souveränität der einzelnen Staaten und deren Selbständigkeit nur so weit, als sie sich mit der Errichtung des Bundesstaates verträgt.

Sie will die Humanität. Sie will namentlich ein hiernach gänzlich verändertes Unterrichtswesen, eine auf Humanität begründete Strafgesetzgebung, ein Heerwesen, gegründet auf Volkswehr. Sie will Wegfall aller unsittlichen Staatseinnahmen, eine mit der Steuerkraft übereinstimmende Besteuerung. Sie will im allgemeinen durchgreifende Verbesserung der sozialen Zustände des Volkes.

Sie will endlich Gleichberechtigung aller Nationalitäten. Sie will demnach den auf deutschem Boden wohnenden fremden Nationalitäten Sprache, Sitte usw., sie will den auswärtigen Völkern das Recht ihrer Selbstbestimmung vollständig und uneingeschränkt gewahrt wissen.

Nur in der Anerkennung und Ausführung dieser Grundsätze sieht sie die Bedingungen der Größe und Macht Deutschlands.

Das Programm der Äußersten Linken
(Partei des Donnersberg)

Die demokratische Partei der Deutschen Nationalversammlung erkennt die Freiheit, Gleichheit und Brüderlichkeit als die Grundsätze an, deren Durchführung ihre Aufgabe ist. Aus dem Grundsatze der Freiheit folgt, daß jeder Mensch, jede Gemeinde, jeder Einzelstaat, jede Nation das Recht hat, sich selbst zu bestimmen, die eigenen Angelegenheiten selbst zu ordnen.

Aus dem Grundsatze der Gleichheit folgt, daß jeder Mensch, jede Gemeinde, jeder Einzelstaat, jede Nation bei Ausübung des Rechts der Selbstbestimmung und der Ordnung der eigenen Angelegenheiten verpflichtet ist, das gleiche Recht aller andern zu achten.

Aus dem Grundsatze der Brüderlichkeit folgt, daß jeder Mensch, jede Gemeinde, jeder Einzelstaat, jede Nation bei Ausübung des Rechts der Selbstbestimmung und der Ordnung der eigenen Angelegenheiten verpflichtet ist, das Wohl und das Glück aller andern vor Augen zu haben.

Das Recht der freien Selbstbestimmung schließt für den Menschen die Sklaverei, für die Gemeinde, den Einzelstaat, die Nation den Absolutismus aus. Dagegen folgt daraus, daß jeder Mensch, jede Gemeinde, jeder Einzelstaat, jede Nation die eigenen Angelegenheiten nach eigener Wahl entweder unmittelbar selbst oder mittelbar durch Beauftragte ordnen und besorgen kann. Die Achtung des Rechts anderer bringt es mit sich, daß kein Mensch, keine Gemeinde, kein Einzelstaat, keine Nation andere unterdrücken, sich über sie erheben, sich in die eigentümlichen Angelegenheiten derselben mischen darf.

Aus der Sorge für das Wohl und das Glück anderer entspringt die Verpflichtung der Mehrheit, die Minderheit der Gemeinde, den einzelnen des Einzelstaates, die Gemeinde der Nation, den Einzelstaat in Ausübung der eigenen Rechte zu schützen.

Es folgt daraus, daß, während jeder Einzelstaat sich seine Verfassung selbst geben muß, kein anderer Einzelstaat sich in dessen eigentümliche Angelegenheiten mischen darf, daß dagegen die Nation die Verpflichtung hat, die Durchführung des Willens der Mehrzahl der Bewohner eines Einzelstaates zu sichern und die Unterdrückung desselben durch irgendwelche Gewalt zu verhüten.

Die Gesamtverfassung Deutschlands muß auf die vorstehend entwickelten Grundsätze gebaut sein.

Sie muß daher kraft des Grundsatzes der Freiheit die Ordnung der Angelegenheiten des Gesamtvaterlands, das heißt sowohl die Gesetzgebung für den Gesamtstaat als auch die Vollziehung des Gesamtwillens frei gewählten, verantwortlichen und absetzbaren Beauftragten überlassen, sie muß kraft des Grundsatzes der Gleichheit jede Überhebung des einen über den andern, jedes Privilegium verbieten, sie muß kraft des Grundsatzes der Brüderlichkeit die Sorge für das Wohl und das Glück aller unter ihr vereinigten Menschen als höchste Aufgabe, als endliches Ziel anerkennen.

Die demokratische Partei der Deutschen Nationalversammlung wird diese Grundsätze stets festhalten und konsequent verfolgen, ohne sich auf Zugeständnisse irgendwelcher Art einzulassen.

D: Obermann, *Einheit*, S. 463–469.

33

Erlaß des Reichsverwesers an die deutschen Regierungen, die Übernahme der provisorischen Zentralgewalt betreffend

16. Juli 1848

Der von der constituirenden Nationalversammlung zu Frankfurt a. M. nach dem Gesetze vom 28. Juni 1848 erwählte Reichsverweser, Erzherzog Johann von Oesterreich, hat vom 12. Juli 1848 die Leitung der provisorischen Centralgewalt übernommen, sofort am 15. Juli 1848 das Reichsministerium gebildet, und zwar demnächst

1) für die auswärtigen Angelegenheiten,
2) für das Innere,
3) für das Kriegswesen und
4) für die Justiz.

Die provisorische Centralgewalt beginnt daher mit der Ausübung der in dem Gesetze vom 28. Juni 1848 vorgezeichneten Befugnisse und Verpflichtungen.

Die provisorische Centralgewalt kennt genau die Grenzen der ihr ertheilten Rechte und Gewalten, sie wird sich nur inner derselben bewegen, sie wird insbesondere die vollziehende Gewalt nur in Angelegenheiten ausüben, welche die allgemeine Sicherheit und Wohlfahrt des deutschen Bundesstaates betreffen. Die provisorische Centralgewalt erkennt es als ihre Aufgabe, dahin zu wirken, daß die Einheit Deutschlands auf friedlichem Wege erreicht, daß Deutschland nach außen hin stark und unabhängig werde. Sie rechnet, indem sie dieses Ziel anstrebt, auf die thätige, vertrauensvolle Mitwirkung aller deutschen Regierungen, die mit ihr in dem lebendigen Wunsche sich vereinigen, dem deutschen Volke die Segnungen der Freiheit, der Unabhängigkeit und des Friedens zu verschaffen. Die provisorische Centralgewalt wird sich in Beziehung auf die Vollziehungsmaßregeln soweit thunlich mit den Bevollmächtigten der Landesregierungen ins Einvernehmen setzen; sie wünscht, daß diese Bevollmächtigten bei der provisorischen Centralgewalt sobald als thunlich ernannt werden, um mit ihnen in Verbindung treten zu können. Die provisorische Centralgewalt wünscht mit den Bedürfnissen der deutschen Regierungen und der deutschen Volksstämme, soweit sie den nach dem Gesetze vom 28. Juni 1848 bestimmten Wirkungskreis berühren, auf das umfassendste bekannt zu werden, und sie zählt hiebei auf freimüthige, unumwundene Mittheilung, die sie auch bei allen ihren Handlungen zu befolgen wissen wird.

D: Huber, S. 343.

34
Öffentlicher Protest der radikal-demokratischen Fraktion Donnersberg gegen den antipolnischen Beschluß der Mehrheit der Frankfurter Nationalversammlung

27. Juli 1848

Deutsches Volk, das Unglaubliche ist geschehen! Die Mehrheit Deiner Vertreter hat die Revolution verleugnet und die theuersten Sympathien freier Völker verscherzt! Sie hat eine neue Theilung Polens ohne sichere Ermittlung der dortigen Bevölkerungsverhältnisse vorgenommen, und die alten Theilungen für immer genehmigt.

Das ist der Sinn ihres heutigen Beschlusses in der Polensache.

Nie irrt und fehlt der edle Mensch, der dem Zuge seines Herzens folgt.

So war es in den glorreichen Tagen der Befreiung, als das Volk in Berlin sich selbst vom Despotismus und die armen Polen aus den Gefängnissen erlöste.

So war es, als das Vorparlament sich einmütig erhob, und die Theilung Polens für ein schmachvolles Unrecht erklärte, zu deren Sühne – der Wiederherstellung Polens – Deutschland die Hand bieten müsse.

So war es, als der Fünfziger-Ausschuß bei dem Unternehmen des Bundestages, einen Theil Posens gegen den Willen seiner Bewohner in den Bund aufzunehmen, für die Erfüllung der Verheißungen des Vorparlaments die Ehre Deutschlands zum Pfand einsetzte.

Und so hatten die Barrikadenkämpfer in Berlin Recht, als sie den Polen Hoffnungen machten, wir würden mit ihnen die Waffen ergreifen, um sie aus ihren Ketten zu befreien, und die Freiheit nach Warschau, ja nach Rußland hinüberzutragen.

Ihr wißt, die Polen bewaffneten sich, aber der schöne Aufschwung sank zurück, sie wurden entwaffnet und ein beklagenswerthes Blutbad zwischen Deutschen und Polen, dessen wahre Urheber die Geschichte richten wird, erstickte unsere und ihre Hoffnungen.

Dies ist ein unerhörtes Unglück, welches uns den Herzen unserer polnischen Brüder entfremdet, Mißtrauen zwischen ihnen und uns gesät und den Niedergeschlagenen nur die Wahl gelassen hat, zwischen den Bajonetten der Preußen und der Knute der Russen.

Hier an der Grenze Rußlands schlug die Befreiung der Völker zuerst in Unterdrückung um, dann wurde Krakau bombardiert, endlich Prag, und Ströme Blutes bezeichnen diese Siege des Absolutismus und der Aristokratie.

Die Mehrheit der Nationalversammlung hat keinen Sinn und kein Herz für die Befreiung unserer Nachbarvölker gezeigt. Sie hat kein Wort des Friedens für Italien, keine Sylbe des Mitgefühls für Polen, gehabt. Es hat sich vielmehr ein brutaler Völkeregoismus erhoben, der die Italiener wieder unterwerfen und dem grausamen Bombardierer Radetzky wieder nach Mailand verhelfen, der die polnische Nation für immer aus der Reihe der Völker ausstreichen, und die Slaven in Österreich zu keiner freien und eignen Gestaltung ihrer Angelegenheiten kommen lassen will.

Deutsche Brüder, Ihr wollt frei sein und Niemand unterdrücken, Ihr wollt, daß Italien frei und brüderlich mit uns verbunden, daß Polen erlöst, seine Grenze uns geöffnet und der Aushungerung unserer Grenzländer gegen Rußland ein Ende gemacht werde. Ihr wollt Euren Handel beleben, die Industrie fördern, den gesunkenen Mittelstand wieder herstellen, die brodlosen Arbeiter wieder in Lohn bringen, und Ihr habt keine Abzugswege an den Grenzen des Zaarenreiches, die aller Einfuhr verschlossen sind. Hunger und Hungerpest wüthen darum in den Hütten des Riesen- und Eulengebirges; der allgemeine Banquerout droht den Rest des Wohlstandes jener Grenzen zu verschlingen.

Ihr wolltet im Aufschwunge unserer Revolution diese Ungerechtigkeit, diesen Krieg mitten im Frieden, diesen bewaffneten Frieden, diese feindselige Freundschaft aufheben.

Wir wollten dies wie ihr. Wir wollten mit der großen Nation der Engländer und mit dem republikanischen Frankreich zusammen einmal ein deutliches Wort über Italien und Polen mit ihren Unterdrückern reden.

Die Mehrheit hat unsern Antrag auf Zusammenberufung eines Friedens- und Befreiungscongresses der europäischen Völker, den wir Deutsche jetzt veranstalten konnten, verworfen.

Der Minister des Auswärtigen, den der unverantwortliche Reichsverweser ernannt hat, wußte um die freundschaftlichen Absichten Englands und Frankreichs für Polen und für uns. Er hat – obgleich dazu aufgefordert – kein Wort des Friedens gesprochen, er hat es geschehen lassen, daß durch eine willkürliche Zerreißung Polens die Sympathien der Engländer und Franzosen verletzt worden sind, ohne daß auch ein Versuch vorausgegangen wäre, mit ihnen gemeinschaftlich das begangene, erst im Jahre 1846 durch Aufhebung des Freistaates Krakau erneuerte Unrecht wieder gut zu machen, und die Angelegenheiten Polens und insonderheit Posens in einer dem Willen der Mehrzahl seiner Bewohner entsprechenden Weise zu ordnen. Man ist nur dem russischen Kaiser zu Willen gewesen, und hat fortgefahren ungerecht und feindlich gegen die Polen zu handeln.

Man hat alle Zärtlichkeit für Rußland gezeigt, dessen Zar uns in diesem Augenblicke dieselbe Bruderkralle zur Freundschaft zu reichen wagt, welche kurz vorher den Rücken eines Mitmenschen mit 1000 Hieben zerfleischt hat, aber sich nicht gescheut, die Gefahr eines Krieges mit Frankreich und England heraufzubeschwören.

Und die Kämpfe, in die man uns mit freien Völkern verwickelt hat, sollst Du auskämpfen, deutsches Volk, dem man die Freiheit versagt!

Endlich: man hat die Beschlüsse des Vorparlamentes feierlich verworfen.

331 Stimmen gegen 101 Stimmen haben die Erklärung der Theilung Polens für ein schmachvolles Unrecht und die Anerkenntnis der heiligen Pflicht des deutschen Volkes zur Wiederherstellung eines selbständigen Polens mitzuwirken verweigert. Und diese 331 sind zu einem Theile dieselben Leute, welche im Vorparlament jene schönen Beschlüsse faßten!

Das ist die Überzeugungstreue dieser Männer und die Reaction in der Nationalversammlung.

Dieser Tag ist ein Tag der Schmach. Unsere Revolution ist ins Gesicht geschlagen und das Pfand der Ehre, welches der Fünfziger-Ausschuß eingesetzt, nicht eingelöst worden.

Die edlen Franzosen, die uns ihre Freundschaft in der Erwartung anboten, daß wir zur Befreiung Italiens, zur Wiederherstellung Polens mitwirken würden, sie sehen sich verletzt. Sie haben ihre Ehre eingesetzt für Italien und für Polen, und wir dulden es, daß Italien bekriegt und verwüstet, daß für Polen jede Hoffnung und Rettung abgeschnitten wird.

Versammelt Euch überall in Volksversammlungen und erklärt Euren verirrten Vertretern, daß Ihr diese Beleidigung der Menschheit, diese Vernichtung des heiligen Völkerrechts, welche an den Polen verübt worden sind, zurückweist. Es ist an Dir, deutsches Volk, unsre Ehre, unsre Revolution und die Sympathie der ganzen gebildeten Welt für Deutschland zu retten, nachdem die Mehrheit der Nationalversammlung dies Alles verscherzt hat.

Wir, die wir der Minderheit der Nationalversammlung angehören, wir erklären feierlich, vor aller Welt, daß wir nur die Gerechtigkeit gegen unsere Mitvölker, die Gründung eines neuen Friedens und neuer Verträge zwischen gleichen und freien Völkern gewollt und beantragt.

Wir können jetzt nur noch mit der Macht der öffentlichen Meinung der ganzen Masse der Nation die furchtbare Reaction zurückdrängen, den Weltfrieden, den Wohlstand, das Leben von Millionen sichern und die Freiheit im Innern erhalten.

Unsere Ehre erfordert es, daß wir dies aussprechen, unser Gewissen, daß wir uns feierlich und förmlich verwahren gegen die Beschlüsse, die am heutigen Tage durch die Mehrheit der Versammlung gefaßt worden sind.

Das Ende Polens wäre das Ende Deutschlands, die Theilung Polens durch die deutsche Nation theilt Deutschland zwischen Rußland und Frankreich, zwischen Republik und Despotie, zwischen französische Freiheit und russische Knute. Deutsche, rettet Deutschland.

Die radical-demokratische Partei
der constituirenden deutschen Nationalversammlung
Frankfurt am Main den 27. Juli 1848

D: Hildebrandt, S. 253–255.

35

Ferdinand Freiligrath
Die Todten an die Lebenden

Juli 1848

Die Kugel mitten in der Brust, die Stirne breit gespalten,
So habt ihr uns auf blut'gem Brett hoch in die Luft
         gehalten!
Hoch in die Luft mit wildem Schrei, daß unsre
         Schmerzgeberde
Dem, der zu tödten uns befahl, ein Fluch auf ewig werde!
Daß er sie sehe Tag und Nacht, im Wachen und im
         Traume –
Im Oeffnen seines Bibelbuchs wie im Champagnerschaume!
Daß wie ein Brandmal sie sich tief in seine Seele brenne:
Daß nirgendwo und nimmermehr er vor ihr fliehen
         könne!

Daß jeder qualverzogne Mund, daß jede rothe Wunde
Ihn schrecke noch, ihn ängste noch in seiner letzten Stunde!
Daß jedes Schluchzen um uns her dem Sterbenden noch schalle,
Daß jede todte Faust sich noch nach seinem Haupte balle –
Mög' er das Haupt nun auf ein Bett, wie andre Leute pflegen,
Mög' er es auf ein Blutgerüst zum letzten Athmen legen!

So war's! Die Kugel in der Brust, die Stirne breit gespalten,
So habt ihr uns auf schwankem Brett auf zum Altan gehalten!
»Herunter!« – und er kam gewankt – gewankt an unser Bette;
»Hut ab!« – er zog – er neigte sich! (so sank zur Marionette,
Der erst ein Komödiante war!) – bleich stand er und beklommen;
Das Heer indeß verließ die Stadt, die sterbend wir genommen.
Dann »Jesus meine Zuversicht!« wie ihr's im Buch könnt lesen;
Ein »Eisen meine Zuversicht!« wär' paßlicher gewesen!

Das war den Morgen auf die Nacht, in der man uns erschlagen;
So habt ihr triumphirend uns in unsre Gruft getragen!
Und wir – wohl war der Schädel uns zerschossen und zerhauen,
Doch lag des Sieges froher Stolz auf unsern grimmen Brauen.
Wir dachten: hoch zwar ist der Preis, doch ächt auch ist die Waare!
Und legten uns in Frieden drum zurecht auf unsrer Bahre.

Weh' euch, wir haben uns getäuscht! Vier Monden erst
                                    vergangen,
Und Alles feig durch euch verscherzt, was trotzig wir
                                    errangen!
Was unser Tod euch zugewandt, verlottert und verloren –
O, Alles, Alles hörten wir mit leisen Geisterohren!
Wie Wellen braust' an uns heran, was sich begab im
                                    Lande:
Der Aberwitz des Dänenkriegs, die letzte Polenschande;
Das rüde Toben der Vendée in stockigen Provinzen;
Der Soldateska Wiederkehr, die Wiederkehr des Prinzen;
Die Schmach zu Mainz, die Schmach zu Trier; das
                                    Hänseln, das Entwaffnen
Allüberall der Bürgerwehr, der eben erst geschaffnen;
Die Tücke, die den Zeughaussturm zu einem Diebszug
                                    machte,
Die selber uns, die selbst das Grab noch zu begeifern
                                    dachte;
So weit es Barrikaden gab, der Druck auf Schrift und
                                    Rede;
Mit der Versammlung freiem Recht die täglich frechre
                                    Fehde;
Der Kerkerthore dumpf Geknarr im Norden und im
                                    Süden;
Für Jeden, der zum Volke steht, das alte Kettenschmieden;
Der Bund mit dem Kosackenthum; das Brechen jedes
                                    Stabes,
Ach, über euch, die werth ihr seid des lorbeerreichsten
                                    Grabes:
Ihr von des Zukunftdranges Sturm am weitesten Getragnen!
Ihr – Juni-Kämpfer von Paris! Ihr siegenden Geschlagnen!
Dann der Verrath, hier und am Main im Taglohn
                                    unterhalten –
O Volk, und immer Friede nur in deines Schurzfells
                                    Falten?
Sag' an, birgt es nicht auch den Krieg? den Krieg
                                    herausgeschüttelt?

Den zweiten Krieg, den letzten Krieg mit Allem, was dich
                              büttelt!
Laß deinen Ruf: »die Republik!« die Glocken überdröhnen,
Die diesem allerneuesten Johannesschwindel tönen!

Umsonst! Es thäte Noth, daß ihr uns aus der Erde grübet,
Uns wiederum auf blut'gem Brett hoch in die Luft
                              erhübet!
Nicht, jenem abgethanen Mann, wie damals uns zu zeigen –
Nein, zu den Zelten, auf den Markt, in's Land mit uns zu
                              steigen!
Hinaus in's Land, soweit es reicht! Und dann die
                              Insurgenten
Auf ihren Bahren hingestellt in beiden Parlamenten!
O ernste Schau! Da lägen wir, im Haupthaar Erd' und
                              Gräser,
Das Antlitz fleckig, halbverwest – die rechten
                              Reichsverweser!
Da lägen wir und sagten aus: Eh' wir verfaulen konnten,
Ist eure Freiheit schon verfault, ihr trefflichen Archonten!
Schon fiel das Korn, das keimend stand, als wir im Märze
                              starben:
Der Freiheit Märzsaat ward gemäht noch vor den andern
                              Garben!
Ein Mohn im Felde hier und dort entging der Sense
                              Hieben –
O, wär' der Grimm, der rothe Grimm im Lande so
                              geblieben!

Und doch, er blieb! Es ist ein Trost im Schelten uns
                              gekommen:
Zu viel schon hattet ihr erreicht, zu viel ward euch
                              genommen!
Zu viel des Hohns, zu viel der Schmach wird täglich euch
                              geboten:
Euch muß der Grimm geblieben sein – o, glaubt es uns,
                              den Todten!

Er blieb euch! ja, und er erwacht! er wird und muß
                                        erwachen!
Die halbe Revolution zur ganzen wird er machen!
Er wartet nur des Augenblicks: dann springt er auf
                                        allmächtig;
Gehobnen Armes, weh'nden Haars dasteht er wild und
                                        prächtig!
Die rost'ge Büchse legt er an, mit Fensterblei geladen;
Die rothe Fahne läßt er wehn hoch auf den Barrikaden!
Sie fliegt voran der Bürgerwehr, sie fliegt voran dem
                                        Heere –
Die Throne gehn in Flammen auf, die Fürsten fliehn zum
                                        Meere!
Die Adler fliehn, die Löwen fliehn; die Klauen und die
                                        Zähne!
Und seine Zukunft bildet selbst das Volk, das souveräne!

Indessen, bis die Stunde schlägt, hat dieses unser Grollen
Euch, die ihr vieles schon versäumt, das Herz ergreifen
                                        wollen!
O, steht gerüstet! seid bereit! o, schaffet, daß die Erde,
Darin wir liegen starck und starr, ganz eine freie werde!
Daß fürder der Gedanke nicht uns stören kann im
                                        Schlafen:
Sie waren frei: doch wieder jetzt – und ewig! – sind sie
                                        Sklaven!

    Düsseldorf, Juli 1848

    D: Freiligrath, S. 69–74.

Dieses Gedicht, das zu den bedeutendsten Leistungen politischer
Lyrik in deutscher Sprache gehört, erschien in der von Karl Marx
redigierten *Neuen Rheinischen Zeitung* und als separates Flugblatt,
das in Tausenden Exemplaren in ganz Deutschland verbreitet war.
    Es wurde in Preußen verboten und brachte dem ›Trompeter der
Revolution‹ eine Anklage ein, »die Bürger zu hochverräterischen

Unternehmungen aufgereizt zu haben, um sich gegen die landesherrliche Macht zu bewaffnen und die bestehende Verfassung umzustürzen«. Freiligrath wurde Ende August verhaftet und saß fünf Wochen in Untersuchungshaft, bevor er von einem Düsseldorfer Schwurgericht am 3. Oktober 1848 freigesprochen wurde.

36
Manifest des Berliner Arbeiterkongresses an die Deutsche Nationalversammlung

2. September 1848

Hohe National-Versammlung!
Indem der unterzeichnete Kongreß der Arbeiter für sich sowie im Namen und Auftrag seiner Kommittenten, eines großen Teils der Arbeiter Deutschlands, einer hohen deutschen National-Versammlung die von ihm durch einmütige Beratung festgestellten Grundzüge einer den Anforderungen der Zeit entsprechenden Organisation der Arbeiter überreicht und zu geneigter Berücksichtigung bei der Beratung der Grundrechte des deutschen Volks angelegentlichst empfiehlt, übernimmt er zugleich die Verpflichtung, seine Anträge durch die nachfolgenden Erläuterungen zu unterstützen.

Mit der gespanntesten Aufmerksamkeit und mit hingebender Erwartung haben die Arbeiter, nachdem die politische Bewegung Europas auch sie in Anspruch genommen, sie zur Mitwirkung und, nach langer Zeit wieder, zum Hoffen erweckt hat, die Maßregeln, welche die deutschen Staaten zur Begründung besserer Staatseinrichtungen ergriffen haben, namentlich den Entwurf betreffend die Grundrechte des deutschen Volks und die davon ausgehenden Beratungen der hohen deutschen National-Versammlung verfolgt.

Sie haben nunmehr leider die Überzeugung erlangt, daß auch in der Verfassungsurkunde für Deutschland die soziale Frage ebensowenig wie in andern Verfassungsarbeiten, eine Stelle finden könne.

Wir wollen der Besorgnis nicht Raum geben, daß eine hohe National-Versammlung bei Nennung der sozialen Frage sich unwillig abwenden oder uns bloß mit einer trocknen Erwähnung der französischen »Nationalwerkstätten« zur Ruhe verweisen werde. Wir würden in solchem Einwurfe nichts anderes als eine, uns freilich überraschende Unkunde des Gegenstandes erblicken und der Kürze halber nur antworten: Wenn eine edelmütige Nation in ihrem ersten Aufwallen für einen guten Zweck eine ganz falsche Maßregel ergreift, so liegt darin keine Widerlegung der Sache und kaum ein Vorwurf für jene Nation; wer aber beide Momente in dieser Tatsache hervorhebt, beweist entweder sein Unvermögen oder seine Abgeneigtheit, auf dieselbe weiter einzugehen.

Da uns aber ein solches Nichtanstehen oder Nichteingehen auf die Lebensfrage eines großen Teils der europäischen Bevölkerung seitens der Staatsmänner und Volksvertreter fast allenthalben entgegentritt, so müssen wir uns wohl fragen, was die Augen einsichtsvoller Männer in diesem Stücke verdunkle und ihre Einsicht beschränke? Die Antwort auf diese Frage liegt uns nahe, sie lautet: wir Arbeiter und unsre Angelegenheiten stehen den Augen der Staatsmänner, wie diese bisher durch das Staatsleben gebildet wurden, zu fern, ja für die meisten waren die Arbeiter eigentlich gar nicht als Staatsbürger da und sichtbar, sondern nur als Ziffern in den Bevölkerungslisten und in den Berechnungen der Volksmacht.

Der Staat kennt nur den Besitz, als etwas Bleibendes, und die Besitzenden als bereits verschiedentlich organisierte und leiblich vorhandene Staatsbürger-Kasten; diese Massen liegen dem Staatsmanne, der über eine neue Konstitution verhandelt, lebendig vor Augen, sind durch spezielle Gesetze organisiert und seine neue Arbeit hat es nun bloß damit zu tun, den Umständen gemäß da und dort einige Umgestaltungen anzubringen.

Die Gesamtheit der Arbeiter steht dagegen nicht als eine bestimmte Staatsbürgermasse, welche einen Besitz habe und in diesem geschützt oder besser geordnet werden müsse, vor den Augen der Gesetzgeber. Die Gesetzgebung ist gegen sie nur beschränkend und maßgebend gewesen; an die Stelle des Schutzes stellt sie bei ihnen den Grundsatz: »dem Arbeiter ist erlaubt, in aller Freiheit und aus allen Kräften zu arbeiten und von dem Lohn der Arbeit zu leben.«

Der Staat verfährt in diesem Stück gewissermaßen richtig; denn solange der Arbeiter nur als eine zerstreute Menschenmenge zu betrachten ist, läßt sich auch nichts Gesetzlichbestimmtes für ihn als Ganzes, oder für Glieder desselben, als Ganze, zur Beschützung von Rechten begründen.

Es ist also vor allem erforderlich, daß die Arbeiter, um ihr Arbeiten als einen bestimmten Besitz in das Grundgesetz des Staats einzuführen, sich selbst als lebendige Gemeinschaften, gleichsam als politisch-beseelte Körperschaften, unter die übrigen Bürger hinstellen und den Staatsmännern bemerklich machen.

Dieses konnte nur von den Arbeitern selbst ausgehen. Es war bisher versäumt worden, ist aber von uns, soweit es der Augenblick zuläßt, nachgeholt worden, und die Organisation der Arbeiter Deutschlands, wie sie jetzt im Leben steht, liegt in den Grundzügen ihres Verfassungs-Statuts einer hohen National-Versammlung vor Augen. Mit ihr steht in engster Verbindung das Statut über die Association der Arbeit, welches als zweiter Teil beigelegt ist.

So organisiert, in dem festen Vorsatze, an der weiteren Ausbildung unseres Organismus mit aller Macht fortzuarbeiten, und in dem uns hiermit wiedergeborenen Bewußtsein unserer Persönlichkeit und unserer Berechtigungen im Staatsleben treten wir jetzt unter unsere Mitbürger und vor den gesetzgebenden Körper unserer Wahl, mit der Bitte:

in der künftigen Gesetzgebung auch uns, als Besitzer der Arbeit, anzuerkennen und solche gesetzliche Bestimmungen eintreten zu lassen, durch welche die Existenz und Fortdauer unserer Organisation und Assoziation für alle Zeiten geschützt und ihre weitere gedeihliche Ausbildung von seiten des Staats begünstigt werden möge. [...]

Aus dem Vorgetragenen wolle eine hohe deutsche National-Versammlung ersehen, daß wir frei von chimärischen Ansprüchen sind, wohl aber die Logik der Zeit und unsre eigne hinlänglich auf Erfahrungswegen kennengelernt haben, um einerseits unsre Erwartungen zu beschränken, andererseits aber auch nicht vor scheinbaren oder vorgespiegelten Schwierigkeiten und Hindernissen zu erschrecken, wo wir deutlich erkannt haben, daß da oder dort tief und radikal eingegriffen werden müsse, wenn nicht alle Mühe vergeblich sein und das etwa zur Beruhigung Vermittelte bei näherer Betrachtung nur als eine Täuschung der Einbildungskraft erfunden werden solle.

Das Eine nämlich, worauf es bei allen Neugestaltungen im jetzigen Staatsleben wesentlich ankommt, ist dieses, daß die Staaten aus dem früheren rohen Naturzustande des Krieges, des Prunkes und der List, in welchem sich jeder ganz nach außen gegen die anderen Staaten wenden mußte, um sich gegen sie entweder zu schützen, oder sie durch sein Auftreten nach Art wilder Streiter, die sich wie Kinder putzen und bemalen, zu blenden, oder sie durch seine Diplomatie zu betrügen, daß sie aus diesem rohen mittelalterlichen Naturzustande der Staaten, oder richtiger der regierenden Autokraten, nunmehr auf sich selbst zurückkehren und das Wohl der Staatsbürger im Innern als die Hauptaufgabe ihres Daseins zu betrachten anfangen, welchem sie ihre ganze Aufmerksamkeit widmen, und von dem alten absolutistischen Prunk sowie von der endlosen Streitfertigkeit des Heeres und von der Verschwendung der Bürokratie möglichst viel ersparen müssen, um den edleren und besseren Zwecken der Menschheit obliegen zu können.

Wir, die Arbeiter, sind von Natur die Stützen der Ruhe und der Ordnung, denn wir wissen sehr wohl, daß wir zum Leben vor allem der Ruhe und Ordnung bedürfen. Wir reichen unseren Mitbürgern und unseren Gesetzgebern die Hand und die Verheißung unseres Worts: Ja! wir wollen die Ruhe und Ordnung der Staaten aufrechterhalten – wir können es verheißen, denn wir haben die Kraft dazu und sind uns unserer politischen Bedeutung bewußt.

Nur notgedrungen würden wir, wenn wir abgewiesen würden, wenn der alte Wahn aufrechterhalten und unserer Rechte auch fernerhin, wie früher, von keinem der Machthaber auf humane Weise gedacht würde, der Geißel des Schicksals gehorchen, und unter der Macht der finstern Not aus den wärmsten Freunden der bestehenden Ordnung zu den bittersten Feinden derselben werden müssen.

Berlin, den 2. September 1848.

Der Arbeiter-Kongreß.

D: Obermann, *Flugblätter*, S. 170–173.

37

Ludwig Simons Rede bei der Volksversammlung auf der Frankfurter Pfingstweide nach der Ratifizierung des Malmöer Waffenstillstands durch die Nationalversammlung

17. September 1848

Die Früchte der deutschen Revolution fallen nacheinander verwelkt vom Baume der Geschichte ab. In den Tagen des März hörte man allerorts den begeisterten Ruf: Freie Nationalität Italiens! Herstellung der polnischen

Nation! Italien ist wieder unterjocht, und die Nationalversammlung hat die Teilung Polens nicht mehr, wie das Vorparlament, für ein »schmachvolles Unrecht« erklärt. An beiden Orten ist der Krieg gegen die Revolution siegreich zu Ende geführt, der einzige Krieg, welchen Deutschland mit der Revolution unternommen, durch einen schmachvollen Waffenstillstand eingestellt. Wer kann gegenwärtig die Lieder: »Was ist des Deutschen Vaterland?« und »Schleswig-Holstein meerumschlungen«, welche man so oft hinter Schüssel und Flasche gesungen, noch anhören, ohne daß ihm die Scham hochrot in die Wangen steigt?

Was verschuldet aber die Minderheit zu diesem Erfolge? Warum äußert sich nicht das ganze deutsche Volk entschiedener über die Wirksamkeit seiner Vertreter? Die Wähler von süddeutschen Abgeordneten können sich doch nicht das Recht beilegen, auch Wähler der norddeutschen zu sein. Zwar sind auch aus Norddeutschland einzelne Mißtrauensadressen eingelaufen. Aber damit ist uns nicht geholfen. Warum fordern deren Wähler sie nicht ausdrücklich auf, ihre Plätze als Abgeordnete zu verlassen? Warum machen sie nicht Demonstrationen in deren Heimat? Warum rücken sie denselben nicht vor die Häuser und Leiber und erklären feierlichst: »Ihr habt unser Vertrauen verscherzt!« Warum schicken sie nicht eigene Deputationen nach Frankfurt, um dieselben zurückzuberufen?

Was ist aber gegenwärtig zu tun? Was von seiten der Volksvertreter, was von seiten des Volkes?

Die vereinigten Richtungen der Linken werden noch an diesem Abend über ihr Verhalten Beratung halten: Wenn ein Austritt beliebt wird, so bin ich wahrlich nicht der letzte.

Ich bin unserer erfolglosen Verhandlungen längst überdrüssig. Sollen aber einzelne austreten und nach Hause reisen? (Stimmen: Nein! Nein!) Der Austritt weniger kann aus persönlicher Langeweile erfolgen, ist aber offenbar kein politischer Akt von erheblichem Eindruck. Diesem nach wendet euch an die Linke, wie ihr beschlossen habt, und tragt derselben eure Wünsche vor. Vielleicht wird mancher dadurch zu entschiedener Gesinnung bewogen werden.

Was hat aber das Volk zu tun? Es hat den Beschluß der Linken abzuwarten und sich vor Unordnungen, wie sie gestern vorgefallen, zu hüten. Mit Schmerz haben wir vernommen, daß ein Abgeordneter, welcher denselben zu wehren suchte, verletzt worden. Solche Exzesse können zu nichts führen. Ich warne vor Unüberlegtheit, vor Unvorsichtigkeit und Voreiligkeit; ich mahne dagegen zur Wachsamkeit, um, wenn es gilt, einer für alle und alle für einen zu stehen!

D: Obermann, *Einheit*, S. 553–555.

Ludwig Simon gehörte zu den führenden Mitgliedern der Fraktion ›Donnersberg‹, der äußersten Linken in der Frankfurter Nationalversammlung. Obwohl er für den Austritt der Linken plädierte, vermochte er seine Fraktionskollegen nicht davon zu überzeugen; er war nicht bereit, auf eigene Faust zu handeln, und ordnete sich der Mehrheit unter. Die letzte Gelegenheit, »die halbe Revolution zur ganzen zu machen«, wie es Freiligrath in seinem Gedicht »Die Toten an die Lebenden« gefordert hatte, ging damit verloren; in einer Entscheidungsstunde der Revolution versagte die Linke und vermochte den Volkskampf gegen die Konterrevolution nicht wirksam zu organisieren.

38
Proklamation Gustav von Struves während seines republikanischen Putsches in Baden

21. September 1848

Aufruf an das deutsche Volk!

Der Kampf des Volkes mit seinen Unterdrückern hat begonnen. Selbst in den Straßen der Stadt Frankfurt a. M., am Sitze der ohnmächtigen Zentralgewalt und der geschwätzigen konstituierenden Versammlung ist auf das Volk mit Kartätschen geschossen worden. Nur das Schwert kann das deutsche Volk noch retten. Siegt die Reaktion in Frankfurt, so wird Deutschland auf dem sogenannten gesetzlichen Wege furchtbarer ausgesogen und geknechtet werden, als dieses in den blutigsten Kriegen geschehen kann. Zu den Waffen, deutsches Volk! Nur die Republik führt uns zum Ziele, nach dem wir streben. Hoch lebe die deutsche Republik!

Lörrach, den 21. September 1848.

Im Namen der provisorischen Regierung:
Gustav Struve.
Der Kommandant des Hauptquartiers:
M. W. Löwenfels.
Der Schriftführer:
Karl Blind.

D: Klein, S. 325.

Die republikanischen Freischärler wurden nach wenigen Tagen von badischen Truppen bei Staufen geschlagen; Struve kam als Gefangener in die Festung Bruchsal, aus der er zu Beginn der Reichsverfassungskampagne im Mai 1849 befreit wurde.

39
Offizielle Darstellung des Frankfurter Volksaufstands

22. September 1848

Erlaß der Zentralregierung

Am 18. September 1848 wüteten zu Frankfurt am Main, dem Sitze der Zentralgewalt und der Deutschen Nationalversammlung, die Schrecknisse des blutigen Aufruhrs.

Die unter dem längst verführten Volke verbreiteten falschen Auslegungen über den Beschluß der Nationalversammlung vom 16. September 1848 – wodurch der zu Malmö abgeschlossene Waffenstillstand nicht ferner zu beanstanden sei – brachten lange vorbereitete Pläne zur Ausführung. Am 17. September 1848 wurde nächst Frankfurt eine große Volksversammlung abgehalten, dabei der Aufruhr offen gepredigt und zum Sturme gegen die Majorität des Parlaments aufgefordert. Es trafen von allen Seiten Bewaffnete ein, und die Ruhe der Stadt, die schon in der früheren Nacht durch grobe Exzesse gestört worden war, wurde so gefährlich bedroht, daß der Senat das Reichsministerium aufforderte, die zum Schutze der Nationalversammlung nötigen Vorkehrungen selbst zu treffen.

Unter dem Schutze zweier aus Mainz beigezogener Bataillone hielt die Nationalversammlung am 18. September 1848 vormittags Sitzung, umringt von drohenden Haufen, deren Versuch, gewaltsam in den Sitzungssaal einzudringen, durch Reichstruppen vereitelt wurde. Von 2 Uhr bis gegen 9 Uhr abends dauerte der Straßenkampf gegen die zahlreich errichteten Barrikaden und die von Bewaffneten besetzten Häuser, aus welchen fortwährend auf die Truppen gefeuert wurde. Erst am 19. morgens war die gesetzliche Macht vollständig Meister der Stadt.

In den ersten Nachmittagsstunden wurden die beiden Abgeordneten der deutschen Nationalversammlung, Fürst Lichnowsky und von Auerswald, die in bürgerlicher Kleidung und unbewaffnet aus der Stadt ritten, von bewaffneten Haufen angegriffen, aus Häusern, wohin sie sich geflüchtet hatten, getrieben und mit empörender Grausamkeit ermordet. Der Abgeordnete Heckscher wurde in Höchst eine lange Nacht hindurch von rasenden Pöbelhaufen mißhandelt und mit dem Tode bedroht; auch andere Abgeordnete schwebten in Lebensgefahr.

Bei solchen Vorgängen konnte die provisorische Zentralgewalt in dem, was ihre Pflicht erfordere, nicht zweifelhaft sein. Eine Truppenmacht war binnen wenigen Stunden in Frankfurt versammelt, mit der nicht nur der Aufruhr besiegt wurde, sondern durch die einer Erneuerung desselben hier und in der Nähe vorgebeugt sein wird. Das Kriegsgesetz wurde verkündet, die Entwaffnung der Einwohner verfügt, und die Justiz ist tätig, die zahlreich Verhafteten zu richten und den anderen Schuldigen nachzuforschen.

Aber die Zentralgewalt verkennt nicht, daß damit ihre Aufgabe nicht vollendet sei, daß nach den tiefen Erschütterungen, die Deutschland erfuhr, nebst dem errungenen Gute der Freiheit, das gewahrt, geschützt und dauernd befestigt werden soll, bedauernswerte Mißstände eingetreten sind, die, indem sie Bürgerkrieg und Anarchie teils schon hervorriefen, teils die Saat dazu gelegt, die Freiheit selbst in Frage stellen und unser Vaterland mit einer furchtbaren Zukunft bedrohen.

Eine Fortdauer dieses Zustandes kann nicht geduldet werden, denn es ist ein offenbarer Angriff auf die Wohlfahrt des deutschen Bundesstaates, die, durch alle Teile desselben umfassende Maßregeln, zu bewahren die provisorische Zentralgewalt berufen ist. Sie wird diese Maßregeln demnächst Hand in Hand mit den deutschen Regierungen, sie wird sie dahin treffen, daß dem Gesetze, dessen Vollzug in manchen Teilen Deutschlands stillsteht, wieder Geltung und kräftige Wirksamkeit werde. Die provisorische Zentralgewalt ist dabei über die tätige Mitwirkung aller Regierungen, die, wie sie weiß, dem deutschen Volke die Segnungen der Freiheit, des Friedens und der Ordnung verbürgt wissen wollen, nicht im Zweifel und wird ihre Unterstützung nur mit Erfolg in Anspruch nehmen.

Aber indem sie erkennt, daß die Herrschaft der Gesetze dort, wo sie geschwächt ist, hergestellt werden muß, vertraut sie, es werde dem Mute und dem Pflichtgefühl jener, die vor allem berufen sind, ihre Mitbürger vor Anarchie zu bewahren, Ernst sein in Erfüllung dieser Pflicht, damit an ihnen das deutsche Volk, was den Frieden und die Herrschaft der Gesetze wünscht, Halt und Stütze finde und dann gewiß freudig mitwirke, wo zu seinem Heile gewirkt werden soll.

In dieser Richtung nimmt die provisorische Zentralgewalt jetzt schon die kräftige Mitwirkung aller deutschen Regierungen dahin in Anspruch, daß sie ihre Behörden und Beamten und jene Institute, die zur Verteidigung der Ordnung und der Gesetze bestehen, zur eifrigen Pflichterfüllung, dort, wo sie hierin nachließen, ernstlich ermahnen, damit dem teilweise eingerissenen Zustande der Gesetzlosigkeit, unter welchem nur die Freunde der wahren Freiheit leiden, kräftig ein Ziel gesetzt werde.

D: Obermann, *Einheit*, S. 570 f.

40
Kundmachung der Vereinigten Linken in der Frankfurter Nationalversammlung über die Septemberkrise

22. September 1848

– Auszug –

Deutsches Volk!

Der Beschluß der deutschen Nationalversammlung vom 5. d. M., betreffend die Einstellung der zur Ausführung des Waffenstillstandes von Malmö vom 26. August ergriffenen militärischen und sonstigen Maßregeln, wurde als der verheißende Vorbote einer glücklichen Wendung der Dinge freudig begrüßt. Aber wie ein Blitzschlag aus heiterer Luft traf uns die endgültige Entscheidung vom 16. d. M., durch welche der auf Nichtgenehmigung gerichtete Antrag der Mehrheit des Ausschusses mit 258 gegen 237 Stimmen verworfen [wurde.] [...]
[...] Nicht die Schwäche oder Niederlage Deutschlands, sondern hauptsächlich eine unheilvolle Nachgiebigkeit gegen die Sondergelüste der preußischen Regierung hat uns diesen Waffenstillstand aufgedrungen. Diese preußische Regierung hat denselben abgeschlossen gegen Befugnis und Recht, gegen die Bundes- und Wiener-Schlußakte, gegen das Gesetz vom 28. Juni d. J. und gegen die erteilte Vollmacht, sie hat ihn abgeschlossen im eigenen Namen und im Namen des zertrümmerten deutschen Bundes, während sie nur als Bevollmächtigte der Zentralgewalt in deren Namen abschließen konnte und durfte.

So hat die preußische Regierung der Zentralgewalt getrotzt und sie vor dem In- und Auslande moralisch vernichtet; der Beschluß der Nationalversammlung aber hat dies rebellische Verfahren anerkannt und zur Fortsetzung desselben ermuntert.

Der Beschluß der deutschen Nationalversammlung vom 16. September 1848 hat der Freiheit, dem Ansehen und der Einheit des geliebten Vaterlandes eine Wunde geschlagen, deren Heilung nicht ohne die gesteigerte Wirksamkeit der tiefsten, innerlichsten Lebenskraft des gesamten deutschen Volkes bewirkt werden kann. – [...]

War es ein Wunder, wenn das Volk sich dasselbe Recht beilegte, welches sich die Einzelregierungen durch wiederholte Mißachtung der Beschlüsse der Nationalversammlung angemaßt hatten? Blutige Szenen haben sich unter unsern Augen entwickelt, die wir eben so tief bedauern, als wir fest überzeugt sind, daß sie hätten vermieden werden können, wenn man zur rechten Zeit die geeigneten Maßregeln ergriffen hätte, welche wir nach Kräften anrieten.

Niemand kann und wird diesen Aufstand ohne Plan, Vorbedacht, Leitung, Vorkehrungen, Verbindungen und verständige Schätzung der Angriffs- und Widerstandskräfte rechtfertigen wollen, er war ziellos, aus dem Drange des Augenblicks hervorgegangen und von der Verzweiflung durchgeführt. Aber niemand darf sich auch von der Parteileidenschaft so weit verblenden lassen, zu verkennen, daß das Gefühl für Deutschlands gefährdete Ehre, Freiheit und Einheit denselben hervorgerufen und Männer in den Tod getrieben hat, die gewiß freudiger den Tod gegen den auswärtigen Feind als im Bruderkampfe gefunden hätten.

Frankfurt steht jetzt unter der ehernen Zuchtrute des Belagerungszustandes und Kriegsgesetzes, d. h. der Rechtlosigkeit; die Reaktion erhebt mächtig und übermütig ihr Haupt und macht Miene, die freiheitsgetreue Minderheit gänzlich zu unterdrücken. Wir aber werden trotzdem die Grundsätze der Freiheit und Einheit Deutschlands unerschütterlich vertreten wie bisher, was auch geschehe!

An Dich aber, deutsches Volk! ergeht der Aufruf, Dich offen über die Wirksamkeit deiner Vertreter auszusprechen.

Denn das Einverständnis zwischen Wählern und Gewählten ist die sicherste Bürgschaft der friedlichen Freiheit. –

Frankfurt, den 22. September 1848.

Die Klubs der vereinigten Linken im deutschen und holländischen Hof.

D: Obermann, *Flugblätter*, S. 315–318.

41

Der Beginn des Wiener Oktoberaufstands

Die mörderische Schlacht zwischen den Donaubrücken am 6. Oktober

Ausführlich beschrieben von einem dabei verwundeten Studenten

Auf den Ruf: »Die Soldaten wollen nicht abmarschieren; sie haben geschworen, lieber in Wien zu sterben, als gegen die Ungarn zu ziehen«, eilten wir zur Taborbrücke hinaus, wo sich das rührendste Schauspiel darbot. Am entgegengesetzten Ende der Taborbrücke standen die braven Grenadiere, fraternisierend mit Volk und den Nationalgarden, die rings aufgestellt waren. Es war halb 10 Uhr vormittags an der Taborbrücke, deren Vorderteil vom Volke zerstört worden war, fuhren 4 Kanonen auf und eine Abteilung vom Regimente Nassau nahm daselbst dem Volke gegenüber eine feindliche Stellung an. General Bredá machte alle Anstalten, die uns auf das schlimmste gefaßt hielten. Die Eisenbahnbrücken standen verbarrikadiert und der Telegraph war zerstört worden. Mittlerweile war ein Soldat gefangen genommen worden, der eine Depesche bei sich trug, die man ihm abnahm und ebenso hielt man 3 Mann Pioniers auf, die abseits in einem Kahne über die Donau zu setzen, sich beeilten. Um 10 Uhr erschien der Abgeordnete Kudlich vor der Taborbrücke und indem er sich auf eine Bank stellte, teilte er dem Volke mit, daß bereits die Linke des Reichstages beschlossen habe, vom Kriegsministerium zu erwirken, daß er die deutsche Garnison in Wien belasse, da diese nicht feindlich gegen das Volk gesinnt ist. Währenddem reitet ein General heran und kommandiert den Soldaten zum Vorwärtsmarschieren – er wird aber vom Volke ausgepfiffen, die Verbrüderung der Grenadiere, Nationalgarden und Studenten wird noch inniger, da auch die Bauern der nächsten Ortschaft mit Sensen, Hacken und Schaufeln herangezogen kommen. Ein endloser Jubel erfolgte, der bloß dadurch gestört wurde, daß ein Teil der Pioniere unter Anführung eines Offiziers über die Taborbrücke marschierte, welche die Absicht hatten, auch das andere Ende der Brücke zu zerstören, um dem Volke, Bauern, Garden und Soldaten, welche sich anschickten, im Zuge in die Stadt zurückzumarschieren, den Übergang abzuschneiden. Das Volk aber hinderte sie daran. Schon begann sich der Zug im Umwege nach dem Eisenbahn-Damme zu bewegen, um über die Eisenbahnbrücke ungehindert in die Stadt zu gelangen. Da richtete aber auf des Generals Geheiß die Artillerie ihre Kanonen nach der Eisenbahnbrücke, um sie zu zerstören und den Übergang abzuschneiden. Im nämlichen Augenblicke aber fiel Volk, Garden und Studenten über die Kanonen her, entriß 2 derselben und einen Pulverkarren den Kanonieren, die ganz verblüfft über den Mut des Volkes dastanden und sich auch noch eine dritte Kanone nehmen ließen, welche man insgesamt mit einer Riesenstärke auf den Bahndamm hinaufzieht. Während man auch ein viertes Geschütz zu erobern sucht, gibt die Infanterie Feuer. Die ersten Opfer waren Arbeiter. Nun begann es von allen Seiten zu krachen. Die müßigen Zuschauer ergreifen über Zäune und Planken die wildeste Flucht. – Pioniere feuern auf die akademische Legion, diese erwidert todesverachtend den Gruß und weicht nicht von der Stelle.

Der Major der Infanterie stürzt tödlich getroffen vom Pferde – das Volk feuert aus einer eroberten Kanone auf das Militär. Die Kavallerie sprengt heran, und sucht mit Einhauen eine Kanone zurückzunehmen, das Volk aber schleudert die Kanone ins Wasser und dringt mit Planken, Spießen und Stangen neuerdings vor. Heftige Steinwürfe verjagen die Reiter.

Ein Kartätschenschuß. Viele fallen. Die Studenten und Nationalgarden stürmen vom Damme herab auf die Infanterie, die sich bis zum Anfang der Taborbrücke zurückzieht; da rücken aber die braven Grenadiere von der anderen Seite der Brücke an und feuern auf die Infanterie los, daß es eine Lust ist. – Im nämlichen Augenblicke stürzt auch General Bredä tödlich getroffen vom Pferde. Heillose Verwirrung unter den Soldaten. Die Infanterie beginnt gegen die Grenadiere auf der andern Seite ein heftiges Feuer. Umsonst. Das Volk bleibt Sieger, und die Infanterie vom Nassauer Regiment ist beinahe ganz aufgerieben. Von Seiten der Nationalgarden und Studenten sah ich 12 Tote und 24 Verwundete. Von den Arbeitern 10 Tote. Die gefallenen Soldaten konnte ich nicht zählen. Verwundete Soldaten gewahrte ich gegen 70. –

Unter lautem Jubel zog man nach 11 Uhr mit den eroberten Kanonen, dem Generalshut und anderen Siegestrophäen in die Stadt, wo die Revolution ihre blutige Fortsetzung machte.

Wien, im Oktober 1848.

A. Schmidt,
Student der Wiener Universität.

D: Obermann, *Flugblätter*, S. 318–320.

42
Siegesmeldung der Wiener Aufständischen

9. Oktober 1848

Sieg!

Gestern erschien kein Blatt des »Radikalen«; wir schrieben vorgestern ein Blatt Weltgeschichte mit Stahl und Blei, – Feder und Presse mußten ruhen. – Die Demokratie hat einen glänzenden Sieg erfochten, das Volk sich wahrhaft heldenmüthig bewährt; der Absolutismus hat seine letzte Stütze verloren, das Heer ist theilweise von ihm abgefallen. Das Volk ist zum Selbstbewußtsein gekommen, die bewaffnete Soldatenmacht hat ihren Zerfall erlebt. Das Volk hat neue tiefe Wurzeln geschlagen, die Hofpartei steht fast ganz entwurzelt da. Das Volk hat sich einen Glorienschein ums Haupt geschlungen, die Reaktion hat ihre Scheinglorie eingebüßt.

Ihr habt uns Fantasten gescholten, ihr Dynastiker, wenn wir von der revolutionären Uebermacht im Volke sprachen, und uns als Aufwiegler verketzert, wenn wir darauf hinwirkten, daß sie sich selbst aussprechen sollte. Wir ließen euch schelten und ließen euch verketzern, denn wir wußten, daß ihr zu Schanden werden mußtet. Ihr seid es geworden und wir – sind gerechtfertigt. Uns überrascht der Ausgang nicht, so großartig die Haltung des Volkes war, denn wir haben immer das Volk jeder Größe fähig gehalten; aber euch muß es doppelt wurmen, einem Feinde unterlegen zu sein, den ihr gar so verächtlich geschildert. Unrühmlich wie euer schleichendes Wirken war euer Hinscheiden.

Du aber, edles Volk, jetzt dein eigener Herr, zeige dich deines ersten ganzen Sieges auch ganz würdig. Laß dir keine halben Maßregeln aufschwatzen, sie sind nur der Keim künftiger Revolutionen, und je länger das Ende hinausgerückt wird, desto gewaltsamer ist der Ausbruch. Du warst so mäßig ein einziges Opfer zu fordern, das dich auf die niederträchtigste Weise betrogen und verrathen hatte, und verschontest selbst die, welche die unauslöschliche Schmach auf sich luden, auf ihre Brüdergarden zuerst und rücklings zu feuern! Wer aber mäßig ist, darf auch stark sein, denn er wird die Gewalt nicht mißbrauchen. Darum sei du stark, fordere dein ganzes Recht und laß nicht eine feige oder feile Rücksichtsnahme den Druck, unter dem du geseufzt, nur mindern statt ihn aufzuheben. Es sind Männer in deinem Reichstag, denen du bis zum letzten Blutstropfen vertrauen kannst, aber es sind auch andere da, die dich bis zum letzten Blutstropfen verrathen werden, – darum müßt ihr wachen über eure Vertreter, und sie nie vergessen lassen, auf welcher Seite des Hauses eure Sympathien sind, und erweisen sich die unvolksthümlichen Mitglieder halsstarrig, so – schickt andere an ihre Stellen. Denn der Reichstag ist zwar souverän, aber nur als Delegirter des souveränen Volkes, d. h. so lange er mit dem Volke geht. Darum, wer das nicht will, der – gehe mit dem Kaiser.

Den Kaiser aber, der dich, sein Volk, zum zweiten Male verläßt und ein Manifest erlassen wollte, das selbst Kraus unkonstitutionell fand, lasse gehen; bitte ihn nicht, wieder zu kommen, er muß dich bitten, wieder kommen zu dürfen! Von Gottes Gnaden haben die Tyrannen nur allzu lang die Welt geknechtet, der Fürst, der jetzt noch überhaupt regieren will, darf zum mindesten nur von Volkes Gnaden dienen!

Dr. A. J. Becher.

D: *Der Radikale*, Nr. 97, 9. Oktober 1848.

Der Verfasser des Artikels und der Redakteur des *Radikalen*, Alfred Julius Becher, wurde nach dem Sieg der konterrevolutionären Truppen im November 1848 hingerichtet.

43
Appell des Wiener Studentenausschusses an die Bauern, der Revolution zu Hilfe zu kommen

16. Oktober 1848

Freunde vom Lande!

Ihr werdet doch die letzten Tage viel, sehr viel von Wien gehört haben. Ihr werdet von Leuten, die es mit der Freiheit redlich meinen, gehört haben, von der edlen, todesverachtenden, begeisterten Erhebung Wiens, aber auch von der jetzigen gefährlichen Lage dieser Freiheitskämpfer. Es wird auch nicht an Leute fehlen, Ihr werdet sie bald erkennen, die Euch die Sache anders erklären werden, die Euch abrathen werden, Euren Wiener Brüdern zu Hilfe zu eilen. Euer gesunder Sinn wird sagen, wem Ihr trauen sollt. Ihr werdet wissen, um was es sich handelt. Ihr werdet wissen, daß wenn die Wiener unterliegen, auch Ihr unterlieget. Nicht nur das, was Ihr bis jetzt erlangt habet, würdet Ihr wieder verlieren, große Kriegskontributionen würden Euch auferlegt werden, Ihr würdet wieder zu Leibeigenen herabsinken und die alte, sklavische, metternich'sche Polizei- und Beamtenzeit würde wieder kommen. Wehe uns und Euch, wenn es so kommt, wenn wir unterliegen. Wir wollen diese Zeit nicht erleben. Wir werden sie nicht erleben, wir werden siegen, wir werden siegen vereint mit Euch. Brüder, zaudert nicht. Alles steht auf dem Spiele, das Schicksal für unser ganzes Leben und für unsere Kinder wird in den nächsten Tagen entschieden. Wenn wir einig wirken, ist der Sieg gewiß. D'rum nicht gezaudert, Bauern, Brüder, heran zum Kampfe und Siege mit uns.

Für Euere Verköstigung hier ist vom Gemeinderath gesorgt.

Wien, den 16. Oktober 1848.

Der Ausschuß der Studenten.

D: Mellach, S. 163.

44
Manifest Feldmarschalls Windischgrätz vor dem Sturmangriff auf Wien

20. Oktober 1848

An die Bewohner Wiens!

Von Seiner Majestät dem Kaiser beauftragt, und mit allen Vollmachten ausgerüstet, um den in Wien dermalen herrschenden gesetzlosen Zustande ohne Zeitverlust ein Ziel zu setzen, rechne ich auf den aufrichtigen und kräftigen Beistand aller wohlgesinnten Einwohner.

Bewohner Wiens! Eure Stadt ist befleckt worden durch Gräuelthaten, welche die Brust eines jeden Ehrenmannes mit Entsetzen erfüllen. Sie ist noch in diesem Augenblicke in der Gewalt einer kleinen, aber verwegenen, vor keiner Schandthat zurückschaudernden Faktion. Euer Leben, Euer Eigenthum ist preisgegeben der Willkühr einer handvoll Verbrecher. Ermannt Euch, folgt dem Rufe der Pflicht und der Vernunft! Ihr werdet in mir den Willen und die Kraft finden, Euch aus ihrer Gewalt zu befreien, und Ruhe und Ordnung wieder herzustellen.

Um diesen Zweck zu erreichen, werden hiemit die Stadt, die Vorstädte und ihre Umgebung in Belagerungszustand erklärt, sämmtliche Civilbehörden unter die Militär-Autorität gestellt, und gegen die Übertreter meiner Verfügungen das Standrecht verkündigt.

Alle Wohlgesinnten mögen sich beruhigen. Die Sicherheit der Personen und des Eigenthums zu schirmen, wird meine vorzügliche Sorge sein. Dagegen aber werden die Widerspenstigen der ganzen Strenge der Militärgesetze verfallen.

Lundenburg den 20. Oktober 1848.

Fürst zu Windisch-Grätz,
Feldmarschall.

D: Mellach, S. 165.

45
Aufruf des Wiener Demokratischen Vereins

23. Oktober 1848

An die Bewohner von Wien

Vierzehn Tage sind vergangen in fruchtlosen Verhandlungen, in Versuchen der Versöhnung, die zu keinem Ziel führten. Wir haben nichts verlangt als unser Recht, nichts als Gewährleistung für die Freiheit, die wir mit unserm edelsten Herzblute errungen haben. Unsere Feinde haben unseren gerechten Foderungen nur zweideutige, jesuitische, ausweichende Antworten entgegen gestellt, und während wir vertrauend uns an das Herz des betrogenen Kaisers wandten, haben sie im Stillen an unserem Verderben gearbeitet.

Bewohner von Wien! Die Maske ist gefallen, wir wissen nun woran wir sind. Nicht nur das Verderben unserer Stadt ist beschlossen, sondern die Zurückführung des alten Zustandes durch das Mittel des Militärdespotismus. Nachdem man die Stadt umzingelt, wagt es der Fürst Windischgrätz gegen Recht und Gesetz Belagerungszustand und Standrecht auszusprechen. Mit frecher Lüge schieldert man die Zustände unserer Stadt als anarchisch, während Ruhe und Ordnung nie vollkommner herrschten, wie eben jetzt. Die Verräther, welche den Kaiser zur Flucht verführten und ihn fortwährend belagern, verbergen ihm die Wahrheit und erschleichen seine Zustimmung zu ihren verruchten Plänen. Die Stadt, wo die gesetzliche Landesvertretung friedlich tagt, wo alle Behörden in ungestörter Thätigkeit sind, erklärt ein roher Soldat den Kriegs- und Belagerungszustand, ohne dazu auf irgend eine konstitutionell-gesetzliche Weise berechtigt und beauftragt zu sein. So tritt man Recht und Gesetz, so tritt man Freiheit und die oft verbürgten Errungenschaften, so tritt man das feierliche Kaiserwort frech unter die Füße, um einen Vorwand zu haben für seine verrätherischen Pläne.

Bewohner von Wien! Der Reichstag hat dieses verbrecherische Treiben bereits für ungesetzlich erklärt; er hätte es für hochverrätherisch erklären sollen! Stimmen wir ihm einmüthig zu. Aber enthüllt sei auch die verruchte Lüge vor der ganzen Welt, auf daß, wenn der Vernichtungskampf beginnt, den man gewaltsam hervorruft, die Völker Europas wissen, wo das Recht und wo das Unrecht ist. Von diesem Augenblicke an gibt es keine Parteien, keinen Meinungszwiespalt mehr; wir kämpfen nicht mehr für politische Ansichten, wir kämpfen wie jenes schlichte Hirtenvolk in der Schweiz gegen den Uebermuth der kaiserlichen Vögte, für unsere Freiheit, für unsere Ehre, für unsern Herd, für unser Weib und unsere Kinder!

»Wer ist der Feigling, der an diesem heiligen Kampfe nicht Theil nimmt?«

Wien, den 23. Oktober 1848.
Der Central-Ausschuß
der demokratischen Vereine Wiens.

D: *Der Radikale*, Nr. 110, 25. Oktober 1848.

46
Die Verteidigung des revolutionären Wien

26. Oktober 1848

Befehl an alle Kommandanten

Fürst Windischgrätz hat der Deputation des Gemeinderates erklärt, er müsse bei seinen Bedingungen beharren, er verlange unbedingte Unterwerfung und am Abend werde er die Feindseligkeiten eröffnen. Es haben demnach die Kommandanten die Außenwerke und Barrikaden auf das stärkste zu besetzen, die Unterstützungen aufzustellen und ebenso alle Reserven unter Waffen treten zu lassen.

Jeder ohne Ausnahme hat von 6 Uhr abends auf seinem Posten zu sein und denselben ohne bestimmte und ausdrückliche Erlaubnis des Kommandanten auf keinen Fall zu verlassen. Mitbürger! der Feldmarschall geht von der Ansicht aus, in Wien herrsche eine kleine Fraktion. Er wird an unserem Widerstande erfahren müssen, daß die gesamte Bevölkerung es als Ehrensache ansieht, auf solche Bedingungen nicht einzugehen. Es möge denn das Verhängnis eines Bruderkampfes walten.

Was immer an aufrichtigen Friedensmitteln versucht werden konnte, ohne Ehre und Freiheit der Willkür einer Militär-Herrschaft zu überliefern, ist von allen Körperschaften ohne Ausnahme, dem hohen Reichstage, dem Gemeinderat und der Nationalgarde, zu wiederholten Malen versucht worden. Wir können den abgerissenen Faden der Unterhandlung nicht mehr aufnehmen, ohne das Gottes-Urteil eines gerechten und heiligen Kampfes versucht zu haben. Kommandanten und Wehrmänner! Wir sind weder Verschwörer noch Aufrührer gegen die geheiligte Person Sr. Majestät des Kaisers, noch gegen die verfassungsmäßigen Rechte seines konstitutionellen Thrones. Im Gegenteil, wir sind es, die den konstitutionellen Thron verteidigen. Wir sind es, die der Anarchie entgegentreten, wir sind es, die gesetzliche Ruhe und Ordnung durch verfassungsmäßige Mittel dauernd befestigt sehen wollen. Alle Körperschaften, in ihrer Mitte leidenschaftslose, besonnene und gewissenhafte Männer haben gegen das Verfahren des Feldmarschalls Protest eingelegt.

Die Wehrmänner Wiens werden zeigen, daß dieser Protest nicht auf Worten beruht. Das Geläute der großen Sturmglocke von St. Stephan wird das Zeichen sein, daß der Angriff des Feindes auf irgendeiner Seite ein ernstlicher sei. Bloß die Herren Verteidigungsleiter General-Leutnant

Bem, Oberst Aigner, Wutschel, Wittenberger, Hauptmann Bauer und Hauptmann Moser, die Bezirks-Chefs Braun und Nessel haben mir Meldungen zuzuschicken. Von 9 Uhr abends bin ich auf der Rothenturmbastei zu treffen.

Die Herren Verteidigungsleiter haften mir mit ihrer Ehre für die Richtigkeit ihrer Angaben, weil es nur so möglich ist, zweckmäßige und richtige Hilfen zu geben. Das Plänkeln und Schießen ist in Anbetracht der wenigen Munition unter Todesstrafe zu verbieten.

Da es erwiesenermaßen vorliegt, daß von Garden in diesen Tagen abgefaßte Munition verheimlicht wird, so ist solche gleichfalls bei Vermeidung von standrechtlicher Verurteilung allsogleich dem Bezirks-Chef auszufolgen, welcher die Summe derselben ohne Säumen sogleich wieder den Verteidigungsleitern anzugeben hat.

Jeder Bezirk muß sich, so lange es sich nicht klar herausstellt, wohin der Hauptangriff gerichtet ist, durch die eben aufgestellten Mobilen und seine eigenen Kräfte verteidigen. Dieser Befehl ist an allen Barrikaden und an allen Orten öffentlich vorzulesen und wird nach erfolgter Drucklegung bei jeder Abteilung in mehreren Exemplaren verteilt werden. Brüder! die Würfel sind gefallen, das heilige Recht wird siegen!

Wien am 26. Oktober 1848.
     5 Uhr abends.

                         Messenhauser,
                   prov. Ober-Kommandant.
        Aus der K. K. Hof- und Staatsdruckerei

D: Obermann, *Flugblätter*, S. 330 f.

Cäsar Wenzel Messenhauser, Kommandant der revolutionären Nationalgarde, wurde nach dem Sieg der Konterrevolution vor ein Kriegsgericht gestellt, zum Tode verurteilt und hingerichtet.

Aufruf des Demokratenkongresses in Berlin

29. Oktober 1848

An das deutsche Volk!

Lange schmachvolle Jahre hindurch seufzte das deutsche Volk unter dem Joche der Gewaltherrschaft. Die blutigen Taten Wiens und Berlins berechtigten zu der Hoffnung, daß seine Freiheit und Einheit mit einem Schlage zur Wahrheit werden würden. Teuflische Künste einer fluchwürdigen Reaktion traten dieser Entwicklung entgegen, das heldenmütige Volk um die Früchte seiner großartigen Erhebung zu betrügen. Wien, ein Hauptbollwerk deutscher Freiheit, steht augenblicklich in der höchsten Gefahr. Aufgeopfert durch die Ränke einer noch immer mächtigen Kamarilla, sollte es aufs neue den Fesseln einer Zwingherrschaft überliefert werden. Aber seine edle Bevölkerung erhob sich wie ein Mann und steht den bewaffneten Horden seiner Unterdrücker todesmutig entgegen. Die Sache Wiens ist die Sache Deutschlands, ist die Sache der Freiheit. Mit dem Falle Wiens wird die alte Willkürherrschaft mehr wie je ihr Banner erheben, mit seinem Siege wird sie vernichtet sein. An uns ist es, deutsche Mitbürger, Wiens Freiheit nicht untergehen zu lassen, sie nicht dem Waffenglück barbarischer Horden preiszugeben. Es ist die heiligste Pflicht der deutschen Regierungen, mit allem ihrem Einfluß der bedrängten Schwesterstadt zu Hilfe zu eilen, es ist zugleich aber die heiligste Pflicht des deutschen Volkes, im Interesse seiner Freiheit, im Interesse seiner Selbsterhaltung zur Rettung Wiens jedes Opfer zu bringen. Nimmer darf es die Schmach stumpfer Gleichgültigkeit auf sich laden, wo das Höchste, wo alles auf dem Spiele steht. Wir fordern Euch daher auf, Mitbrüder, daß Ihr, jeder nach seinen Kräften, beitragt, Wien vor dem Untergang zu retten. Was wir für Wien tun,

tun wir für Deutschland. Helfet selbst! Die Männer, die Ihr
nach Frankfurt gesendet, um die Freiheit zu gründen, haben
die Aufforderung, Wien zu helfen, mit Hohngelächter zu-
rückgewiesen. An Euch ist es jetzt zu handeln! Fordert Ihr
es mit dem kräftigen und unwandelbaren Willen von Euren
Regierungen, daß sie sich Eurer Majorität unterwerfen und
die deutsche Sache und die Sache der Freiheit in Wien retten. Eilt! Ihr seid die Macht, Euer Wille ist Gesetz! Auf! Ihr
Männer der Freiheit, auf! in allen deutschen Landen, und
wo sonst der Gedanke der Freiheit und Humanität edle
Herzen durchglüht! Auf, ehe es zu spät ist! Rettet die Freiheit Wiens, rettet die Freiheit Deutschlands. Die Gegenwart
wird Euch bewundern, die Nachwelt mit unsterblichem
Ruhm belohnen!

Am 29. Oktober 1848
           Der demokratische Kongreß in Berlin.

D: Obermann, *Einheit*, S. 408 f.

48

Die Niederlage des Wiener Oktoberaufstands

31. Oktober 1848

Mitbürger!

Es ist notorisch festgesetzt, daß unsere ungarischen Brüder
der Waffen-Uebermacht unterlegen sind. Die heldenmüthi-
gen Vertheidiger Wiens haben vor den Augen der Welt ihre
Ehre bisher glänzend erhalten.

Wäre die Möglichkeit eines siegreichen Widerstandes
denkbar, Mitbürger! Eure Vertreter würden mit Euch

kämpfen, würden nicht von Uebergabe sprechen, aber uns fehlt Munition und Proviant.

Mit Eurer todtesmuthigen Kampfbegier können wir Euch wohl zur Schlachtbank führen, zum Siege aber gegen diese wohlgerüstete Armee, gegen diese 100 Feuerschlünde nimmermehr.

Darum, heldenmüthiges Volk von Wien, sei so groß in deinem Falle, als du es in der Erhebung warst.

Für die Freiheit leben ist größer, als tollkühn unsere Zukunft durch uns und mit uns vernichten. Wir haben die Ehre gerettet, darum ist nichts verloren.

Volk von Wien, während man glauben machen wollte, es herrsche Anarchie in unsern Mauern, war die Ordnung durch Euere bewundernswürdige Mäßigung von Euch selbst erhalten. Arbeiter, Ihr habt bis jetzt Euch als der Freiheit werth gezeigt, schändet im letzten Augenblicke nicht Euren Ruhm, Eure Ehre. Legt die Waffen nieder, denn wir müssen es thun, stürzt Euch nicht tollkühn ins Verderben, erhaltet Euch dem Vaterlande.

Hört die Stimme Eurer Vertreter, die, wie Ihr selbst, Männer aus dem Volke sind, denen Euer Leben, Eure Ehre heilig und theuer ist.

Legt die Waffen nieder, und zeigt den einrückenden Waffenmännern, daß der Ordnungssinn, daß der wahre Heldenmuth sich dem Unabwendbaren männlich fügt. Zeigt, daß Ihr der Freiheit werth seid und sie wird, sie muß Euch werden.

Wien am 31. October 1848.

Das Ober-Commando.	Der Gemeinderath.
Messenhauser,	Stifft,
prov. Ober-Commandant.	Vorstands-Stellvertreter.
Fenneberg,	Carl Pranter,
Ober-Commandanten-Stellvertreter.	Gemeinderath.

D: Steiner, S. 205.

Aufruf der *Neuen Rheinischen Zeitung* zu revolutionärem Terrorismus

6. November 1848

Die kroatische Freiheit und Ordnung hat gesiegt und mit Mordbrand, Schändung, Plünderung, mit namenlos-verruchten Unthaten ihren Sieg gefeiert. Wien ist in den Händen von Windischgrätz, Jellachich und Auersperg. Hekatomben von Menschenopfern werden dem greisen Verräther Latour in sein Grab nachgeschleudert.

Alle düsteren Vorhersagungen unseres Wiener Korrespondenten haben sich bestätigt und vielleicht ist er selbst in diesem Augenblicke schon abgeschlachtet.

Einen Moment hofften wir Wiens Befreiung durch ungarischen Succurs und noch sind uns die Bewegungen der ungarischen Armee räthselhaft.

Verrath jeder Art hat Wiens Fall vorbereitet. Die ganze Geschichte des Reichstags und des Gemeinderaths seit dem 6. Oktbr. ist nichts als eine fortgesetzte Geschichte des Verraths. Wer war repräsentirt im Reichstag und Gemeinderath?

Die Bourgeoisie.

Ein Theil der Wiener Nationalgarde ergriff gleich im Beginn der Oktoberrevolution offene Partei für die Kamarilla. Und am Schlusse der Oktoberrevolution finden wir einen andern Theil der Nationalgarde, im Kampfe mit dem Proletariat und der akademischen Legion, im geheimen Einverständnisse mit den kaiserlichen Banditen. Wem gehören diese Fraktionen der Nationalgarde an?

Der Bourgeoisie.

In Frankreich aber trat die Bourgeoisie an die Spitze der Contrerevolution, nachdem sie jede Schranke, die der Herrschaft ihrer eigenen Klasse im Wege stand, niedergeworfen hatte. In Deutschland befindet sie sich gedrückt im Gefolge der absoluten Monarchie und des Feudalismus, ehe sie auch nur die ersten Lebensbedingungen ihrer eignen bürgerlichen Freiheit und Herrschaft sichergestellt. In Frankreich trat sie als Despot auf und machte ihre eigne Contrerevolution. In Deutschland tritt sie als Sklavin auf und macht die Contrerevolution ihrer eignen Despoten. In Frankreich siegte sie, um das Volk zu demüthigen. In Deutschland demüthigt sie sich, damit das Volk nicht siege. Die ganze Geschichte zeigt keine schmachvollere Erbärmlichkeit als die der deutschen Bourgeoisie.

Wer lief in Schaaren aus Wien fort und überließ der Großmuth des Volkes die Ueberwachung der hinterlassenen Reichthümer, um es für seinen Machtdienst während der Flucht zu verlästern und bei der Wiederkehr niedermetzeln zu sehn?

Die Bourgeoisie.

Wessen innersten Geheimnisse spricht der Thermometer aus, der bei jedem Lebensathem des Wiener Volkes fiel, bei jedem Todesröcheln desselben stieg? Wer spricht in der Runensprache der Börsenkurse?

Die Bourgeoisie.

Die »deutsche Nationalversammlung« und ihre »Centralgewalt« haben Wien verrathen. Wen repräsentiren sie?

Vor allem die Bourgeoisie.

Der Sieg der »kroatischen Ordnung und Freiheit« zu Wien war bedingt durch den Sieg der »honnetten« Republik zu Paris. Wer siegte in den Junitagen?

Die Bourgeoisie.

Mit ihrem Siege zu Paris begann die europäische Contrerevolution ihre Orgien zu feiern.

In den Februar- und Märztagen scheiterte überall die bewaffnete Macht. Warum? Weil sie nichts als die Regierungen selbst vertrat. Nach den Junitagen hat sie überall gesiegt, weil die Bourgeoisie sich überall im geheimen Einverständnisse mit ihr befindet, während sie andererseits die offizielle Leitung der revolutionären Bewegung in ihrer

Hand hat und alle jene halben Maßregeln in's Werk setzt, deren naturgemäße Frucht der Abortus ist.

Der nationale Fanatismus, der Czechen war das gewaltigste Werkzeug der Wiener Camarilla. Die Verbündeten sind sich schon in die Haare gefallen. Unsere Leser werden den Protest der Prager Deputation gegen die schnöden Ungezogenheiten, womit sie zu Olmütz begrüßt wurden, in dieser Nummer abgedruckt finden.

Es ist dies das erste Symptom des Krieges, der zwischen der slawischen Partei und ihrem Heros Jellachich mit der Partei der einfachen, über alle Nationalität erhabenen Camarilla und ihrem Heros Windisch-Grätz beginnen wird. Seinerseits ist das deutsche Landvolk von Oestreich noch nicht pazificirt. Seine Stimme wird durch die östreichische Völkerkatzenmusik gellend durchdringen. Und von einer dritten Seite läßt sich die Stimme des völkerfreundlichen Czar bis nach Pesth vernehmen; seine Scharfrichter harren des entscheidenden Worts in den Donaufürstenthümern.

Endlich müßte der letzte Beschluß der deutschen Nationalversammlung zu Frankfurt, der das deutsche Oestreich in das deutsche Reich inkorporirt, allein zu einem Riesenkonflikte führen, wenn nicht die deutsche Centralgewalt und die deutsche Nationalversammlung ihren Beruf darin erfüllt fänden, auf die Bühne zu treten, um ausgezischt zu werden von dem europäischen Publikum. Trotz ihrer gottergebenen Resignation wird der Kampf in Oestreich sich in Riesendimensionen entfalten, wie die Weltgeschichte sie noch nie gesehen hat.

In Wien ist so eben der zweite Akt des Drama's aufgeführt worden, dessen ersten Akt man zu Paris spielte, unter dem Titel: »Die Junitage«. Zu Paris Mobile, zu Wien »Kroaten« – in beiden Lazzaroni's, bewaffnetes und erkauftes Lumpenproletariat gegen das arbeitende und denkende Proletariat. Zu Berlin werden wir bald den dritten Akt erleben.

Gesetzt, die Contrerevolution lebte in ganz Europa durch die Waffen, sie würde in ganz Europa sterben durch das Geld. Das Fatum, das den Sieg kassiren würde, wäre der europäische – Bankerutt, der Staatsbankerutt. An den »ökonomischen« Pointen brechen die Spitzen der Bayonnette wie mürber Zunder.

Aber die Entwickelung wartet den Verfalltag jener Wechsel nicht ab, die die europäischen Staaten auf die europäische Gesellschaft gezogen haben. In Paris wird der vernichtende Gegenschlag der Juni-Revolution geschlagen werden. Mit dem Siege der »rothen Republik« zu Paris, werden die Armeen aus dem Innern der Länder an und über die Gränzen ausgespieen werden und die wirkliche Macht der ringenden Parteien wird sich rein herausstellen. Dann werden wir uns erinnern an den Juni, an den Oktober, und auch wir werden rufen:

Vae Victis!

Die resultatlosen Metzeleien seit den Juni- und Oktobertagen, das langweilige Opferfest seit Februar und März, der Kannibalismus der Contrerevolution selbst wird die Völker überzeugen, daß es nur ein Mittel gibt, die mörderischen Todeswehen der alten Gesellschaft, die blutigen Geburtswehen der neuen Gesellschaft abzukürzen, zu vereinfachen, zu konzentriren, nur ein Mittel – den revolutionären Terrorismus.

D: *Neue Rheinische Zeitung*, Nr. 136, 7. November 1848.

50
Botschaft der preußischen Regierung über die Verlegung der preußischen Nationalversammlung aus Berlin in die Provinz

8. November 1848

Nachdem schon früher zu wiederholten Malen einzelne Mitglieder der zur Vereinbarung der Verfassung berufenen Versammlung wegen ihrer Abstimmung thätlich gemißhandelt worden waren, ist am 31. v. M. von aufgeregten Volkshaufen das Sitzungslokal der Versammlung förmlich belagert, und unter Entfaltung der Zeichen der Republik der Versuch gemacht worden, die Versammlung durch verbrecherische Demonstrationen einzuschüchtern. Solche beklagenswerte Ereignisse beweisen nur zu deutlich, daß die zur Vereinbarung der Verfassung berufene Versammlung, aus deren Schooße die Grundlage einer wahren, die allgemeine Wohlfahrt bedingenden Freiheit hervorgehen soll, der eignen Freiheit entbehrt und daß die Mitglieder dieser Versammlung bei den, zu Unserem tiefen Schmerze nicht selten wiederkehrenden anarchischen Bewegungen in Unserer Haupt- und Residenzstadt Berlin nicht denjenigen Schutz finden, welcher erforderlich ist, um ihre Berathungen vor dem Scheine der Einschüchterung zu bewahren. Die Erfüllung Unseres lebendigen von dem Lande getheilten Wunsches, daß demselben sobald als möglich die, auf Grund Unserer Verheißungen zu erbauende constitutionelle Verfassung gewährt werde, kann unter solchen Verhältnissen nicht erfolgen und darf von den Maaßregeln nicht abhängig gemacht werden, welche geeignet sind, in gesetzlichem Wege die Ordnung und Ruhe in der Hauptstadt wieder herbeizuführen. Wir finden Uns daher bewogen, den Sitz der zur Vereinbarung der Verfassung berufenen Versammlung von Berlin nach Brandenburg zu verlegen und haben Unser

Staats-Ministerium beauftragt, die dazu nöthigen Vorkehrungen so schleunig zu treffen, daß die Sitzungen vom 27. d. M. ab in Brandenburg gehalten werden können. Bis dahin wird die zur Vereinbarung der Verfassung berufene Versammlung hierdurch vertagt.

Wir fordern daher die Versammlung auf, ihre Berathungen nach geschehener Verlesung Unserer gegenwärtigen Botschaft sofort abzubrechen und zur Fortsetzung derselben am 27. d. M. in Brandenburg wieder zusammen zu treten.

Friedrich Wilhelm
Graf Brandenburg

D: Huber, S. 476 f.

51
Protest gegen den konterrevolutionären Staatsstreich in Preußen

10. November 1848

Volk von Berlin!

Das Ministerium Brandenburg hat durch einen Staatsstreich die Rechte des Volkes angegriffen. Die Nationalversammlung hat mit männlicher Kraft, in den Grenzen ihres Rechtes die Freiheit vertheidigt. Sie hat den Dank und die Bewunderung des Vaterlandes sich erworben. Das Volk wird durch einmüthigen Beistand ihre Haltung zu würdigen wissen.

Dagegen haben die aus der Versammlung ausgeschiedenen Abgeordneten sich einer schweren Verletzung ihrer konstitutionellen Pflichten schuldig gemacht; sie haben einer Regierung, die sich anmaßte, die Souverainetät einseitig der Krone zuzusprechen, das ihnen anvertraute Recht des Volkes geopfert. Eine solche Verleugnung wahrhaft konstitutioneller Grundsätze, noch dazu begangen unter dem Vorwande, diese Grundsätze zu wahren, hält gerade der konstitutionelle Klub für eine Ehrensache mit ihrem richtigen Namen zu bezeichnen.

Mitbürger!

Ihr habt in diesen Tagen Euren Willen, unerschütterlich an der Nationalversammlung festzuhalten, eben so bestimmt als besonnen kundgegeben. Wenn das ganze preußische Volk dem Rufe seiner Vertreter so antwortet, wenn es einem solchen Beispiele so folgt, wie es Berlin gethan, dann fürchten wir keine Gefahr für die bedrohte Freiheit des Vaterlandes.

Berlin, den 10. November 1848.

Der Constitutionelle Club.

D: Obermann, *Einheit*, S. 648.

52
Die Verhängung des Belagerungszustandes in Berlin

12. November 1848

Im Verfolg des Erlasses des Königlichen Staats-Ministeriums vom heutigen Tage, wodurch die Stadt Berlin und ihr zweimeiliger Umkreis in Belagerungs-Zustand versetzt worden ist, verordne ich hiemit:

1. Alle Clubs und Vereine zu politischen Zwecken sind geschlossen.

2. Bei Tage darf keine Versammlung von mehr als 20 Personen, bei Nacht keine von mehr als 10 Personen auf Straßen und öffentlichen Plätzen Statt finden.

3. Alle Wirthshäuser sind um 10 Uhr Abends zu schließen.

4. Plakate, Zeitungen und andere Schriften dürfen nur dann gedruckt, öffentlich verkauft, oder durch Anschlag verbreitet werden, nachdem das hiesige Polizei-Präsidium die Erlaubniß dazu ertheilt hat.

5. Alle Fremde, welche sich über den Zweck ihres hiesigen Aufenthalts nicht gehörig legitimiren können, haben bei Vermeidung der Ausweisung binnen 24 Stunden die Stadt und deren Gebiet zu verlassen.

6. Fremden, welche bewaffnet ankommen, sind von den Wachen die Waffen abzunehmen.

7. Die Bürgerwehr ist nach der Königlichen Bestimmung vom 11. d. M., vorbehaltlich ihrer Reorganisation aufgelöst; während des Belagerungs-Zustandes kann diese Reorganisation nicht erfolgen.

8. Während des Belagerungs-Zustandes dürfen Civilpersonen nur dann Waffen tragen, wenn es ihnen von mir oder dem Polizei-Präsidio ausdrücklich gestattet ist. Wer sich mit Waffen betreffen läßt, ohne eine solche Erlaubniß erhalten zu haben, wird sofort entwaffnet.

9. Die gesetzlich bestehenden Behörden verbleiben in ihren Funktionen und werden bei Ausführung der von ihnen zu treffenden Maaßregeln, in sofern sie den vorstehenden Bestimmungen entsprechen, von mir aufs Kräftigste unterstützt werden.

10. Die Stadt Berlin haftet für allen Schaden, welcher bei Unterdrückung eines offenen oder bewaffneten Widerstandes gegen die bewaffnete Macht an öffentlichem oder Privat-Eigenthum verübt wird.

11. Der Betrieb der bürgerlichen Geschäfte, der Königlichen und Privat-Arbeiten, des Handels und der Gewerbe

wird durch Erklärung des Belagerungs-Zustandes nicht weiter beschränkt.

Berlin, den 12. November 1848.

Der Oberbefehlshaber der Truppen in den Marken
General der Kavallerie v. Wrangel

D: Huber, S. 477 f.

53
Kundmachung des demokratischen Zentralmärzvereins an das deutsche Volk

November 1848

Das Bedürfnis nach Einigung tut sich überall in dem Volke kund.

Durch die erschütternden Ereignisse der jüngsten Zeit, durch die Vorgänge in Wien und Berlin sehen wir die Errungenschaften der deutschen Revolution in Frage gestellt. Der Feind, den man besiegt glaubte, wagt es, aufs neue sein Haupt zu erheben. Die Freiheit und das Recht des Volkes sind in Gefahr, verkümmert, vernichtet zu werden.

Arbeit und Handel, öffentlicher und Privatkredit, trachten vergebens nach Gedeihen, so lange sie von den Wühlereien einer freiheitsfeindlichen und gewalttätigen Partei bedroht werden.

Noch ist es Zeit, diese Gefahren auf friedlichem Wege durch gesetzliche Mittel abzuwenden. Es bedarf aber zu diesem Zwecke einer großartigen Vereinigung aller Bürger des gemeinsamen Vaterlandes, welche die Freiheit und Einheit Deutschlands wirklich wollen.

Wir haben zu gemeinsamem Handeln nach den beigefügten Grundsätzen einen Verein gebildet. Wir verhehlen nicht, daß wir in einzelnen Punkten verschiedener Ansicht sind; die einen sind Anhänger der konstitutionellen Monarchie, die andern der Republik. Wir alle aber vereinigen uns zu dem gemeinsamen Zwecke, die demokratischen Grundlagen aller Verfassungen, die Freiheit und die unveräußerlichen Rechte des Volkes in gesetzlicher Weise zu erzielen und sicherzustellen. Wir fordern alle, welche gleichen Zweck mit uns haben, auf, sich uns anzuschließen und über dem gemeinsamen näherliegenden Ziele die entfernteren Punkte ihres Strebens hintanzusetzen.

Unsere Zersplitterung hat unseren Feinden die Waffe wieder in die Hand gegeben, welche ihnen entrungen war – vereinigt werden wir auf's neue siegreich sein!

Programm des März-Vereins.

Wir wollen die Einheit Deutschlands;

Wir wollen, daß die Freiheit als das natürliche Eigentum der Nation anerkannt werde, nicht als ein Geschenk oder eine Gabe, die ihm nach Belieben von irgendeiner Seite zugemessen wird;

Wir wollen, daß die Nation die Einschränkungen dieser Freiheit selbst bestimmt und sich nicht aufdrängen läßt, daß aber ein jeder sich diesen Einschränkungen zu unterwerfen hat;

Wir wollen die Berechtigung für das Gesamtvolk, wie für das Volk eines jeden einzelnen Landes, sich seine Regierungsform selbst festzusetzen und einzurichten, zu verbessern und umzugestalten, wie es ihm zweckdienlich erscheint, weil jede Regierung nur um des Volkeswillen und durch seinen Willen da ist;

Wir wollen, daß die Verfassungen, welche der Gesamtstaat und die einzelnen deutschen Staaten sich geben, Bestimmungen enthalten, nach denen sie auf friedlichem, *gesetz*lichem Wege geändert und verbessert werden können;

Wir wollen, daß die auf solcher Grundlage errichteten Verfassungen von dem Gesamtstaate garantiert werden;

damit auf diese Art die Revolution zu Ende gebracht und
ein dauernder Zustand der Gesetzlichkeit, des Friedens
und der Wohlfahrt der deutschen Nation und der einzelnen deutschen Volksstämme gesichert werde.

Organisation des Gesamt-Vereins.

1. Der aus Deputierten zur deutschen Nationalversammlung bestehende Verein bildet den Zentralverein.
2. Er hat die Verpflichtung, die übrigen Vereine von denjenigen Schritten, deren Vornahme er für zweckmäßig hält, in Kenntnis zu setzen.
3. Um dies zu ermöglichen, wählt jeder einzelne Zweigverein einen Ausschuß, welcher die Geschäfte des Zweigvereins verwaltet und ihn nach außen vertritt.
4. In den größeren Staaten Deutschlands – Österreich, Preußen und Bayern – vereinigen sich die Zweigvereine jeder Provinz, in den übrigen deutschen Einzelstaaten die des ganzen Landes unter einem Zentralausschuß, welcher regelmäßig die Vermittlung der Korrespondenz mit dem Zentralverein übernimmt.
5. Die Art und Weise der Errichtung des Zentralausschusses bleibt dem jedesmaligen Ermessen der einzelnen unter ihm zu vereinigenden Zweigvereine überlassen. Solange ein Zentralausschuß noch nicht konstituiert ist, übernimmt der Ausschuß des Zweigvereins der Hauptstadt des Landes, beziehentlich der Provinz, die Besorgung der Geschäfte desselben.
6. In den Ländern, in denen nebeneinander verschiedenartige Vereine bestehen, welche ihren Beitritt erklären wollen, bleibt es denselben unbenommen, nebeneinander fortzubestehen in dem Maße, daß jede Klasse von Vereinen sich unter einem eigenen Zentralausschuß vereinigt.
7. Jeder Zentralausschuß zeigt sobald als möglich dem Zentralverein an, wie groß die Zahl der unter ihm vereinigten Zweigvereine ist, und welche von den in seinem

Kreise erscheinenden Zeitschriften sich zur Aufnahme der von dem Zentralverein ausgehenden Artikel eignen.
8. Der Zentralverein läßt von den lediglich für die Vereine bestimmten Mitteilungen jedem Zentralausschuß soviel lithographierte Exemplare als unter ihm Zweigvereine bestehen, zum Behufe der Mitteilung an letztere zugehen.
9. Es wird dafür von dem Zentralausschuß lediglich der auf ihn fallende Anteil der Kosten für die Lithographien selbst entrichtet, wogegen der Zentralverein alle Bürolasten übernimmt.
10. Artikel, deren Verbreitung in den Zeitschriften der Zentralverein beschließt, werden den einzelnen, von den Zentralausschüssen namhaft gemachten Zeitschriften ebenfalls in lithographierten Exemplaren und gegen Erlegung der Kosten für die Lithographien gesendet.

Frankfurt im November 1848.

Der Vorstand:
v. Trützschler. Raveaux. Eisenmann.
Die Schriftführer:
Max Simon. Raus. Wesendonk.

D: Obermann, *Flugblätter*, S. 359–361.

54
Verordnung über die Auflösung der preußischen Nationalversammlung

5. Dezember 1848

Wir Friedrich Wilhelm, von Gottes Gnaden, König von Preußen usw. haben aus dem beifolgenden Berichte Unseres Staatsministeriums über die letzten Sitzungen der zur Vereinbarung der Verfassung berufenen Versammlung zu Unserem tiefen Schmerze die Ueberzeugung gewonnen, daß das große Werk, zu welchem diese Versammlung berufen ist, mit derselben, ohne Verletzung der Würde Unserer Krone und ohne Beeinträchtigung des davon unzertrennlichen Wohles des Landes, nicht länger fortgeführt werden kann. Wir verordnen demnach, auf den Antrag Unseres Staatesministeriums, was folgt:

§ 1. Die zur Vereinbarung der Verfassung berufene Versammlung wird hierdurch aufgelöst.

§ 2. Unser Staatsministerium wird mit Ausführung dieser Verordnung beauftragt.

Friedrich Wilhelm.
Gr. v. Brandenburg.   v. Ladenberg.   v. Manteuffel.
v. Strotha.   Rintelen.   v. d. Heydt.

D: Huber, S. 480 f.

55
Verfassungsurkunde für den preußischen Staat

5. Dezember 1848

Wir Friedrich Wilhelm, von Gottes Gnaden, König von Preußen usw. usw. thun kund und fügen zu wissen: daß Wir in Folge der eingetretenen außerordentlichen Verhältnisse, welche die beabsichtigte Vereinbarung der Verfassung unmöglich gemacht, und, entsprechend den dringenden Forderungen des öffentlichen Wohls, in möglichster Berücksichtigung der von den gewählten Vertretern des Volkes ausgegangenen umfassenden Vorarbeiten, die nachfolgende Verfassungs-Urkunde zu erlassen beschlossen haben, vorbehaltlich der am Schlusse angeordneten Revision derselben im ordentlichen Wege der Gesetzgebung.

Wir verkünden demnach die Verfassung für den Preußischen Staat wie folgt:

Titel I. Von dem Staatsgebiete

Art. 1. Alle Landestheile der Monarchie in ihrem gegenwärtigen Umfange bilden das Preußische Staatsgebiet.
Art. 2. Die Gränzen dieses Staatsgebiets können nur durch ein Gesetz verändert werden.

Titel II. Von den Rechten der Preußen

Art. 3. Die Verfassung und das Gesetz bestimmen, unter welchen Bedingungen die Eigenschaft eines Preußen und die staatsbürgerlichen Rechte erworben, ausgeübt und verloren werden.
Art. 4. Alle Preußen sind vor dem Gesetze gleich. Standesvorrechte finden nicht statt. Die öffentlichen Aemter sind für alle dazu Befähigten gleich zugänglich.

Art. 5. Die persönliche Freiheit ist gewährleistet. Die Bedingungen und Formen, unter welchen eine Verhaftung zulässig ist, sind durch das Gesetz zum Schutze der persönlichen Freiheit vom 24. September laufenden Jahres bestimmt.

Art. 6. Die Wohnung ist unverletzlich. Das Eindringen in dieselbe und Haussuchungen sind nur in den gesetzlich bestimmten Fällen und Formen gestattet. Die Beschlagnahme von Briefen und Papieren darf, außer bei einer Verhaftung oder Haussuchung, nur auf Grund eines richterlichen Befehles vorgenommen werden.

Art. 7. Niemand darf seinem gesetzlichen Richter entzogen werden. Ausnahme-Gerichte und außerordentliche Kommissionen, so weit sie nicht durch diese Verfassungsurkunde für zulässig erklärt werden, sind unstatthaft. Strafen können nur in Gemäßheit des Gesetzes angedroht oder verhängt werden.

Art. 8. Das Eigenthum ist unverletzlich. Es kann nur aus Gründen des öffentlichen Wohles gegen vorgängige, in dringenden Fällen wenigstens vorläufig festzustellende, Entschädigung nach Maßgabe des Gesetzes entzogen oder beschränkt werden.

Art. 9. Der bürgerliche Tod und die Strafe der Vermögenseinziehung finden nicht statt.

Art. 10. Die Freiheit der Auswanderung ist von Staats wegen nicht beschränkt. Abzugsgelder dürfen nicht erhoben werden.

Art. 11. Die Freiheit des religiösen Bekenntnisses, der Vereinigung zu Religions-Gesellschaften (Art. 28 und 29) und der gemeinsamen öffentlichen Religions-Uebung wird gewährleistet. Der Genuß der bürgerlichen und staatsbürgerlichen Rechte ist unabhängig von dem religiösen Bekenntnisse und der Theilnahme an irgend einer Religionsgesellschaft. Den bürgerlichen und staatsbürgerlichen Pflichten darf durch die Ausübung der Religionsfreiheit kein Abbruch geschehen.

Art. 12. Die evangelische und die römisch-katholische Kirche, so wie jede andere Religionsgesellschaft, ordnet und verwaltet ihre Angelegenheiten selbstständig und bleibt im Besitz und Genuß der für ihre Kultus-, Unterrichts- und Wohlthätigkeitszwecke bestimmten Anstalten, Stiftungen und Fonds.

Art. 13. Der Verkehr der Religionsgesellschaften mit ihren Oberen ist ungehindert. Die Bekanntmachung ihrer Anordnungen ist nur denjenigen Beschränkungen unterworfen, welchen alle übrigen Veröffentlichungen unterliegen.

Art. 14. Ueber das Kirchenpatronat und die Bedingungen, unter welchen dasselbe aufzuheben, wird ein besonderes Gesetz ergehen.

Art. 15. Das dem Staate zustehende Vorschlags-, Wahl- oder Bestätigungs-Recht bei Besetzung kirchlicher Stellen ist aufgehoben.

Art. 16. Die bürgerliche Gültigkeit der Ehe wird durch deren Abschließung vor den dazu bestimmten Civilstands-Beamten bedingt. Die kirchliche Trauung kann nur nach der Vollziehung des Civilaktes stattfinden.

Art. 17. Die Wissenschaft und ihre Lehre ist frei.

Art. 18. Der preußischen Jugend wird durch genügende öffentliche Anstalten das Recht auf allgemeine Volksbildung gewährleistet.

Eltern und Vormünder sind verpflichtet, ihren Kindern oder Pflegebefohlenen den zur allgemeinen Volksbildung erforderlichen Unterricht ertheilen zu lassen, und müssen sich in dieser Beziehung den Bestimmungen unterwerfen, welche das Unterrichtsgesetz aufstellen wird.

Art. 19. Unterricht zu ertheilen und Unterrichtsanstalten zu gründen, steht jedem frei, wenn er seine sittliche, wissenschaftliche und technische Befähigung den betreffenden Staatsbehörden nachgewiesen hat.

Art. 20. Die öffentlichen Volksschulen, so wie alle übrigen Erziehungs- und Unterrichtsanstalten stehen unter der

Aufsicht eigener, vom Staate ernannter Behörden. Die öffentlichen Lehrer haben die Rechte der Staatsdiener.

Art. 21. Die Leitung der äußeren Angelegenheiten der Volksschule und die Wahl der Lehrer, welche ihre sittliche und technische Befähigung den betreffenden Staatsbehörden gegenüber zuvor nachgewiesen haben müssen, stehen der Gemeinde zu.

Den religiösen Unterricht in der Volksschule besorgen und überwachen die betreffenden Religionsgesellschaften.

Art. 22. Die Mittel zur Errichtung, Unterhaltung und Erweiterung der öffentlichen Volksschule werden von den Gemeinden und im Falle des nachgewiesenen Unvermögens ergänzungsweise vom Staate aufgebracht. Die auf besonderen Rechtstiteln beruhenden Verpflichtungen Dritter bleiben bestehen.

In der öffentlichen Volksschule wird der Unterricht unentgeltlich ertheilt.

Art. 23. Ein besonderes Gesetz regelt das gesammte Unterrichtswesen. Der Staat gewährleistet den Volksschullehrern ein bestimmtes auskömmliches Gehalt.

Art. 24. Jeder Preuße hat das Recht, durch Wort, Schrift, Druck und bildliche Darstellung seine Gedanken frei zu äußern.

Die Preßfreiheit darf unter keinen Umständen und in keiner Weise, namentlich weder durch Censur, noch durch Konzessionen und Sicherheitsbestellungen, weder durch Staatsauflagen noch durch Beschränkungen der Druckereien und des Buchhandels, noch endlich durch Postverbote und ungleichmäßigen Postsatz oder durch andere Hemmungen des freien Verkehrs beschränkt, suspendirt oder aufgehoben werden.

Art. 25. Vergehen, welche durch Wort, Schrift, Druck oder bildliche Darstellung begangen werden, sind nach den allgemeinen Strafgesetzen zu bestrafen. Vor der erfolgten Revision des Strafrechts wird darüber ein besonderes vorläufiges Gesetz ergehen. Bis zu dessen Erscheinen bleibt es bei den jetzt geltenden allgemeinen Strafgesetzen.

Art. 26. Ist der Verfasser einer Schrift bekannt und im Bereiche der richterlichen Gewalt des Staates, so dürfen Verleger, Drucker und Vertheiler, wenn deren Mitschuld nicht durch andere Thatsachen begründet wird, nicht verfolgt werden. Auf der Druckschrift muß der Verleger und der Drucker genannt sein.

Art. 27. Alle Preußen sind berechtigt, sich ohne vorgängige obrigkeitliche Erlaubniß friedlich und ohne Waffen in geschlossenen Räumen zu versammeln.

Diese Bestimmung bezieht sich nicht auf Versammlungen unter freiem Himmel, welche in allen Beziehungen der Verfügung des Gesetzes unterworfen sind. Bis zum Erlaß eines solchen Gesetzes ist von Versammlungen unter freiem Himmel 24 Stunden vorher der Orts-Polizeibehörde Anzeige zu machen, welche die Versammlung zu verbieten hat, wenn sie dieselbe für die öffentliche Sicherheit oder Ordnung gefährlich erachtet.

Art. 28. Alle Preußen haben das Recht, sich zu solchen Zwecken, welche den Strafgesetzen nicht zuwiderlaufen, in Gesellschaften zu vereinigen.

Art. 29. Die Bedingungen, unter welchen Korporationsrechte ertheilt oder verweigert werden, bestimmt das Gesetz.

Art. 30. Das Petitionsrecht steht allen Preußen zu. Petitionen unter einem Gesammtnamen sind nur Behörden und Korporationen gestattet.

Art. 31. Das Briefgeheimniß ist unverletzlich. Die bei strafgerichtlichen Untersuchungen und in Kriegsfällen nothwendigen Beschränkungen sind durch die Gesetzgebung festzustellen. Das Gesetz bezeichnet die Beamten, welche für die Verletzung des Geheimnisses der der Post anvertrauten Briefe verantwortlich sind.

Art. 32. Alle Preußen sind wehrpflichtig. Den Umfang und die Art dieser Pflicht bestimmt das Gesetz. Auf das Heer finden die in den §§ 5, 6, 27, 28 enthaltenen Bestimmungen in soweit Anwendung, als die militärischen Disziplinar-Vorschriften nicht entgegen stehen.

Art. 33. Die bewaffnete Macht besteht: aus dem stehenden Heere, der Landwehr, der Bürgerwehr.

Besondere Gesetze regeln die Art und Weise der Einstellung und die Dienstzeit.

Art. 34. Die bewaffnete Macht kann zur Unterdrückung innerer Unruhen und zur Ausführung der Gesetze nur auf Requisition der Civil-Behörden und in den vom Gesetze bestimmten Fällen und Formen verwendet werden.

Art. 35. Die Einrichtung der Bürgerwehr ist durch ein besonderes Gesetz geregelt.

Art. 36. Das Heer steht im Kriege und im Dienste unter der Militär-Kriminal-Gerichtsbarkeit und unter dem Militär-Straf-Gesetzbuch; außer dem Kriege und dem Dienste unter Beibehaltung der Militär-Kriminal-Gerichtsbarkeit unter den allgemeinen Strafgesetzen. Die Bestimmungen über die militärische Disziplin im Kriege und Frieden, sowie die näheren Festsetzungen über den Militär-Gerichtsstand bleiben Gegenstand besonderer Gesetze.

Art. 37. Das stehende Heer darf nicht berathschlagen. Ebensowenig darf es die Landwehr, wenn sie zusammenberufen ist. Auch wenn sie nicht zusammenberufen ist, sind Versammlungen und Vereine der Landwehr zur Berathung militärischer Befehle und Anordnungen nicht gestattet.

Art. 38. Die Errichtung von Lehen und die Stiftung von Familien-Fideikommissen ist untersagt. Die bestehenden Lehen und Familien-Fideikommisse sollen durch gesetzliche Anordnung in freies Eigenthum umgestaltet werden.

Art. 39. Vorstehende Bestimmungen (Art. 38) finden auf die Thronlehen, das Königliche Haus- und Prinzliche Fideikommiß, sowie auf die außerhalb des Staates gelegenen Lehen und die ehemals reichsunmittelbaren Besitzungen und Fideikommisse, in sofern letztere durch das deutsche Bundesrecht gewährleistet sind, zur Zeit keine Anwendung. Die Rechtsverhältnisse derselben sollen durch besondere Gesetze geordnet werden.

Art. 40. Das Recht der freien Verfügung über das Grundeigenthum unterliegt keinen anderen Beschränkungen, als denen der allgemeinen Gesetzgebung. Die Theilbarkeit des Grundeigenthums und die Ablösbarkeit der Grundlasten wird gewährleistet.

Aufgehoben ohne Entschädigung sind:

a) die Gerichtsherrlichkeit, die gutsherrliche Polizei und obrigkeitliche Gewalt, sowie die gewissen Grundstücken zustehenden Hoheitsrechte und Privilegien, wogegen die Lasten und Leistungen wegfallen, welche den bisher Berechtigten oblagen.

Bis zur Emanirung der neuen Gemeinde-Ordnung bleibt es bei den bisherigen Bestimmungen hinsichtlich der Polizei-Verwaltung.

b) die aus diesen Befugnissen, aus der Schutzherrlichkeit, der früheren Erbunterthänigkeit, der früheren Steuer- und Gewerbe-Verfassung, herstammenden Verpflichtungen.

Bei erblicher Ueberlassung eines Grundstückes ist nur die Uebertragung des vollen Eigenthums zulässig; jedoch kann auch hier ein fester ablösbarer Zins vorbehalten werden.

Titel III. Vom Könige

Art. 41. Die Person des Königs ist unverletzlich.

Art. 42. Seine Minister sind verantwortlich. – Alle Regierungs-Akte des Königs bedürfen zu ihrer Gültigkeit der Gegenzeichnung eines Ministers, welcher dadurch die Verantwortlichkeit übernimmt.

Art. 43. Dem Könige allein steht die vollziehende Gewalt zu. Er ernennt und entläßt die Minister. Er befiehlt die Verkündigung der Gesetze und erläßt unverzüglich die zu deren Ausführung nöthigen Verordnungen.

Art. 44. Der König führt den Oberbefehl über das Heer.

Art. 45. Er besetzt alle Stellen in demselben, sowie in den übrigen Zweigen des Staatsdienstes, in sofern nicht das Gesetz ein Anderes verordnet.

Art. 46. Der König hat das Recht, Krieg zu erklären, Frieden zu schließen und Verträge mit fremden Regierungen zu errichten. Handelsverträge, sowie andere Verträge, durch welche dem Staate Lasten oder einzelnen Staatsbürgern Verpflichtungen auferlegt werden, bedürfen zu ihrer Gültigkeit der Zustimmung der Kammern.

Art. 47. Der König hat das Recht der Begnadigung und Strafmilderung.

Zu Gunsten eines wegen seiner Amtshandlungen verurtheilten Ministers kann dieses Recht nur auf Antrag derjenigen Kammer ausgeübt werden, von welcher die Anklage ausgegangen ist.

Er kann bereits eingeleitete Untersuchungen nur auf Grund eines besonderen Gesetzes niederschlagen.

Art. 48. Dem Könige steht die Verleihung von Orden und anderen mit Vorrechten nicht verbundenen Auszeichnungen zu.

Er übt das Münzrecht nach Maaßgabe des Gesetzes.

Art. 49. Der König beruft die Kammern und schließt ihre Sitzungen. Er kann sie entweder beide zugleich oder nur eine auflösen. Es müssen aber in einem solchen Falle innerhalb eines Zeitraums von 40 Tagen nach der Auflösung die Wähler und innerhalb eines Zeitraums von 60 Tagen nach der Auflösung die Kammern versammelt werden.

Art. 50. Der König kann die Kammern vertagen. Ohne deren Zustimmung darf diese Vertagung die Frist von 30 Tagen nicht übersteigen und während derselben Session nicht wiederholt werden.

Art. 51. Die Krone ist, den Königlichen Hausgesetzen gemäß, erblich in dem Mannsstamme des Königlichen Hauses nach dem Rechte der Erstgeburt und der agnatischen Linealfolge.

Art. 52. Der König wird mit Vollendung des 18. Lebensjahres volljährig.

Er leistet in Gegenwart der vereinigten Kammern das eidliche Gelöbniß, die Verfassung des Königreichs fest und unverbrüchlich zu halten und in Uebereinstimmung mit derselben und den Gesetzen zu regieren.

Art. 53. Ohne Einwilligung beider Kammern kann der König nicht zugleich Herrscher fremder Reiche sein.

Art. 54. Im Fall der Minderjährigkeit des Königs vereinigen sich beide Kammern zu Einer Versammlung, um die Regentschaft und die Vormundschaft anzuordnen, in sofern nicht schon durch ein besonderes Gesetz für Beides Vorsorge getroffen ist.

Art. 55. Ist der König in der Unmöglichkeit zu regieren, so beruft der Nächste zur Krone oder Derjenige, der nach den Hausgesetzen an dessen Stelle tritt, beide Kammern, um in Gemäßheit des Artikels 54 zu handeln.

Art. 56. Die Regentschaft kann nur *einer* Person übertragen werden.

Der Regent schwört bei Antretung der Regentschaft einen Eid, die Verfassung des Königreichs fest und unverbrüchlich zu halten und in Uebereinstimmung mit derselben und den Gesetzen zu regieren.

Art. 57. Dem Kron-Fideikommiß-Fonds verbleibt die durch das Gesetz vom 17. Januar 1820 auf die Einkünfte der Domainen und Forsten angewiesene Rente.

Titel IV. Von den Ministern

Art. 58. Die Minister, sowie die zu ihrer Vertretung abgeordneten Staatsbeamten, haben Zutritt zu jeder Kammer und müssen auf ihr Verlangen zu jeder Zeit gehört werden.

Jede Kammer kann die Gegenwart der Minister verlangen.

Die Minister haben in einer oder der anderen Kammer nur dann Stimmrecht, wenn sie Mitglieder derselben sind.

Art. 59. Die Minister können durch Beschluß einer Kammer wegen des Verbrechens der Verfassungsverletzung, der Bestechung und des Verrathes angeklagt werden. Ueber solche Anklage entscheidet der oberste Gerichtshof der Monarchie in vereinigten Senaten. So lange noch zwei oberste Gerichtshöfe bestehen, treten dieselben zu obigem Zwecke zusammen.

Die näheren Bestimmungen über die Fälle der Verantwortlichkeit, über das Verfahren und das Strafmaaß werden einem besonderen Gesetze vorbehalten.

Titel V. Von den Kammern

Art. 60. Die gesetzgebende Gewalt wird gemeinschaftlich durch den König und durch zwei Kammern ausgeübt.

Die Uebereinstimmung des Königs und beider Kammern ist zu jedem Gesetze erforderlich.

Art. 61. Dem Könige, sowie jeder Kammer steht das Recht zu, Gesetze vorzuschlagen.

Vorschläge, welche durch eine der Kammern oder durch den König verworfen worden sind, können in derselben Session nicht wieder vorgebracht werden.

Art. 62. Die erste Kammer besteht aus 180 Mitgliedern.

Art. 63. Die Mitglieder der ersten Kammer werden durch die Provinzial-, Bezirks- und Kreisvertreter erwählt (Artikel 104). Die Provinzial-, Bezirks- und Kreisvertreter bilden, nach näherer Bestimmung des Wahlgesetzes, die Wahlkörper und wählen die nach der Bevölkerung auf die Wahlbezirke fallende Zahl der Abgeordneten.

Bei der Revision der Verfassungsurkunde bleibt zu erwägen, ob ein Theil der Mitglieder der ersten Kammer vom Könige zu ernennen und ob den Oberbürgermeistern der großen Städte, sowie den Vertretern der Universitäten und Akademien der Wissenschaften und der Künste ein Sitz in der Kammer einzuräumen sein möchte.

Art. 64. Die Legislaturperiode der ersten Kammer wird auf sechs Jahre festgesetzt.

Art. 65. Wählbar zum Mitgliede der ersten Kammer ist jeder Preuße, der das 40. Lebensjahr vollendet, den Vollbesitz der bürgerlichen Rechte in Folge rechtskräftigen richterlichen Erkenntnisses nicht verloren und bereits fünf Jahre lang dem preußischen Staatsverbande angehört hat.

Art. 66. Die zweite Kammer besteht aus 350 Mitgliedern. Die Wahlbezirke werden nach Maaßgabe der Bevölkerung festgestellt.

Art. 67. Jeder selbstständige Preuße, welcher das 24. Lebensjahr vollendet, nicht den Vollbesitz der bürgerlichen Rechte in Folge rechtskräftigen richterlichen Erkenntnisses verloren hat, ist in der Gemeinde, worin er seit sechs Monaten seinen Wohnsitz oder Aufenthalt hat, stimmberechtigter Urwähler, in sofern er nicht aus öffentlichen Mitteln Armenunterstützung erhält.

Bei der Revision der Verfassungsurkunde bleibt es zu erwägen, ob nicht ein anderer Wahlmodus, namentlich der der Eintheilung nach bestimmten Klassen für Stadt und Land, wobei sämmtliche bisherige Urwähler mitwählen, vorzuziehen sein möchte.

Art. 68. Die Urwähler einer jeden Gemeinde wählen auf jede Vollzahl von 250 Seelen ihrer Bevölkerung einen Wahlmann.

Art. 69. Die Abgeordneten werden durch die Wahlmänner erwählt. Die Wahlbezirke sollen so organisirt werden, daß mindestens zwei Abgeordnete von einem Wahlkörper gewählt werden.

Art. 70. Die Legislaturperiode der zweiten Kammer wird auf drei Jahre festgesetzt.

Art. 71. Zum Abgeordneten der zweiten Kammer ist jeder Preuße wählbar, der das dreißigste Lebensjahr vollendet, den Vollbesitz der bürgerlichen Rechte in Folge rechtskräftigen richterlichen Erkenntnisses nicht verloren und bereits ein Jahr lang dem preußischen Staatsverbande angehört hat.

Art. 72. Die Kammern werden nach Ablauf ihrer Legislaturperiode neu gewählt. Ein Gleiches geschieht im Falle der Auflösung. In beiden Fällen sind die bisherigen Mitglieder wieder wählbar.

Art. 73. Das Nähere über die Ausführung der Wahlen zu beiden Kammern bestimmt das Wahl-Ausführungsgesetz.

Art. 74. Stellvertreter für die Mitglieder der beiden Kammern werden nicht gewählt.

Art. 75. Die Kammern werden durch den König regelmäßig im Monat November jeden Jahres, und außerdem, so oft es die Umstände erheischen, einberufen.

Art. 76. Die Eröffnung und die Schließung der Kammern geschieht durch den König in Person oder durch einen dazu von ihm beauftragten Minister in einer Sitzung der vereinigten Kammern.

Beide Kammern werden gleichzeitig berufen, eröffnet, vertagt und geschlossen.

Wird eine Kammer aufgelöst, so wird die andere gleichzeitig vertagt.

Art. 77. Jede Kammer prüft die Legitimation ihrer Mitglieder und entscheidet darüber. Sie regelt ihren Geschäftsgang durch eine Geschäftsordnung und erwählt ihren Präsidenten, ihre Vicepräsidenten und Schriftführer.

Beamte bedürfen keines Urlaubs zum Eintritt in die Kammer.

Durch die Annahme eines besoldeten Staatsamtes oder einer Beförderung im Staatsdienste verliert jedes Mitglied einer Kammer Sitz und Stimme in derselben und kann seine Stelle nur durch eine neue Wahl wieder erlangen.

Niemand kann Mitglied beider Kammern sein.

Art. 78. Die Sitzungen beider Kammern sind öffentlich. Jede Kammer tritt auf den Antrag ihres Präsidenten oder von 10 Mitgliedern zu einer geheimen Sitzung zusammen, in welcher dann zunächst über diesen Antrag zu beschließen ist.

Art. 79. Keine der beiden Kammern kann einen Beschluß fassen, wenn nicht die Mehrheit ihrer Mitglieder anwesend ist.

Jede Kammer faßt ihre Beschlüsse nach absoluter Stimmenmehrheit, vorbehaltlich der durch die Geschäftsordnung für Wahlen etwa zu bestimmenden Ausnahmen.

Art. 80. Jede Kammer hat für sich das Recht, Adressen an den König zu richten.

Niemand darf den Kammern oder einer derselben in Person eine Bittschrift oder Adresse überreichen.

Jede Kammer kann die an sie gerichteten Schriften an die Minister überweisen und von denselben Auskunft über eingehende Beschwerden verlangen.

Art. 81. Eine jede Kammer hat die Befugniß, Behufs ihrer Information Kommissionen zur Untersuchung von Thatsachen zu ernennen.

Art. 82. Die Mitglieder beider Kammern sind Vertreter des ganzen Volkes. Sie stimmen nach ihrer freien Ueberzeugung und sind an Aufträge und Instruktionen nicht gebunden.

Art. 83. Sie können weder für ihre Abstimmungen in der Kammer, noch für ihre darin ausgesprochenen Meinungen zur Rechenschaft gezogen werden.

Kein Mitglied einer Kammer kann ohne deren Genehmigung während der Sitzungsperiode wegen einer mit Strafe bedrohten Handlung zur Untersuchung gezogen oder verhaftet werden, außer wenn es bei Ausübung der That oder binnen der nächsten 24 Stunden nach derselben ergriffen wird.

Gleiche Genehmigung ist bei einer Verhaftung wegen Schulden nothwendig.

Jedes Strafverfahren gegen ein Mitglied der Kammern und eine jede Untersuchungs- oder Civilhaft wird für die Dauer der Sitzung aufgehoben, wenn die betreffende Kammer es verlangt.

Art. 84. Die Mitglieder der ersten Kammer erhalten weder Reisekosten noch Diäten.

Die Mitglieder der zweiten Kammer erhalten aus der Staatskasse Reisekosten und Diäten nach Maaßgabe des Gesetzes. Ein Verzicht hierauf ist unstatthaft.

Titel VI. Von der richterlichen Gewalt

Art. 85. Die richterliche Gewalt wird im Namen des Königs durch unabhängige, keiner anderen Autorität als der des Gesetzes unterworfene Gerichte ausgeübt.

Die Urtheile werden im Namen des Königs ausgefertigt und vollstreckt.

Art. 86. Die Richter werden vom Könige oder in dessen Namen auf ihre Lebenszeit ernannt.

Sie können nur durch Richterspruch aus Gründen, welche die Gesetze vorgesehen und bestimmt haben, ihres Amtes entsetzt, zeitweise enthoben oder unfreiwillig an eine andere Stelle versetzt und nur aus den Ursachen und unter den Formen, welche im Gesetze angegeben sind, pensionirt werden.

Auf die Versetzungen, welche durch Veränderungen in der Organisation der Gerichte oder ihrer Bezirke nöthig werden, findet diese Bestimmung keine Anwendung.

Art. 87. Den Richtern dürfen andere besoldete Staatsämter nicht übertragen werden. Ausnahmen sind nur auf Grund eines Gesetzes zulässig.

Art. 88. Die Organisation der Gerichte wird durch das Gesetz bestimmt.

Art. 89. Zu einem Richteramte darf nur der berufen werden, welcher sich zu demselben nach Vorschrift der Gesetze befähigt hat.

Art. 90. Gerichte für besondere Klassen von Angelegenheiten, insbesondere Handels- und Gewerbegerichte, sollen im Wege der Gesetzgebung an den Orten errichtet werden, wo das Bedürfniß solche erfordert.

Die Organisation und Zuständigkeit der Handels-, Gewerbe- und Militairgerichte, das Verfahren bei denselben, die Ernennung ihrer Mitglieder, die besonderen Verhältnisse der Letzteren und die Dauer ihres Amtes werden durch das Gesetz festgestellt.

Art. 91. Die noch bestehenden beiden obersten Gerichtshöfe sollen zu einem einzigen vereinigt werden.

Art. 92. Die Verhandlungen vor dem erkennenden Gerichte in Zivil- und Strafsachen sollen öffentlich sein. Die Oeffentlichkeit kann jedoch durch ein öffentlich zu verkündendes Urtheil ausgeschlossen werden, wenn sie der Ordnung oder den guten Sitten Gefahr droht.

Auch in Zivilsachen kann die Oeffentlichkeit durch Gesetze beschränkt werden.

Art. 93. Bei den mit schweren Strafen bedrohten Verbrechen, bei allen politischen Verbrechen und bei Preßvergehen erfolgt die Entscheidung über die Schuld des Angeklagten durch Geschworene. Die Bildung des Geschworenengerichts wird durch ein Gesetz geregelt.

Art. 94. Die Kompetenz der Gerichte und Verwaltungsbehörden wird durch das Gesetz bestimmt. Ueber Kompetenzkonflikte zwischen den Verwaltungs- und Gerichtsbehörden entscheidet ein durch das Gesetz bezeichneter Gerichtshof.

Art. 95. Es ist keine vorgängige Genehmigung der Behörden nöthig, um öffentliche Zivil- und Militairbeamte wegen der durch Ueberschreitung ihrer Amtsbefugnisse verübten Rechtsverletzungen gerichtlich zu belangen.

Titel VII. Von den Staatsbeamten

Art. 96. Die besonderen Rechtsverhältnisse der nicht zum Richterstande gehörigen Staatsbeamten, einschließlich der Staatsanwälte, sollen durch ein Gesetz geregelt werden, welches, ohne die Regierung in der Wahl der ausführenden Organe zweckwidrig zu beschränken, den Staatsbeamten gegen willkürliche Entziehung von Amt und Einkommen angemessenen Schutz gewährt.

Art. 97. Auf die Ansprüche der vor Verkündigung der Verfassungsurkunde etatsmäßig angestellten Staatsbeamten soll im Staatsdienergesetz besondere Rücksicht genommen werden.

Titel VIII. Von der Finanzverwaltung

Art. 98. Alle Einnahmen und Ausgaben des Staats müssen für jedes Jahr im Voraus veranschlagt und auf den Staatshaushalts-Etat gebracht werden.

Letzterer wird jährlich durch ein Gesetz festgestellt.

Art. 99. Steuern und Abgaben für die Staatskasse dürfen nur, soweit sie in den Staatshaushalts-Etat aufgenommen oder durch besondere Gesetze angeordnet sind, erhoben werden.

Art. 100. In Betreff der Steuern können Bevorzugungen nicht eingeführt werden.

Die bestehende Steuergesetzgebung wird einer Revision unterworfen und dabei jede Bevorzugung abgeschafft.

Art. 101. Gebühren können Staats- oder Kommunalbeamte nur auf Grund des Gesetzes erheben.

Art. 102. Die Aufnahme von Anleihen für die Staatskasse findet nur auf Grund eines Gesetzes statt. Dasselbe gilt von der Uebernahme von Garantieen zu Lasten des Staats.

Art. 103. Zu Etatsüberschreitungen ist die nachträgliche Genehmigung der Kammern erforderlich. Die Rechnungen über den Staatshaushalt werden von der Ober-Rechnungskammer geprüft und festgestellt. Die allgemeine Rechnung über den Staatshaushalt jeden Jahres, einschließlich einer Uebersicht der Staatsschulden, wird von der Ober-Rechnungskammer zur Entlastung der Staatsregierung den Kammern vorgelegt.

Ein besonderes Gesetz wird die Einrichtung und die Befugnisse der Ober-Rechnungskammer bestimmen.

Titel IX. Von den Gemeinde-, Kreis-, Bezirks- und Provinzial-Verbänden

Art. 104. Das Gebiet des Preußischen Staates zerfällt in Provinzen, Bezirke, Kreise und Gemeinden, deren Vertretung und Verwaltung durch besondere Gesetze, unter Festhaltung folgender Grundsätze, näher bestimmt wird:

1) Ueber die inneren und besonderen Angelegenheiten der Provinzen, Bezirke, Kreise und Gemeinden beschließen aus gewählten Vertretern bestehende Versammlungen, deren Beschlüsse durch die Vorsteher der Provinzen, Bezirke, Kreise und Gemeinden ausgeführt werden.

Das Gesetz wird die Fälle bestimmen, in welchen die Beschlüsse der Gemeinde-, Kreis-, Bezirks- und Provinzialvertretung der Genehmigung einer höheren Vertretung oder der Staatsregierung unterworfen sind.

2) Die Vorsteher der Provinzen, Bezirke und Kreise wer-

den von der Staatsregierung ernannt, die der Gemeinden von den Gemeindemitgliedern gewählt.

Die Organisation der Exekutivgewalt des Staates wird hierdurch nicht berührt.

3) Den Gemeinden insbesondere steht die selbstständige Verwaltung ihrer Gemeindeangelegenheiten zu, mit Einschluß der Ortspolizei. Den Zeitpunkt und die Bedingungen des Ueberganges der Polizeiverwaltung an die Gemeinden wird das Gesetz bestimmen.

Die polizeilichen Funktionen können in Städten von mehr als 30.000 Einwohnern auf Staatsorgane übertragen werden.

4) Die Beratungen der Provinzial-, Bezirks-, Kreis- und Gemeindevertretungen sind in der Regel öffentlich. Die Ausnahmen bestimmt das Gesetz. Ueber die Einnahmen und Ausgaben muß jährlich wenigstens ein Bericht veröffentlicht werden.

Allgemeine Bestimmungen

Art. 105. Gesetze und Verordnungen sind nur verbindlich, wenn sie zuvor in der vom Gesetze vorgeschriebenen Form bekannt gemacht worden sind.

Wenn die Kammern nicht versammelt sind, können in dringenden Fällen, unter Verantwortlichkeit des gesammten Staatsministeriums, Verordnungen mit Gesetzeskraft erlassen werden, dieselben sind aber den Kammern bei ihrem nächsten Zusammentritt zur Genehmigung sofort vorzulegen.

Art. 106. Die Verfassung kann auf dem ordentlichen Wege der Gesetzgebung abgeändert werden, wobei in jeder Kammer die gewöhnliche absolute Stimmenmehrheit genügt.

Art. 107. Die Mitglieder der beiden Kammern und alle Staatsbeamten haben dem Könige und der Verfassung Treue und Gehorsam zu schwören.

Art. 108. Die bestehenden Steuern und Abgaben werden forterhoben, und alle Bestimmungen der bestehenden Gesetzbücher, einzelnen Gesetze und Verordnungen, welche der gegenwärtigen Verfassung nicht zuwiderlaufen, bleiben in Kraft, bis sie durch ein Gesetz abgeändert werden.

Art. 109. Alle durch die bestehenden Gesetze angeordneten Behörden bleiben bis zur Ausführung der sie betreffenden organischen Gesetze in Thätigkeit.

Art. 110. Für den Fall eines Krieges oder Aufruhrs können die Artikel 5, 6, 7, 24, 25, 26, 27 und 28 der Verfassungsurkunde zeit- und distriktsweise außer Kraft gesetzt werden. Die näheren Bestimmungen darüber bleiben einem besonderen Gesetze vorbehalten. Bis dahin bewendet es bei den in dieser Beziehung bestehenden Vorschriften.

Uebergangs-Bestimmungen

Art. 111. Sollten durch die für Deutschland festzustellende Verfassung Abänderungen des gegenwärtigen Verfassungsgesetzes nöthig werden, so wird der König dieselben anordnen und diese Anordnungen den Kammern bei ihrer nächsten Versammlung mittheilen.

Die Kammern werden dann Beschluß darüber fassen, ob die vorläufig angeordneten Abänderungen mit der deutschen Verfassung in Uebereinstimmung stehen.

Art. 112. Die gegenwärtige Verfassung soll sofort nach dem ersten Zusammentritt der Kammern einer Revision auf dem Wege der Gesetzgebung (Art. 60 und 106) unterworfen werden.

Das im Artikel 52 erwähnte eidliche Gelöbniß des Königs, sowie die vorgeschriebene Vereidung der beiden Kammern und aller Staatsbeamten, erfolgen sogleich nach vollendeter Revision (Artikel 107).

Gegeben Potsdam, den 5. Dezember 1848.

Friedrich Wilhelm

Graf v. Brandenburg.   v. Ladenberg.   v. Manteuffel.
v. Strotha.   Rintelen.   v. d. Heydt.

D: Huber, S. 484–493.

56
Wahlgesetz für die Zweite Kammer

6. Dezember 1848

– Auszug –

Art. 1. Die zweite Kammer besteht aus 350 Mitgliedern. Die Wahlbezirke werden nach Maaßgabe der Bevölkerung festgestellt.

Es können weder wählen noch gewählt werden Diejenigen, welche in Folge rechtskräftigen richterlichen Erkenntnisses den Vollgenuß der bürgerlichen Rechte entbehren.

Art. 2. Für die zweite Kammer ist jeder selbstständige Preuße in derjenigen Gemeinde, worin er seit 6 Monaten seinen Wohnsitz oder Aufenthalt hat, stimmberechtigter Urwähler, in sofern er nicht aus öffentlichen Mitteln Armenunterstützung erhält.

Art. 3. Die Urwähler einer jeden Gemeinde wählen auf jede Vollzahl von 250 Seelen ihrer Bevölkerung einen Wahlmann.

Erreicht die Bevölkerung einer Gemeinde nicht die Zahl von 250 Seelen, so wird die Gemeinde durch den Landrath mit einer oder mehreren zunächst angrenzenden Gemeinden zu einem Wahldistrikte vereinigt.

In jeder Gemeinde von mehr als 1000 Seelen erfolgt die Wahl nach Abtheilungen, welche die Gemeindebehörden in der Art zu begrenzen haben, daß in einer Abtheilung nicht mehr als zehn Wahlmänner zu wählen sind.

Bewohnte Besitzungen, welche nicht zu einem Gemeindeverbande gehören und nicht wenigstens 250 Seelen enthalten, werden durch den Landrath Behufs der Urwahlen der zunächst gelegenen Gemeinde zugewiesen.

Art. 4. Die Wahlmänner werden aus der Zahl der stimmberechtigten Urwähler der Gemeinde (des Distrikts, der Abtheilung) gewählt. Die etwa nothwendig werdenden Ersatzwahlen werden von den ursprünglich gewählten Wahlmännern vollzogen; jedoch ist an die Stelle jedes Wahlmannes, welcher durch den Tod, durch Wohnorts-Veränderung oder auf andere Weise ausscheidet, ein neuer Wahlmann zu wählen.

Art. 5. Die Mitglieder der zweiten Kammer werden durch die Wahlmänner (Artikel 3) erwählt. Die Wahlbezirke sollen so gebildet werden, daß in jedem derselben mindestens zwei Mitglieder zu wählen sind [...].

Art. 8. Zum Mitgliede der zweiten Kammer ist jeder Preuße wählbar, der das 30. Lebensjahr vollendet hat und bereits ein Jahr lang dem Preußischen Staatsverbande angehört [...].

Art. 10. Die Wahl der Mitglieder der zweiten Kammer erfolgt durch selbstgeschriebene Stimmzettel nach absoluter Stimmenmehrheit aller erschienenen Wahlmänner, und zwar in einem der Hauptorte des Wahlbezirks.

D: Huber, S. 495 f.

57
Schreiben Friedrich Wilhelms IV. von Preußen an den Botschafter in London, von Bunsen, über Gottesgnadentum, Kaiserwürde und Revolution

13. Dezember 1848

– Auszug –

[...] ich will weder der Fürsten Zustimmung zu *der* Wahl, noch *die* Krone. Verstehen Sie die markirten Worte?

Ich will Ihnen das Licht darüber so kurz und hell als möglich schaffen. *Die* Krone ist erstlich keine Krone. Die Krone, die ein Hohenzoller nehmen dürfte, *wenn* die Umstände es möglich machen *könnten*, ist keine, die eine, wenn auch mit fürstlicher Zustimmung eingesetzte, aber in die revolutionäre Saat geschossene Versammlung *macht* (dans le genre de la couronne des pavés de Louis Philippe), sondern eine, die den Stempel Gottes trägt, die den, dem sie aufgesetzt wird nach der heiligen Oelung, »von Gottes Gnaden« macht, weil und wie sie mehr denn 34 Fürsten zu Königen der Deutschen von Gottes Gnaden gemacht und den Letzten immer der alten Reihe gesellt. Die Krone, die die Ottonen, die Hohenstaufen, die Habsburger getragen, kann natürlich ein Hohenzollern tragen, sie ehrt ihn überschwänglich mit tausendjährigem Glanze. *Die* aber, die Sie – leider meinen, verunehrt überschwänglich mit ihrem Ludergeruch der Revolution von 1848, der albernsten, dümmsten, schlechtesten –, wenn auch, Gottlob, nicht bösesten dieses Jahrhunderts. Einen solchen imaginären Reif, aus Dreck und Letten gebacken, soll ein legitimer König von Gottes Gnaden und nun gar der König von Preußen sich geben lassen, der den Seegen hat, wenn auch nicht die älteste, doch die edelste Krone, die Niemand gestohlen worden ist, zu tragen? [...]

[...] Ich sage es Ihnen rund heraus: Soll die tausendjährige Krone deutscher Nation, die 42 Jahr geruht hat, wieder einmal vergeben werden, so bin *ich* es und meines Gleichen, die sie vergeben werden. Und wehe dem, der sich anmaßt, was ihm nicht zukommt! [...]

D: Ranke, S. 233 f.

58
Karl Marx über die Ursachen des Scheiterns der Revolution in Preußen

16. Dezember 1848

Die Märzrevolution hat den Souverän von Gottes Gnaden keineswegs dem Volkssouveräne unterjocht. Sie hat nur die Krone, den absolutistischen Staat, gezwungen, sich mit der Bourgeoisie zu verständigen, sich mit ihrem alten Rivalen zu vereinbaren.

Die Krone wird der Bourgeoisie den Adel, die Bourgeoisie wird der Krone das Volk opfern. Unter dieser Bedingung wird das Königthum bürgerlich und die Bourgeoisie königlich werden.

Nach dem März giebt es nur noch diese zwei Mächte. Sie dienen sich wechselseitig als Blitzableiter der Revolution. Alles natürlich auf »breitester demokratischer Grundlage«.

Das war das Geheimniß der Vereinbarungstheorie.

Die Oel- und Wollhändler, welche das erste Ministerium nach der März-Revolution bildeten, gefielen sich in der Rolle, die blosgestellte Krone mit ihren plebejischen Fittigen zu decken. Sie schwelgten in dem Hochgenusse, hoffähig zu sein und widerstrebend, von ihrem rauhen Römerthum aus reiner Großmuth ablassend – von dem Römerthum des vereinigten Landtags – die Kluft, welche der Thron zu verschlingen drohte, mit dem Leichnam ihrer ehemaligen Popularität zu schließen. Wie spreizte sich der Minister Camphausen als Wehmutter des konstitutionellen Thrones. Der brave Mann war offenbar über sich selbst, über seine eigne Großmuth gerührt. Die Krone und ihr Anhang duldete widerstrebend diese demüthigende Protektorschaft, sie machte bonne mine à mauvais jeu in Erwartung bess'rer Tage.

Die halb aufgelöste Armee, die für ihre Stellen und Gehalte zitternde Bureaucratie, der gedehmüthigte Feudalstand, dessen Führer sich auf konstitutionellen Studienreisen befand, übertölpelten leicht mit einigen süßen Worten und Knixen den Bourgeois Gentilhomme.

Die preußische Bourgeoisie war nomineller Besitzer der Herrschaft, sie zweifelte keinen Augenblick, daß die Mächte des alten Staats ohne Hinterhalt sich ihr zu Gebot gestellt und in eben so viele devote Ableger ihrer eignen Allmacht verwandelt hätten.

Nicht nur im Ministerium, in dem ganzen Umfang der Monarchie war die Bourgeoisie von diesem Wahn berauscht.

Die einzigen Heldenthaten der preußischen Bourgeoisie nach dem März, die oft blutigen Chikanen der Bürgerwehr gegen das unbewaffnete Proletariat, fanden sie nicht in der Armee, in der Büreaucratie und selbst in den Feudalherrn willig unterwürfige Helfershelfer? Die einzigen Kraftanstrengungen, wozu sich die lokalen Vertreter der Bourgeoisie aufschwangen, die Gemeinderäthe – deren zudringlich servile Gemeinheit von einem Windischgrätz, Jelachich und Welden später in angemessener Weise befußtrittet wurde – die einzigen Heldenthaten dieser Gemeinderäthe nach der Märzrevolution, ihre patriarchalischernsten Warnungsworte an das Volk, wurden sie nicht angestaunt von den verstummten Regierungspräsidenten und den in sich gegangenen Divisionsgeneralen? Und die preußische Bourgeoisie hätte noch zweifeln sollen, daß der alte Groll der Armee, der Bureaucratie, der Feudalen, in ehrfurchtsvoller Ergebenheit vor dem sich selbst und die Anarchie zügelnden großmüthigen Sieger, der Bourgeoisie, erstorben sei?

Es war klar. Die preußische Bourgeoisie hatte nur noch eine Aufgabe, die Aufgabe, sich ihre Herrschaft bequem zu machen, die störenden Anarchisten zu beseitigen, »Ruhe und Ordnung« wieder herzustellen und die Zinsen wieder einzubringen, die während des Märzsturms verloren gegangen waren. Es konnte sich nur noch darum handeln, die Produktionskosten ihrer Herrschaft und der sie bedingenden Märzrevolution auf ein Minimum zu beschränken. Die Waffen, welche die preußische Bourgeoisie in ihrem Kampfe gegen die feudale Gesellschaft und deren Krone unter der Firma des Volks in Anspruch zu nehmen sich gezwungen sah, Assoziationsrecht, Preßfreiheit etc., mußten sie nicht zerbrochen werden in den Händen eines bethörten Volks, das sie nicht mehr für die Bourgeoisie zu führen brauchte und gegen sie zu führen bedenkliche Gelüste kund gab?

Die Vereinbarung der Bourgeoisie mit der Krone, davon war sie überzeugt, dem Markten der Bourgeoisie mit dem alten, in sein Schicksal ergebenen Staate, stand offenbar nur noch ein Hinderniß im Wege, ein einziges Hinderniß, das Volk – puer robustus sed malitiosus, wie Hobbes sagt. Das Volk und die Revolution!

Die Revolution war der Rechtstitel des Volkes; auf die Revolution gründete es seine ungestümen Ansprüche. Die Revolution war der Wechsel, den es auf die Bourgeoisie gezogen hatte. Durch die Revolution war die Bourgeoisie zur Herrschaft gelangt. Mit dem Tage ihrer Herrschaft war der Verfalltag dieses Wechsels angebrochen. Die Bourgeoisie mußte gegen den Wechsel Protest einlegen.

Die Revolution – das bedeutete im Munde des Volks: Ihr Bourgeois seid das Comité du salut public, der Wohlfahrtsausschuß, dem wir die Herrschaft in die Hand gegeben, nicht damit ihr euch über eure Interessen mit der

Krone vereinbart, sondern damit ihr gegen die Krone unsere Interessen, die Interessen des Volkes durchsetzt.

Die Revolution war der Protest des Volkes gegen die Vereinbarung der Bourgeoisie mit der Krone. Die mit der Krone sich vereinbarende Bourgeoisie mußte also protestiren gegen – die Revolution.

Und das geschah unter dem großen Camphausen. Die Märzrevolution wurde nicht anerkannt. Die Berliner Nationalrepräsentation konstituirte sich als Repräsentation der preußischen Bourgeoisie, als Vereinbarerversammlung, indem sie den Antrag auf Anerkennung der Märzrevolution verwarf.

Sie machte das Geschehen ungeschehen. Sie proklamirte es laut vor dem preußischen Volke, daß es sich mit der Bourgeoisie nicht vereinbart, um gegen die Krone zu revolutioniren, sondern daß es revolutionirt, damit sich die Krone mit der Bourgeoisie gegen es selbst vereinbare! So war der Rechtstitel des revolutionären Volkes vernichtet und der Rechtsboden der konservativen Bourgeoisie gewonnen. [...]

Der »Rechtsboden« bedeutete einfach, daß die Revolution ihren Boden nicht gewonnen und die alte Gesellschaft ihren Boden nicht verloren habe, daß die Märzrevolution nur ein »Ereigniß« sei, welches den »Anstoß« zu der längst innerhalb des alten preußischen Staats vorbereiteten »Verständigung« zwischen dem Throne und der Bourgeoisie gegeben, deren Bedürfniß die Krone selbst in frühern allerhöchsten Erlassen schon ausgesprochen und nur vor dem März für nicht »dringlich« erachtet habe. Der »Rechtsboden« bedeutete mit einem Worte, daß die Bourgeoisie nach dem März mit der Krone auf demselben Fuße unterhandeln wolle wie vor dem März, als ob gar keine Revolution stattgefunden, und der Vereinigte Landtag ohne die Revolution sein Ziel erreicht hätte. Der »Rechtsboden« bedeutete, daß der Rechtstitel des Volkes, die Revolution, in dem contrat social zwischen Regierung und Bourgeoisie nicht existire. Die Bourgeoisie leitete ihreAnsprüche aus der altpreußischen Gesetzgebung her, damit das Volk keine Ansprüche aus der neupreußischen Revolution herleite.

D: Neue Rheinische Zeitung, Nr. 170, 16. Dezember 1848.

59
Verfassung des Deutschen Reiches
28. März 1849

– Auszug –

Die deutsche verfassunggebende Nationalversammlung hat beschlossen und verkündigt als Reichsverfassung:

Verfassung des deutschen Reiches

Abschnitt I: Das Reich

Artikel I.

§ 1. Das deutsche Reich besteht aus dem Gebiete des bisherigen deutschen Bundes.

Die Festsetzung der Verhältnisse des Herzogthums Schleswig bleibt vorbehalten.

§ 2. Hat ein deutsches Land mit einem nichtdeutschen Lande dasselbe Staatsoberhaupt, so soll das deutsche Land eine von dem nichtdeutschen Lande getrennte eigene Verfassung, Regierung und Verwaltung haben. In die Regierung und Verwaltung des deutschen Landes dürfen nur deutsche Staatsbürger berufen werden.

Die Reichsverfassung und Reichsgesetzgebung hat in einem solchen deutschen Lande dieselbe verbindliche Kraft, wie in den übrigen deutschen Ländern.

§ 3. Hat ein deutsches Land mit einem nichtdeutschen Lande dasselbe Staatsoberhaupt, so muß dieses entweder in seinem deutschen Lande residiren, oder es muß auf verfassungsmäßigem Wege in demselben eine Regentschaft niedergesetzt werden, zu welcher nur Deutsche berufen werden dürfen.

§ 4. Abgesehen von den bereits bestehenden Verbindungen deutscher und nichtdeutscher Länder soll kein Staatsoberhaupt eines nichtdeutschen Landes zugleich zur Regierung eines deutschen Landes gelangen, noch darf ein in Deutschland regierender Fürst, ohne seine deutsche Regierung abzutreten, eine fremde Krone annehmen.

§ 5. Die einzelnen deutschen Staaten behalten ihre Selbstständigkeit, soweit dieselbe nicht durch die Reichsverfassung beschränkt ist; sie haben alle staatlichen Hoheiten und Rechte, soweit diese nicht der Reichsgewalt ausdrücklich übertragen sind.

[...]

Abschnitt III: Das Reichsoberhaupt

Artikel I.

§ 68. Die Würde des Reichsoberhauptes wird einem der regierenden deutschen Fürsten übertragen.

§ 69. Diese Würde ist erblich im Hause des Fürsten, dem sie übertragen worden. Sie vererbt im Mannsstamme nach dem Rechte der Erstgeburt.

§ 70. Das Reichsoberhaupt führt den Titel: Kaiser der Deutschen.

§ 71. Die Residenz des Kaisers ist am Sitze der Reichsregierung. Wenigstens während der Dauer des Reichstags wird der Kaiser dort bleibend residiren.

So oft sich der Kaiser nicht am Sitze der Reichsregierung befindet, muß einer der Reichsminister in seiner unmittelbaren Umgebung sein.

Die Bestimmungen über den Sitz der Reichsregierung bleiben einem Reichsgesetz vorbehalten.

§ 72. Der Kaiser bezieht eine Civilliste, welche der Reichstag festsetzt.

Artikel II.

§ 73. Die Person des Kaisers ist unverletzlich.

Der Kaiser übt die ihm übertragene Gewalt durch verantwortliche, von ihm ernannte Minister aus.

§ 74. Alle Regierungshandlungen des Kaisers bedürfen zu ihrer Gültigkeit der Gegenzeichnung von wenigstens einem der Reichsminister, welcher dadurch die Verantwortung übernimmt.

[...]

Abschnitt VI: Die Grundrechte des deutschen Volkes

§ 130. Dem deutschen Volke sollen die nachstehenden Grundrechte gewährleistet sein. Sie sollen den Verfassungen der deutschen Einzelstaaten zur Norm dienen, und keine Verfassung oder Gesetzgebung eines deutschen Einzelstaates soll dieselben je aufheben oder beschränken können.

Artikel I.

§ 131. Das deutsche Volk besteht aus den Angehörigen der Staaten, welche das deutsche Reich bilden.

§ 132. Jeder Deutsche hat das deutsche Reichsbürgerrecht. Die ihm Kraft dessen zustehenden Rechte kann er in jedem deutschen Lande ausüben. Ueber das Recht, zur deutschen Reichsversammlung zu wählen, verfügt das Reichswahlgesetz.

§ 133. Jeder Deutsche hat das Recht, an jedem Orte des Reichsgebietes seinen Aufenthalt und Wohnsitz zu nehmen, Liegenschaften jeder Art zu erwerben und darüber zu verfügen, jeden Nahrungszweig zu betreiben, das Gemeindebürgerrecht zu gewinnen.

Die Bedingungen für den Aufenthalt und Wohnsitz werden durch ein Heimathsgesetz, jene für den Gewerbebetrieb durch eine Gewerbeordnung für ganz Deutschland von der Reichsgewalt festgesetzt.

§ 134. Kein deutscher Staat darf zwischen seinen Angehörigen und andern Deutschen einen Unterschied im bürgerlichen, peinlichen und Proceß-Rechte machen, welcher die letzteren als Ausländer zurücksetzt.

§ 135. Die Strafe des bürgerlichen Todes soll nicht stattfinden, und da, wo sie bereits ausgesprochen ist, in ihren Wirkungen aufhören, soweit nicht hierdurch erworbene Privatrechte verletzt werden.

§ 136. Die Auswanderungsfreiheit ist von Staatswegen nicht beschränkt; Abzugsgelder dürfen nicht erhoben werden.

Die Auswanderungsangelegenheit steht unter dem Schutze und der Fürsorge des Reiches.

Artikel II.

§ 137. Vor dem Gesetz gilt kein Unterschied der Stände. Der Adel als Stand ist aufgehoben.

Alle Standesvorrechte sind abgeschafft.

Die Deutschen sind vor dem Gesetze gleich.

Alle Titel, insoweit sie nicht mit einem Amte verbunden sind, sind aufgehoben und dürfen nie wieder eingeführt werden.

Kein Staatsangehöriger darf von einem auswärtigen Staate einen Orden annehmen.

Die öffentlichen Aemter sind für alle Befähigten gleich zugänglich.

Die Wehrpflicht ist für Alle gleich; Stellvertretung bei derselben findet nicht Statt.

Artikel III.

§ 138. Die Freiheit der Person ist unverletzlich.

Die Verhaftung einer Person soll, außer im Falle der Ergreifung auf frischer That, nur geschehen in Kraft eines richterlichen, mit Gründen versehenen Befehls. Dieser Befehl muß im Augenblicke der Verhaftung oder innerhalb der nächsten vier und zwanzig Stunden dem Verhafteten zugestellt werden.

Die Polizeibehörde muß Jeden, den sie in Verwahrung genommen hat, im Laufe des folgenden Tages entweder freilassen oder der richterlichen Behörde übergeben.

Jeder Angeschuldigte soll gegen Stellung einer vom Gerichte zu bestimmenden Caution oder Bürgschaft der Haft entlassen werden, sofern nicht dringende Anzeigen eines schweren peinlichen Verbrechens gegen denselben vorliegen.

Im Falle einer widerrechtlich verfügten oder verlängerten Gefangenschaft ist der Schuldige und nöthigenfalls der Staat dem Verletzten zur Genugthuung und Entschädigung verpflichtet.

Die für das Heer- und Seewesen erforderlichen Modifikationen dieser Bestimmung werden besonderen Gesetzen vorbehalten.

§ 139. Die Todesstrafe, ausgenommen wo das Kriegsrecht sie vorschreibt, oder das Seerecht im Fall von Meutereien sie zuläßt, so wie die Strafen des Prangers, der Brandmarkung und der körperlichen Züchtigung, sind abgeschafft.

§ 140. Die Wohnung ist unverletzlich.

Eine Haussuchung ist nur zulässig:

1. in Kraft eines richterlichen, mit Gründen versehenen Befehls, welcher sofort oder innerhalb der nächsten vier und zwanzig Stunden dem Betheiligten zugestellt werden soll,

2. im Falle der Verfolgung auf frischer That, durch den gesetzlich berechtigten Beamten,

3. in den Fällen und Formen, in welchen das Gesetz ausnahmsweise bestimmten Beamten auch ohne richterlichen Befehl dieselbe gestattet.

Die Haussuchung muß, wenn thunlich, mit Zuziehung von Hausgenossen erfolgen.

Die Unverletzlichkeit der Wohnung ist kein Hinderniß der Verhaftung eines gerichtlich Verfolgten.

§ 141. Die Beschlagnahme von Briefen und Papieren darf, außer bei einer Verhaftung oder Haussuchung, nur in Kraft eines richterlichen, mit Gründen versehenen Befehls vorgenommen werden, welcher sofort oder innerhalb der nächsten vier und zwanzig Stunden dem Betheiligten zugestellt werden soll.

§ 142. Das Briefgeheimniß ist gewährleistet.

Die bei strafgerichtlichen Untersuchungen und in Kriegsfällen nothwendigen Beschränkungen sind durch die Gesetzgebung festzustellen.

Artikel IV.

§ 143. Jeder Deutsche hat das Recht, durch Wort, Schrift, Druck und bildliche Darstellung seine Meinung frei zu äußern.

Die Preßfreiheit darf unter keinen Umständen und in keiner Weise durch vorbeugende Maaßregeln, namentlich Censur, Concessionen, Sicherheitsbestellungen, Staatsauflagen, Beschränkungen der Druckereien oder des Buchhandels, Postverbote oder andere Hemmungen des freien Verkehrs beschränkt, suspendirt oder aufgehoben werden.

Ueber Preßvergehen, welche von Amts wegen verfolgt werden, wird durch Schwurgerichte geurtheilt.

Ein Preßgesetz wird vom Reiche erlassen werden.

Artikel V.

§ 144. Jeder Deutsche hat volle Glaubens- und Gewissensfreiheit.

Niemand ist verpflichtet, seine religiöse Ueberzeugung zu offenbaren.

§ 145. Jeder Deutsche ist unbeschränkt in der gemeinsamen häuslichen und öffentlichen Uebung seiner Religion.

Verbrechen und Vergehen, welche bei Ausübung dieser Freiheit begangen werden, sind nach dem Gesetze zu bestrafen.

§ 146. Durch das religiöse Bekenntniß wird der Genuß der bürgerlichen und staatsbürgerlichen Rechte weder bedingt noch beschränkt. Den staatsbürgerlichen Pflichten darf dasselbe keinen Abbruch thun.

§ 147. Jede Religionsgesellschaft ordnet und verwaltet ihre Angelegenheiten selbstständig, bleibt aber den allgemeinen Staatsgesetzen unterworfen.

Keine Religionsgesellschaft genießt vor andern Vorrechte durch den Staat; es besteht fernerhin keine Staatskirche.

Neue Religionsgesellschaften dürfen sich bilden; einer Anerkennung ihres Bekenntnisses durch den Staat bedarf es nicht.

§ 148. Niemand soll zu einer kirchlichen Handlung oder Feierlichkeit gezwungen werden.

§ 149. Die Formel des Eides soll künftig lauten: »So wahr mir Gott helfe.«

§ 150. Die bürgerliche Gültigkeit der Ehe ist nur von der Vollziehung des Civilactes abhängig; die kirchliche Trauung kann nur nach der Vollziehung des Civilactes Statt finden.

Die Religionsverschiedenheit ist kein bürgerliches Ehehinderniß.

§ 151. Die Standesbücher werden von den bürgerlichen Behörden geführt.

Artikel VI.

§ 152. Die Wissenschaft und ihre Lehre ist frei.

§ 153. Das Unterrichts- und Erziehungswesen steht unter der Oberaufsicht des Staats, und ist, abgesehen vom Religionsunterricht, der Beaufsichtigung der Geistlichkeit als solcher enthoben.

§ 154. Unterrichts- und Erziehungsanstalten zu gründen, zu leiten und an solchen Unterricht zu ertheilen, steht jedem Deutschen frei, wenn er seine Befähigung der betreffenden Staatsbehörde nachgewiesen hat.

Der häusliche Unterricht unterliegt keiner Beschränkung.

§ 155. Für die Bildung der deutschen Jugend soll durch öffentliche Schulen überall genügend gesorgt werden.

Eltern oder deren Stellvertreter dürfen ihre Kinder oder Pflegebefohlenen nicht ohne den Unterricht lassen, welcher für die unteren Volksschulen vorgeschrieben ist.

§ 156. Die öffentlichen Lehrer haben das Recht der Staatsdiener.

Der Staat stellt unter gesetzlich geordneter Betheiligung der Gemeinden aus der Zahl der Geprüften die Lehrer der Volksschulen an.

§ 157. Für den Unterricht in Volksschulen und niederen Gewerbeschulen wird kein Schulgeld bezahlt.

Unbemittelten soll auf allen öffentlichen Unterrichtsanstalten freier Unterricht gewährt werden.

§ 158. Es steht einem Jeden frei, seinen Beruf zu wählen und sich für denselben auszubilden, wie und wo er will.

Artikel VII.

§ 159. Jeder Deutsche hat das Recht, sich mit Bitten und Beschwerden schriftlich an die Behörden, an die Volksvertretungen und an den Reichstag zu wenden.

Dieses Recht kann sowohl von Einzelnen als von Corporationen und von Mehreren im Vereine ausgeübt werden; beim Heer und der Kriegsflotte jedoch nur in der Weise, wie es die Disciplinarvorschriften bestimmen.

§ 160. Eine vorgängige Genehmigung der Behörden ist nicht nothwendig, um öffentliche Beamte wegen ihrer amtlichen Handlungen gerichtlich zu verfolgen.

Artikel VIII.

§ 161. Die Deutschen haben das Recht, sich friedlich und ohne Waffen zu versammeln; einer besonderen Erlaubniß dazu bedarf es nicht.

Volksversammlungen unter freiem Himmel können bei dringender Gefahr für die öffentliche Ordnung und Sicherheit verboten werden.

§ 162. Die Deutschen haben das Recht, Vereine zu bilden. Dieses Recht soll durch keine vorbeugende Maaßregeln beschränkt werden.

§ 163. Die in den §§ 161 und 162 enthaltenen Bestimmungen finden auf das Heer und die Kriegsflotte Anwendung, insoweit die militärischen Disciplinarvorschriften nicht entgegenstehen.

Artikel IX.

§ 164. Das Eigenthum ist unverletzlich.

Eine Enteignung kann nur aus Rücksichten des gemeinen Besten, nur auf Grund eines Gesetzes und gegen gerechte Entschädigung vorgenommen werden.

Das geistige Eigenthum soll durch die Reichsgesetzgebung geschützt werden.

§ 165. Jeder Grundeigenthümer kann seinen Grundbesitz unter Lebenden und von Todes wegen ganz oder theilweise veräußern. Den Einzelstaaten bleibt überlassen, die Durchführung des Grundsatzes der Theilbarkeit alles Grundeigenthums durch Uebergangsgesetze zu vermitteln.

Für die todte Hand sind Beschränkungen des Rechts, Liegenschaften zu erwerben und über sie zu verfügen, im Wege der Gesetzgebung aus Gründen des öffentlichen Wohls zulässig.

§ 166. Jeder Unterthänigkeits- und Hörigkeitsverband hört für immer auf.

§ 167. Ohne Entschädigung sind aufgehoben:

1. Die Patrimonialgerichtsbarkeit und die grundherrliche Polizei, sammt den aus diesen Rechten fließenden Befugnissen, Exemtionen und Abgaben.

2. Die aus dem guts- und schutzherrlichen Verbande fließenden persönlichen Abgaben und Leistungen.

Mit diesen Rechten fallen auch die Gegenleistungen und Lasten weg, welche dem bisher Berechtigten dafür oblagen.

§ 168. Alle auf Grund und Boden haftenden Abgaben und Leistungen, insbesondere die Zehnten, sind ablösbar; ob nur auf Antrag des Belasteten oder auch des Berechtigten, und in welcher Weise, bleibt der Gesetzgebung der einzelnen Staaten überlassen.

Es soll fortan kein Grundstück mit einer unablösbaren Abgabe oder Leistung belastet werden.

§ 169. Im Grundeigenthum liegt die Berechtigung zur Jagd auf eigenem Grund und Boden.

Die Jagdgerechtigkeit auf fremdem Grund und Boden, Jagddienste, Jagdfrohnden und andere Leistungen für Jagdzwecke sind ohne Entschädigung aufgehoben.

Nur ablösbar jedoch ist die Jagdgerechtigkeit, welche erweislich durch einen lästigen mit dem Eigenthümer des belasteten Grundstückes abgeschlossenen Vertrag erworben ist; über die Art und Weise der Ablösung haben die Landesgesetzgebungen das Weitere zu bestimmen.

Die Ausübung des Jagdrechts aus Gründen der öffentlichen Sicherheit und des gemeinen Wohls zu ordnen, bleibt der Landesgesetzgebung vorbehalten.

Die Jagdgerechtigkeit auf fremdem Grund und Boden darf in Zukunft nicht wieder als Grundgerechtigkeit bestellt werden.

§ 170. Die Familienfideicommisse sind aufzuheben. Die Art und Bedingungen der Aufhebung bestimmt die Gesetzgebung der einzelnen Staaten.

Ueber die Familienfideicommisse der regierenden fürstlichen Häuser bleiben die Bestimmungen den Landesgesetzgebungen vorbehalten.

§ 171. Aller Lehensverband ist aufzuheben. Das Nähere über die Art und Weise der Ausführung haben die Gesetzgebungen der Einzelstaaten anzuordnen.

§ 172. Die Strafe der Vermögenseinziehung soll nicht stattfinden.

§ 173. Die Besteuerung soll so geordnet werden, daß die Bevorzugung einzelner Stände und Güter in Staat und Gemeinde aufhört.

Artikel X.

§ 174. Alle Gerichtsbarkeit geht vom Staate aus. Es sollen keine Patrimonialgerichte bestehen.

§ 175. Die richterliche Gewalt wird selbstständig von den

Gerichten geübt. Cabinets- und Ministerialjustiz ist unstatthaft.

Niemand darf seinem gesetzlichen Richter entzogen werden. Ausnahmegerichte sollen nie stattfinden.

§ 176. Es soll keinen privilegirten Gerichtsstand der Personen oder Güter geben.

Die Militärgerichtsbarkeit ist auf die Aburtheilung militärischer Verbrechen und Vergehen, so wie der Militär-Disciplinarvergehen beschränkt, vorbehaltlich der Bestimmungen für den Kriegsstand.

§ 177. Kein Richter darf, außer durch Urtheil und Recht, von seinem Amt entfernt, oder an Rang und Gehalt beeinträchtigt werden.

Suspension darf nicht ohne gerichtlichen Beschluß erfolgen.

Kein Richter darf wider seinen Willen, außer durch gerichtlichen Beschluß in den durch das Gesetz bestimmten Fällen und Formen, zu einer anderen Stelle versetzt oder in Ruhestand gesetzt werden.

§ 178. Das Gerichtsverfahren soll öffentlich und mündlich sein.

Ausnahmen von der Oeffentlichkeit bestimmt im Interesse der Sittlichkeit das Gesetz.

§ 179. In Strafsachen gilt der Anklageprozeß.

Schwurgerichte sollen jedenfalls in schwereren Strafsachen und bei allen politischen Vergehen urtheilen.

§ 180. Die bürgerliche Rechtspflege soll in Sachen besonderer Berufserfahrung durch sachkundige, von den Berufsgenossen frei gewählte Richter geübt oder mitgeübt werden.

§ 181. Rechtspflege und Verwaltung sollen getrennt und von einander unabhängig sein.

Ueber Competenzconflicte zwischen den Verwaltungs- und Gerichtsbehörden in den Einzelstaaten entscheidet ein durch das Gesetz zu bestimmender Gerichtshof.

§ 182. Die Verwaltungsrechtspflege hört auf; über alle Rechtsverletzungen entscheiden die Gerichte.

Der Polizei steht keine Strafgerichtsbarkeit zu.

§ 183. Rechtskräftige Urtheile deutscher Gerichte sind in allen deutschen Landen gleich wirksam und vollziehbar.

Ein Reichsgesetz wird das Nähere bestimmen.

Artikel XI.

§ 184. Jede Gemeinde hat als Grundrechte ihrer Verfassung:
a) die Wahl ihrer Vorsteher und Vertreter;
b) die selbstständige Verwaltung ihrer Gemeindeangelegenheiten mit Einschluß der Ortspolizei, unter gesetzlich geordneter Oberaufsicht des Staates;
c) die Veröffentlichung ihres Gemeindehaushaltes;
d) Oeffentlichkeit der Verhandlungen als Regel.

§ 185. Jedes Grundstück soll einem Gemeindeverbande angehören.

Beschränkungen wegen Waldungen und Wüsteneien bleiben der Landesgesetzgebung vorbehalten.

Artikel XII.

§ 186. Jeder deutsche Staat soll eine Verfassung mit Volksvertretungen haben.

Die Minister sind der Volksvertretung verantwortlich.

§ 187. Die Volksvertretung hat eine entscheidende Stimme bei der Gesetzgebung, bei der Besteuerung, bei der Ordnung des Staatshaushaltes; auch hat sie – wo zwei Kammern vorhanden sind, jede Kammer für sich – das Recht des Gesetzvorschlags, der Beschwerde, der Adresse, so wie der Anklage der Minister.

Die Sitzungen der Landtage sind in der Regel öffentlich.

Artikel XIII.

§ 188. Den nicht deutsch redenden Volksstämmen Deutschlands ist ihre volksthümliche Entwickelung gewährleistet, namentlich die Gleichberechtigung ihrer Sprachen, so weit deren Gebiete reichen, in dem Kirchenwesen, dem Unterrichte, der innern Verwaltung und der Rechtspflege.

Artikel XIV.

§ 189. Jeder deutsche Staatsbürger in der Fremde steht unter dem Schutze des Reiches.

[...]

D: Huber, S. 375–395.

60
Das Angebot der Kaiserkrone

Ansprache des Präsidenten der Frankfurter Nationalversammlung Eduard Simson beim Empfang der Kaiserdeputation durch den König von Preußen

3. April 1849

Die verfassunggebende deutsche Reichsversammlung, im Frühling des vergangenen Jahres durch den übereinstimmenden Willen der Fürsten und Volksstämme Deutschlands berufen, das Werk der deutschen Verfassung zu Stande zu bringen, hat am Mittwoch den 28. März 1849, nach Verkündigung der in zweimaliger Lesung beschlossenen deutschen Reichsverfassung, die in derselben begründete erbliche Kaiserwürde auf Seine königliche Majestät von Preußen übertragen. – Sie hat dabei das feste Vertrauen ausgesprochen, daß die Fürsten und Volksstämme Deutschlands großherzig und patriotisch in Uebereinstimmung mit der Nationalversammlung die Verwirklichung dieser von ihr gefaßten Beschlüsse mit aller Kraft fördern werden. Sie hat endlich den Beschluß gefaßt, den erwählten Kaiser durch eine Deputation aus ihrer Mitte ehrfurchtsvoll einzuladen, die auf ihn gefallene Wahl auf Grundlage der Verfassung anzunehmen. – In der Vollziehung dieses Auftrags stehen vor Eurer königlichen Majestät der Präsident der Reichsversammlung und zwei und dreißig ihrer Mitglieder in der ehrfurchtsvollen Zuversicht, daß Eure Majestät geruhen werden, die begeisterten Erwartungen des Vaterlandes, welches Eure Majestät als den Schirm und Schutz seiner Einheit, Freiheit und Macht zum Oberhaupte des Reichs erkoren hat, durch einen gesegneten Entschluß zu glücklicher Erfüllung zu führen.

D: Huber, S. 404 f.

61
Die Antwort Friedrich Wilhelms IV. an die Deputation der Nationalversammlung

3. April 1849

Meine Herren!

Die Botschaft, als deren Träger Sie zu Mir gekommen sind, hat Mich tief ergriffen. Sie hat Meinen Blick auf den König der Könige gelenkt und auf die heiligen und unantastbaren Pflichten, welche Mir als dem Könige Meines Volkes und als einem der mächtigsten deutschen Fürsten obliegen. Solch ein Blick, Meine Herren, macht das Auge klar und das Herz gewiß.

In dem Beschluß der deutschen National-Versammlung, welchen Sie, Meine Herren, Mir überbringen, erkenne Ich die Stimme der Vertreter des deutschen Volkes. Dieser Ruf giebt Mir ein Anrecht, dessen Werth Ich zu schätzen weiß. Er fordert, wenn Ich ihm folge, unermeßliche Opfer von Mir. Er legt Mir die schwersten Pflichten auf.

Die deutsche National-Versammlung hat auf Mich vor Allen gezählt, wo es gilt, Deutschlands Einheit und Kraft zu gründen. Ich ehre ihr Vertrauen, sprechen Sie ihr Meinen Dank dafür aus. Ich bin bereit, durch die That zu beweisen, daß die Männer sich nicht geirrt haben, welche ihre Zuversicht auf Meine Hingebung, auf Meine Treue, auf Meine Liebe zum gemeinsamen deutschen Vaterlande stützen.

Aber, Meine Herren, Ich würde Ihr Vertrauen nicht rechtfertigen, Ich würde dem Sinne des deutschen Volkes nicht entsprechen, Ich würde Deutschlands Einheit nicht aufrichten, wollte Ich, mit Verletzung heiliger Rechte und Meiner früheren ausdrücklichen und feierlichen Versicherungen, ohne das freie Einverständniß der gekrönten Häupter, der Fürsten und freien Städte Deutschlands, eine Entschließung faßen, welche für sie und für die von ihnen regierten deutschen Stämme die entschiedensten Folgen haben muß.

An den Regierungen der einzelnen deutschen Staaten wird es daher jetzt sein, in gemeinsamer Berathung zu prüfen, ob die Verfassung dem Einzelnen, wie dem Ganzen frommt, ob die Mir zugedachten Rechte Mich in den Stand setzen würden, mit starker Hand, wie ein solcher Beruf es von Mir fordert, die Geschicke des großen deutschen Vaterlandes zu leiten und die Hoffnungen seiner Völker zu erfüllen.

Dessen möge Deutschland aber gewiß sein, und das, Meine Herren, verkündigen Sie in allen seinen Gauen: Bedarf es des preußischen Schildes und Schwertes gegen äußere oder innere Feinde, so werde Ich auch ohne Ruf nicht fehlen. Ich werde dann getrost den Weg Meines Hauses und Meines Volkes gehen, den Weg der deutschen Ehre und Treue!

D: Huber, S. 405 f.

62
Die Akzeptierung der Reichsverfassung der Paulskirche durch 28 kleine Teilstaaten Deutschlands

14. April 1849

Kollektivnote von Baden, Kurhessen, Hessen-Darmstadt, Oldenburg, beiden Mecklenburg, Schleswig-Holstein, Lauenburg, Braunschweig, Nassau, Sachsen-Weimar, Sachsen-Koburg-Gotha, Sachsen-Meiningen, Sachsen-Altenburg, drei Anhalt, beiden Schwarzburg, beiden Reuß, beiden Hohenzollern, Waldeck, sowie der vier freien Städte.

Die ergebenst Unterzeichneten sind in Folge der durch die königl. preußische Zirkularnote vom 3. April 1849 erhaltenen Veranlassung, und geleitet von der Ueberzeugung, daß eine möglichst baldige umfassende Verständigung zu der schleunigen Verwirklichung des deutschen Verfassungswerkes wesentlich beitragen werde, über ihre gemeinsame Aufgabe in vorläufige Verhandlungen getreten, und beehren sich, dem königl. preußischen Bevollmächtigten als deren Ergebniß folgendes mitzutheilen.

Die von den Unterzeichneten vertretenen hohen Regierungen haben mit lebhafter Befriedigung aus der gedachten Note und deren Beilage ersehen, daß Seine Majestät der König von Preußen geneigt sind, an die Spitze des deutschen Bundesstaates zu treten. Wenn Seine königliche Majestät die Annahme der von der verfassunggebenden Nationalversammlung getroffenen Wahl noch von dem Einverständnisse der betheiligten Regierungen abhängig gemacht haben, so verdient die Ansicht, welche dabei die leitende gewesen ist, nicht nur die höchste Anerkennung, sondern es wird darin im Hinblicke auf die Erfahrungen der letzten Zeit auch das Bestreben nach Herstellung derjenigen Garantieen erkannt werden müssen, welche dem deutschen Verfassungswerke Dauer zu geben geeignet sind. Durchdrungen von der Ueberzeugung, daß das Wohl des gemeinsamen Vaterlandes nur in der Errichtung eines kräftigen Bundesstaates gedeihen könne, und daß für diesen Zweck von Einzelnen Opfer gebracht werden müssen, nehmen die Unterzeichneten keinen Anstand, Namens der von ihnen vertretenen hohen Regierungen hiedurch ihr volles Einverständniß mit der von der Reichsversammlung getroffenen Wahl zu erklären. Anlangend die Verfassung des deutschen Reiches, so entspricht diese zwar, so wie sie in zweiter Lesung von der Reichsversammlung beschlossen worden, nicht in allen Punkten den Ansichten, welche von den hohen Regierungen der Unterzeichneten gehegt und schon früher hervorgehoben worden sind; allein abgesehen davon, daß einzelne dieser Regierungen die Beschlüsse der Reichsversammlung im Voraus als verbindlich anerkannt haben, und daß der von anderen ebenso wie der von der königlich preußischen Regierung festgehaltene Standpunkt der Vereinbarung in seiner konsequenten Durchführung die Erreichung eines gedeihlichen Resultates leicht unmöglich machen würde, erachten sie auch die von ihnen gehegten Bedenken nicht im richtigen Verhältnisse zu den großen Gefahren, welche ein längerer Verzug des Verfassungswerkes dem gemeinsamen Vaterlande nothwendig bringen müßte. Indem daher die Unterzeichneten Namens ihrer hohen Regierungen die von der Nationalversammlung beschlossene Verfassung des deutschen Reiches anerkennen und annehmen, geben sie sich der Erwartung hin, daß die königlich preußische Regierung in Berücksichtigung der für alle Theile Deutschlands gleichmäßig dringenden Beweggründe denselben Grundsätzen folgen und die Ueberzeugung gewinnen werde, daß sie auf diese Weise dem hohen Berufe, den ihr die Neugestaltung Deutschlands anweist, zu genügen im Stande sein werde. Sie gehen dabei von der Ueberzeugung aus, daß unter dieser Voraussetzung alle deutschen Regierungen, denen der Eintritt in den zu errichtenden Bundesstaat nicht durch ihre besonderen Verhältnisse gegenwärtig unmöglich ist, von gleicher patriotischer Auffassung geleitet einer völligen großartigen Einigung sich anschließen werden, und daß es daher einer Regulirung mit diesen außerhalb der Verfassung nicht bedürfen werde.

D: Huber, S. 410 f.

63

Aufforderung der Nationalversammlung zur Durchsetzung der Reichsverfassung

4. Mai 1849

I. Die Nationalversammlung fordert die Regierungen, die gesetzgebenden Körper, die Gemeinden der Einzelstaaten, das gesammte deutsche Volk auf, die Verfassung des deutschen Reichs vom 28. März d. J. zur Anerkennung und Geltung zu bringen.

II. Sie bestimmt den 22. August d. J. als den Tag, an welchem der erste Reichstag auf den Grund der Verfassung in Frankfurt a. M. zusammenzutreten hat.

III. Sie bestimmt als den Tag, an welchem im deutschen Reiche die Wahlen für das Volkshaus vorzunehmen sind, den 15. Juli d. J.

IV. Sollte, – abgesehen von Deutsch-Oesterreich, dessen zur Zeit etwa nicht erfolgter Eintritt bereits durch § 87 der Verfassung berücksichtigt ist, – einer oder der andere Staat im Reichstage nicht vertreten sein und deßhalb eine oder die andere Bestimmung der für ganz Deutschland gegebenen Verfassung nicht ausführbar erscheinen, so erfolgt die Abänderung derselben auf dem in der Verfassung selbst vorgeschriebenen Wege provisorisch bis zu dem Zeitpunkte, wo die Verfassung überall in Wirksamkeit getreten sein wird. Die § 196 Nr. 1 der Verfassung gedachten zwei

Drittheil der Mitglieder sind dann mit Zugrundelegung derjenigen Staaten, welche zum Volks- und Staatenhause wirklich gewählt haben, zu ermitteln.

V. Sollte insbesondere Preußen im Reichstage nicht vertreten sein, und also bis dahin weder ausdrücklich noch thatsächlich die Verfassung anerkannt haben, so tritt das Oberhaupt desjenigen Staates, welcher unter den im Staatenhaus vertretenen Staaten die größte Seelenzahl hat, unter dem Titel eines Reichsstatthalters in die Rechte und Pflichten des Reichsoberhauptes ein.

VI. Sobald aber die Verfassung von Preußen anerkannt ist, geht damit von selbst die Würde des Reichsoberhauptes nach Maßgabe der Verfassung § 68 ff. auf den zur Zeit der Anerkennung regierenden König von Preußen über.

VII. Das Reichsoberhaupt leistet den Eid auf die Verfassung vor der Nationalversammlung und eröffnet sodann den Reichstag. Mit der Eröffnung des Reichstages ist die Nationalversammlung aufgelöst.

[beschlossen mit 190 gegen 188 Stimmen]

D: Huber, S. 418 f.

64

Der Beginn des Dresdner Aufstands

4. Mai 1849

Dresden, 4. Mai, 4 Uhr nachmittags. Eine provisorische Regierung hat sich konstituiert, die soeben folgende Proklamationen erlassen hat:

Mitbürger!

Der König und die Minister sind entflohen, das Land ist ohne Regierung, sich selbst überlassen worden, die Reichsverfassung ist verleugnet.

Mitbürger! Das Vaterland ist in Gefahr! Es ist notwendig geworden, eine provisorische Regierung zu bilden, der Sicherheitsausschuß zu Dresden und die Abgeordneten des Volkes haben nun unterzeichnete Mitbürger zur provisorischen Regierung ernannt.

Die Stadt Dresden ist dem Vaterland mit dem rühmlichsten Beispiel vorangegangen und hat geschworen, mit der Reichsverfassung zu leben und zu sterben.

Wir stellen Sachsen unter den Schutz der Regierungen Deutschlands, welche die Reichsverfassung anerkannt haben.

Zuzug von allen Ortschaften des Vaterlandes ist angeordnet und wird hiermit angeordnet.

Wir fordern den strengsten Gehorsam für die Befehle der provisorischen Regierung und des Oberkommandanten, Oberstleutnant Heintze.

Wir werden Parlamentäre an die Truppen senden und sie auffordern, den Befehlen der provisorischen Regierung gleichfalls Gehorsam zu leisten. Auch sie bindet keine andere Pflicht, als die, für die bestehende Regierung, für die Einheit und Freiheit des deutschen Vaterlandes.

Mitbürger! Die große Stunde der Entscheidung ist gekommen. Jetzt oder nie. Freiheit oder Sklaverei! Wählt!

Wir stehen zu Euch, steht Ihr zu uns!

Die provisorische Regierung
Tzschirner, Heubner, Todt

D: Obermann, *Einheit*, S. 796.

65

Aufruf des Zentralmärzvereins an die deutschen Soldaten

6. Mai 1849

Deutsche Krieger!

Die Stunde ist gekommen, da es sich entscheiden wird, ob Deutschland frei und stark, oder geknechtet und verachtet sein soll. Die Vertreter der deutschen Nation, von allen Bürgern und von Euch gleichfalls gewählt, haben die Reichsverfassung für ganz Deutschland beschlossen und als unverbrüchliches Gesetz verkündigt. Die ganze Nation ist fest entschlossen, die Reichsverfassung durchzuführen. Aber dieselben Menschen, welche Deutschlands Freiheit und Einheit seit vielen Jahren auf unerhörte Weise darniederhielten, sie stemmen sich auch jetzt wieder entgegen. Die größeren Fürsten und ihre Kabinette verweigern der Reichsverfassung den Gehorsam. Sie sind Rebellen gegen den Willen und das Gesetz der Nation. Soldaten! in diese Rebellion will man auch Euch hineinstürzen. Man will Euch mißbrauchen, gegen Gesetz und Ordnung, gegen Vaterland und Familie, gegen Freiheit und Gleichheit zu kämpfen, man will Euch zu Polizeibütteln machen, welche die Menschenwürde mit Füßen treten, ja – hört es, wackere deutsche Krieger – man treibt den schwarzen Verrat so weit, Eure rühmlich getragenen und geführten Waffen im Dienste des russischen Despotismus zu beflecken.

Soldaten! Wir Vertreter von Millionen Deutschen aus allen Gauen des Vaterlandes, wir fragen Euch; werdet Ihr es dulden, daß Fürsten und Minister, welche das Gesetz der Nation mit Füßen treten, Euch gegen Eure Brüder und Väter hetzen?

Nein! Ihr werdet Eure Ehre, Eure Vaterlandsliebe höher stellen als die Laune und Willkürherrschaft der Fürsten und

Peiniger des Volkes! Ihr werdet dem Willen der souveränen deutschen Nationalversammlung gehorchen, welche das gesamte Volk, und somit auch die Soldaten, aufgefordert hat, die Reichsverfassung zur Anerkennung und Geltung zu bringen.

Soldaten! Ihr habt geschworen dem Fürsten und dem Vaterlande. Wenn aber ein Fürst gegen das Vaterland rebelliert, so darf in der Brust des braven ehrliebenden Kriegers nur der wahre Eid, der höchste Eid für das Vaterland lebendig bleiben.

Erwäget es wohl deutsche Krieger.

Wenn Ihr gegen die Reichsverfassung kämpft, wenn Ihr Euch an den Verteidigern derselben vergreift, so vergreift Ihr Euch an Euch selbst, so wühlt Ihr in Euren eigenen Eingeweiden. Wollt Ihr nicht selbst freie Männer werden? Nun wohlan! Streitet für die deutschen Grundrechte, welche den deutschen Soldaten erst zum freien Menschen machen. Wer hat den Soldaten auf ewig vom Offizierstande ferngehalten? Der alte fürstliche Absolutismus, welcher jetzt mit unerhörter Frechheit sich wieder erhebt und dabei auf Eure Hilfe zählt. Wer hat auf Euch die Schmach geladen, daß Eure Invaliden hungernd vor den Türen betteln müssen? Das alte Regiment der Junker und Schreiber. Jetzt aber hat auch für Euch die Stunde der Befreiung geschlagen. Die Reichsverfassung befähigt Euch zu allen Ehrenstufen aufzusteigen, sie gibt Euren Invaliden Ehre und Brot, sie gewährt Euch alle Freiheitsrechte, welche Eure bürgerlichen Mitbrüder besitzen.

Darum, deutsche Soldaten, wendet Eure Waffen nicht gegen Eure Brüder, sondern kämpft für die heilige Sache der ganzen Nation. Nur im Felde gegen den äußeren Feind wachsen Eure Lorbeeren; aber Schimpf und Schande dem, welcher gegen die Verteidiger des Gesetzes die brutalen Befehle hochverräterischer Oberen vollzieht.

Gedenkt Eurer Kameraden in Württemberg und folgt ihrem ruhmvollen Beispiele! Sie haben sich nicht erniedrigen wollen durch Feindseligkeit gegen die Freiheit, sie haben sich wohlverdient gemacht um das Vaterland. Und das ganze deutsche Volk jubelt ihnen zu! So tuet denn desgleichen!

Ihr insbesondere noch, preußische Landwehrmänner, erklärt überall, was Eure edlen Kameraden zu Elberfeld und Krefeld erklärt haben; daß sie der National-Versammlung und der Reichsverfassung Gehorsam leisten werden.

Deutsche Krieger! Höret die Stimme des Vaterlandes. Es rufet Euch, es erwartet auch von Euch seine Rettung. Es wird denen fluchen, welche brudermörderisch ihre Waffen entehrten, es wird aber die segnen, welche zum Volke standen. Höret es, deutsche Krieger, und tut, was Ehre, Freiheit und Vaterland fordern!

Frankfurt am Main, den 6. Mai 1849.

Der Kongreß sämtlicher März-Vereine Deutschlands.

In dessen Auftrage:

J. Fröbel, Präsident.   F. Raveaux, Vizepräsident.
H. Wöhler,   L. Simon, Trier, Schriftführer.

D: Obermann, *Flugblätter*, S. 413–415.

66
Endgültige Ablehnung der Frankfurter Beschlüsse durch Preußen
Erlaß des preußischen Ministeriums

7. Mai 1849

Die Deutsche Nationalversammlung in Frankfurt hat am 4. d. M. unter anderem folgende Beschlüsse gefaßt:

1. Die Nationalversammlung fordert die Regierungen, die gesetzgebenden Körper, die Gemeinden der Einzelstaaten, das gesamte deutsche Volk auf, die Verfassung des Deutschen Reiches vom 28. März d. J. zur Anerkennung und Geltung zu bringen;

2. sie bestimmt den 22. August d. J. als den Tag, an welchem der erste Reichstag auf Grund der Verfassung in Frankfurt a. M. zusammenzutreten hat,

3. sie bestimmt als den Tag, an welchem im Deutschen Reiche die Wahlen für das Volkshaus vorzunehmen sind, den 1. August d. J.

Durch die Beschlüsse, welche einerseits offen in das Gebiet der ausführenden Regierungsgewalt übergreifen, andererseits die Verfassung ohne Zustimmung der Regierungen und vor ihrer Einführung durch dieselben als rechtsgültig voraussetzen, überschreitet die Nationalversammlung auf das entschiedenste ihre Befugnisse und entfernt sich ganz von ihrer Aufgabe, im Verein mit den Regierungen die Verfassung Deutschlands zu gestalten. Die Regierung Seiner Majestät hält es für unerläßlich, den Behörden wie den Bürgern des Staates keinen Zweifel darüber zu lassen, welche Stellung sie diesen Beschlüssen gegenüber einnehme. Wenn die Nationalversammlung durch die in Nr. 2 und 3 enthaltenen Anordnungen aus eigener Machtvollkommenheit einen Termin für den Zusammentritt des Reichstages und die Vornahme der Wahlen für das Volkshaus bestimmt, so ist es einleuchtend, daß sie sich damit ein Recht anmaßt, welches ihr selbst von denjenigen Staaten, welche sich zur Annahme der von ihr beschlossenen Verfassung bereiterklärt haben, nicht zugestanden werden könnte, da nach den Bestimmungen der letzteren selbst die Berufung des Reichstages nur in den Befugnissen des Reichsoberhauptes liegt. Am allerwenigsten aber kann diese eigenmächtige Verfügung der Versammlung irgendeine Geltung oder rechtliche Wirkung für diejenigen Staaten erlangen, welche jene Verfassung weder eingeführt noch anerkannt haben. Es würde jede Ordnung in Deutschland zerstört werden, wenn es der Versammlung gestattet werden könnte, die Verfassung einseitig und partiell ins Leben zu rufen. Die königliche Regierung darf daher nicht anstehen, zu erklären, daß sie diese Beschlüsse in keiner Weise anerkennen oder zur Ausführung bringen kann.

Indem aber die Nationalversammlung durch den ersten derselben, neben den Regierungen, auch die gesetzgebenden Körper, die Gemeinden der Einzelstaaten und das gesamte deutsche Volk auffordert, die von ihr beschlossene Verfassung zur Anerkennung und Geltung zu bringen, droht sie die rechtlich notwendige Mitwirkung der Regierungen zu umgehen und setzt sich der Gefahr aus, dahin verstanden zu werden, als wolle sie die einzelnen Körperschaften und das Volk veranlassen, die Verfassung selbständig und ohne die Sanktion der Regierungen, also auf dem Wege der Gewalt und der Revolution, zur Ausführung zu bringen. Die königliche Regierung ist ihrerseits entschlossen, allen aus dieser Aufforderung direkt oder indirekt hervorgehenden gesetzwidrigen Bestrebungen, von welcher Seite sie auch kommen mögen, mit dem vollen Ernst des Gesetzes entgegenzutreten. Sie darf sich über die Möglichkeit nicht täuschen, daß, nachdem in benachbarten Staaten offene Auflehnung gegen die rechtmäßige Regierung stattgefunden, auch in Preußen durch ähnliche Einflüsse eine Agitation versucht werden möchte, welche manchen irreleiten und die traurigsten Folgen haben könnte. Sie hält es daher nicht für überflüssig, ihren festen Entschluß auszusprechen, dem Gesetze des Landes überall Achtung und Geltung zu verschaffen, und, indem sie von Ew. erwartet, daß Sie in der Ihrer Verwaltung anvertrauten Provinz mit Umsicht und Wachsamkeit, sowie mit Energie und Entschlossenheit die erforderlichen Maßregeln jederzeit und ohne Verzug treffen werden, will sie hiermit zugleich Sie beauftragen, den Ihnen untergeordneten Behörden ihren Willen kundzugeben, und es denselben zur strengsten Pflicht zu machen, alle gesetzwidrigen Versuche zur Durchführung der in Frankfurt beratenen Verfassung auf das schleunigste und mit aller Energie zu verhindern. Die königl. Regierung vertraut indessen dem bewährten gesunden und gesetzlichen Sinne des preußischen Volkes, daß es selbst das einfache und klar zutage liegende Recht erkennen und sich nicht zu gesetzwidrigen Schritten hinreißen lassen werde. Se. Majestät der König hat es ausgesprochen, daß er mit aufopfernder Tätigkeit der deutschen Sache sich hingebe und seine ganze Kraft dem hohen Ziele der deutschen Einigung und dem Ausbau einer Verfassung, welche das Verlangen und Bedürfnis der deutschen Nation befriedige, widme. Die Regierung Sr. Majestät ist fest entschlossen, diesen königlichen Willen zur Ausführung zu bringen. Sie darf die Hoffnung hegen, daß die Erreichung dieses Zieles nicht fern sei, und sie erwartet von dem preußischen Volke, daß es sie durch festes und ernstes Verharren auf dem Wege des Rechtes und des Gesetzes in ihren Bemühungen dafür unterstützen werde. Dadurch allein kann der Erfolg verbürgt werden.

Das Staatsministerium

(gez.) Graf v. Brandenburg, v. Ladenberg,
v. Manteuffel, v. Strotha, v. der Heydt,
v. Rabe, Simons

Berlin, 7. Mai 1849.

D: Obermann, *Einheit*, S. 797–799.

67
Mitteilung Gagerns über den Rücktritt seines Kabinetts

10. Mai 1849

Der interimistische Präsident des Reichsministerrathes an den Herrn Präsidenten der verfassunggebenden Reichsversammlung dahier. –

Wie bereits gestern der hohen Nationalversammlung mitgetheilt wurde, hat das Reichsministerium Seiner kaiserlichen Hoheit dem Erzherzog-Reichsverweser ein Programm vorgelegt, welches die Regel des Verhaltens des Reichsministeriums zu den Bewegungen bestimmen sollte, die zum Zwecke der Durchführung der Reichsverfassung in einigen Theilen Deutschlands entstanden sind, und zu Bürgerkrieg und Zerstörung leider geführt haben.

Der Reichsverweser hat diesem Programme seine Genehmigung nicht ertheilt.

Das Ministerium hat sich dadurch genöthigt gesehen, um seine definitive Entlassung Se. kaiserliche Hoheit zu ersuchen, und es ist diesem Gesuche heute stattgegeben worden. Der Reichsverweser hat dabei erklärt, daß er ein anderes Ministerium nach seiner Pflicht und Gerechtsame zu bilden sofort versuchen werde. Das Reichsministerium hat nicht versäumt, Sr. kaiserlichen Hoheit die unmittelbar dringende Nothwendigkeit, ein anderes Ministerium zu bilden, vorzustellen.

Frankfurt a. M., den 10. Mai 1849.

H. Gagern

D: Huber, S. 420 f.

68
Die Abberufung der preußischen Abgeordneten aus der Nationalversammlung

14. Mai 1849

Wir Friedrich Wilhelm, von Gottes Gnaden König von Preußen usw. verordnen auf den Antrag Unseres Staatsministeriums hiermit, was folgt:

§ 1. Das Mandat der auf Grund der Bundesbeschlüsse vom 30. März und 7. April 1848 und Unserer Verordnung vom 11. des letzten Monates im preußischen Staate gewählten Abgeordneten zur deutschen Nationalversammlung ist erloschen.

§ 2. Den Abgeordneten ist gegenwärtig Unsere Verordnung durch Unseren Bevollmächtigten in Frankfurt am Main zur Nachachtung und mit der Weisung zuzustellen, sich jeder Theilnahme an den weiteren Verhandlungen der Versammlung zu enthalten.

Gegeben Charlottenburg, den 14. Mai 1849.
       Friedrich Wilhelm
Graf v. Brandenburg.   v. Ladenberg.   v. Manteuffel.
   v. Strotha.   von der Heydt.   v. Rabe.   Simons.

D: Huber, S. 423 f.

69
Proklamation zu Beginn der Reichsverfassungskampagne

19. Mai 1849

An das deutsche Volk!

Die Tyrannen Deutschlands haben die Maske abgeworfen. Der König von Preußen hat nicht bloß den Freiheitsbewegungen Deutschlands überhaupt, sondern namentlich auch der deutschen Nationalversammlung zu Frankfurt offen den Krieg erklärt. Am Sitz der Zentralgewalt hat ein Ministerium die Zügel der Regierung in die Hände genommen, dessen Ernennung die Nationalversammlung selbst für einen Hohn gegen das deutsche Volk erklärt hat. Es unterliegt keinem Zweifel mehr, daß die Nationalversammlung mit Waffengewalt gesprengt werden soll. Bei dieser drangvollen Lage des deutschen Volkes fanden sich heute drei Abgeordnete der Nationalversammlung:

> Raveaux aus Preußen,
> Trützschler aus Sachsen,
> Erbe aus Altenburg,

in unserer Mitte ein und verlangten den Schutz des badischen Volkes gegen die zum Umsturz der Reichsverfassung verbündeten Mächte.

Deutsche Brüder! Der Augenblick der Entscheidung ist gekommen. Wir dürfen nicht länger zögern, soll nicht auch den bisher unverwüstet gebliebenen Teilen Deutschlands das Los von Wien und Dresden zuteil werden.

Wir dürfen die letzten Vorkämpfer der Freiheit im Schoße der Nationalversammlung dem Grimm unserer gemeinsamen Feinde nicht preisgeben. Wir müssen ihnen Hilfe senden, soweit unsere Kräfte reichen. Das Volk Ba-

dens hat sich erhoben, die Soldaten sind aufgestanden, um
Deutschlands Freiheit, Einheit und Größe zu erkämpfen. In
wenigen Tagen schon kann der Kampf beginnen. Unser gemeinsamer Schlachtruf wird sein:

Tod den verbündeten Tyrannen! Es lebe ein großes, ein einiges, ein freies Deutschland!

Karlsruhe, den 19. Mai 1849.

Der Landesausschuß von Baden:

Bannwarth, Cordel, Damm, Degen, Fickler,
Happel, Henneka, Hoff, Junghanns,
Kiefer, Rehmann, Richter, Ritter, Rotteck,
Stay, Steinmetz, Struve, Thiebauth,
Torrent, Werner, Wernwag, Ziegler.

Die Vollzugs-Behörde:

Brentano, Peter, Goegg, Eichfeld.

Die Mitglieder der deutschen Reichsversammlung:

Raveaux, Trützschler, Erbe.

D: Obermann, *Flugblätter*, S. 421 f.

70

Aufruf der Nationalversammlung an das deutsche Volk

26. Mai 1849

– Auszug –

Die Nationalversammlung fühlt sich gedrungen, an das
Volk, von dem sie gewählt ist, und das sie in seiner wichtigsten Angelegenheit zu vertreten hat, über ihre neueste

Stellung aufklärende und aufmunternde Worte zu richten
[...]

Den Regierungen, deren Staatsweisheit im vorigen Jahre so machtlos und rathlos, so gänzlich erstarrt war ..., halten wir beharrlich den schon im Vorparlament geltend gemachten, dann im Anfang unserer Verhandlungen feierlich ausgesprochenen und fortan thatsächlich behaupteten Grundsatz der Nationalsouveränität entgegen; wir lehnen uns an diejenigen, wenn auch minder mächtigen Staaten und ihre Bevölkerungen, welche die Beschlüsse unserer Versammlung für bindend und die verkündigte Verfassung für rechtsbeständig anerkannt haben. Die neuesten Erfahrungen haben schlagend bewiesen, daß aus einer Vereinbarung von 39 Regierungen unter sich und mit der Nationalvertretung, dazu noch mit allen Landesversammlungen, niemals eine Reichsverfassung hätte hervorgehen können, und daß die Nationalversammlung, selbst gegen eigene Neigung, das Verfassungswerk in die Hand hätte nehmen müssen, wenn es überhaupt zu Stande kommen sollte.

Gegenüber der durch unser Gesetz vom 28. Juni v. J. geschaffenen provisorischen Centralgewalt, welche jetzt, da es gälte, die auf Durchführung der Verfassung gerichteten Beschlüsse zu vollziehen, sich Dessen weigert, und ein Ministerium am Ruder läßt, dem die Versammlung ihr Vertrauen alsbald abgesagt hat, ist in unserer Sitzung vom 19. Mai, noch vor dem großen Austritt, beschlossen worden, daß die Versammlung sofort, wo möglich aus der Reihe der regierenden Fürsten, einen Reichsstatthalter wähle, welcher vorerst die Rechte und Pflichten des Reichsoberhauptes ausübe. Damit glaubte man auch für die Zeit des Uebergangs dem Sinne der Verfassung selbst am Nächsten zu kommen. Endlich der durch Massenaustritt dem Bestande der Nationalversammlung erwachsenen Gefahr suchten wir durch den gestrigen Beschluß zu begegnen, daß schon mit 100 Mitgliedern (statt der früher angenommenen 150) die Versammlung beschlußfähig sei; nicht als ob wir eine so stark herabgeschmolzene Zahl für keinen Uebelstand ansähen, oder

dadurch den Sieg einer ausharrenden Partei erringen wollten, sondern darum, daß nicht das letzte Band der deutschen Volkseinheit reiße, daß jedenfalls ein Kern verbleibe, um den bald wieder ein vollerer Kreis sich ansetzen könne. [...] Sollte aber auch nicht der ernste Ruf des Vaterlandes seine Kraft bewähren, so gedenken wir doch, wenn auch in kleiner Zahl und großer Mühsal, die Vollmacht, die wir vom deutschen Volke empfangen, die zerfetzte Fahne, treugewahrt in die Hände des Reichstages niederzulegen, der, nach den Beschlüssen vom 4. d. M., am 15. August zusammentreten soll, und für dessen Volkshaus die Wahlen am 15. Juli vorzunehmen sind. [...]
Für diese Bestrebungen, die Nationalvertretung unerloschen zu erhalten und die Verfassung lebendig zu machen, nehmen wir in verhängnißvollem Augenblicke die thätige Mitwirkung des gesammten deutschen Volkes in Anspruch. Wir fordern zu keinem Friedensbruch auf, wir wollen nicht den Bürgerkrieg schüren; aber wir finden in dieser eisernen Zeit nöthig, daß das Volk wehrhaft und waffengeübt dastehe, um, wenn sein Anrecht auf die Verfassung und die mit ihr verbundenen Volksfreiheiten gewaltsam bedroht ist, oder wenn ihm ein nicht von seiner Vertretung stammender Verfassungs-Zustand mit Gewalt aufgedrungen werden wollte, den ungerechten Angriff abweisen zu können; wir erachten zu diesem Zwecke für dringlich, daß in allen der Verfassung anhängenden Staaten die Volkswehr schleunig und vollständig hergestellt, und mit ihr das stehende Heer zur Aufrechthaltung der Reichsverfassung verpflichtet werde. Außerdem mahnen wir dazu, daß durch Ersatzmänner und Nachwahlen unsere Versammlung ohne Säumniß Ergänzung erhalte. Vor Allem aber hegen wir zu dem Männerstolz und Ehrgefühle unseres zur Freiheit neuerwachten Volkes das feste Vertrauen, daß es nimmermehr auf ein willkürlich octroyirtes Reichswahlgesetz, sondern einzig nach demjenigen, welches die verfassunggebende Versammlung erlassen hat, die Wahlen vornehmen, und daß, wenn der

bestimmte Wahltag herankommt, gleichzeitig in allen deutschen Gauen ein reger Wetteifer sich bethätigen werde, das gemeinsame Wahlrecht zu gebrauchen oder zu erlangen.

D: Huber, S. 435 f.

71

Die Einführung des Dreiklassenwahlrechts in Preußen

30. Mai 1849

Wir Friedrich Wilhelm, von Gottes Gnaden, König von Preußen, verordnen in Ausführung der Artikel 67 und 74 und auf Grund des Artikels 105 der Verfassungsurkunde, auf den Antrag Unseres Staatsministeriums, daß statt des Wahlgesetzes für die Abgeordneten der zweiten Kammer vom 6. Dezember 1848 die nachfolgenden näheren Bestimmungen zur Anwendung zu bringen sind:[1]

§ 1. Die Abgeordneten der zweiten Kammer werden von Wahlmännern in Wahlbezirken, die Wahlmänner von den Urwählern in Urwahlbezirken gewählt.

§ 2. Die Zahl der in jedem Regierungsbezirk zu wählenden Abgeordneten weist das anliegende Verzeichniß nach.[2]

1 Die Wahl-Notverordnung vom 30. Mai 1849 blieb bis zum November 1918 in Kraft. Änderungen der Verordnung finden sich in dem Gesetz vom 27. Juni 1860 (GS. 357), in dem Gesetz vom 29. Juni 1893 (GS. 103), das für jeden Nichtbesteuerten fiktiv 3 Mark als Steuerleistung einzusetzen vorschrieb, wodurch eine große Zahl von Wählern in die höheren Klassen aufstieg, und in den beiden Gesetzen vom 28. Juni 1906 (GS. 313, 318), durch die eine große Zahl von Wahlbezirken geteilt, die Zahl der Abgeordneten auf 443 erhöht und eine Reihe von Verfahrensvorschriften geändert wurden.

2 Aufgehoben durch das Gesetz, die Feststellung der Wahlbezirke für das Haus der Abgeordneten betreffend, vom 27. Juni 1860 (GS. 357), § 4.

§ 3. Die Bildung der Wahlbezirke ist nach Maßgabe der durch die letzten allgemeinen Zählungen ermittelten Bevölkerung von den Regierungen dergestalt zu bewirken, daß von jedem Wahlkörper mindestens zwei Abgeordnete zu wählen sind. Kreise, die zu verschiedenen Regierungsbezirken gehören, können ausnahmsweise durch den Ober-Präsidenten zu einem Wahlbezirke vereinigt werden, wenn es nach der Lage und den sonstigen Verhältnissen der ersteren nöthig erscheint.[3]

§ 4. Auf jede Vollzahl von 250 Seelen ist ein Wahlmann zu wählen.

§ 5. Gemeinden von weniger als 750 Seelen, so wie nicht zu einer Gemeinde gehörende bewohnte Besitzungen, werden von dem Landrathe mit einer oder mehreren benachbarten Gemeinden zu einem Urwahlbezirk vereinigt.

§ 6. Gemeinden von 1 750 oder mehr als 1 750 Seelen werden von der Gemeinde-Verwaltungsbehörde in mehrere Urwahlbezirke getheilt. Diese sind so einzurichten, daß höchstens 6 Wahlmänner darin zu wählen sind.

§ 7. Die Urwahlbezirke müssen, so weit es thunlich ist, so gebildet werden, daß die Zahl der in einem jeden derselben zu wählenden Wahlmänner durch drei theilbar ist.

§ 8. Jeder selbstständige Preuße, welcher das 24. Lebensjahr vollendet, und nicht den Vollbesitz der bürgerlichen Rechte in Folge rechtskräftiger richterlicher Erkenntnisse verloren hat, ist in der Gemeinde, worin er seit sechs Monaten seinen Wohnsitz oder Aufenthalt hat, stimmberechtigter Urwähler, sofern er nicht aus öffentlichen Mitteln Armenunterstützung erhält.

§ 9. Die Militairpersonen des stehenden Heeres und die Stamm-Mannschaften der Landwehr wählen an ihrem Standorte, ohne Rücksicht darauf, wie lange sie sich an demselben vor der Wahl aufgehalten haben. Sie bilden, wenn sie in der Zahl von 750 Mann oder darüber, zusam-

---

3 Aufgehoben durch das Gesetz, die Feststellung der Wahlbezirke für das Haus der Abgeordneten betreffend, vom 27. Juni 1860 (GS. 357), § 4.

menstehen, einen oder mehrere besondere Wahlbezirke. Landwehrpflichtige, welche zur Zeit der Wahlen zum Dienste einberufen sind, wählen an dem Orte ihres Aufenthaltes für ihren Heimathsbezirk.

§ 10. Die Urwähler werden nach Maßgabe der von ihnen zu entrichtenden direkten Staatssteuern (Klassensteuer, Grundsteuer, Gewerbesteuer) in drei Abtheilungen getheilt, und zwar in der Art, daß auf jede Abtheilung ein Drittheil der Gesammtsumme der Steuerbeträge aller Urwähler fällt.

Diese Gesammtsumme wird berechnet:

a) gemeindeweise, falls die Gemeinde einen Urwahlbezirk für sich bildet, oder in mehrere Urwahlbezirke getheilt ist (§ 6);
b) bezirksweise, falls der Urwahlbezirk aus mehreren Gemeinden zusammengesetzt ist (§ 5).

§ 11. Wo keine Klassensteuer erhoben wird, tritt für dieselbe zunächst die etwa in Gemäßheit der Verordnung vom 4. April 1848, anstatt der indirekten, eingeführte direkte Staatssteuer ein.

Wo weder Klassensteuer, noch klassifizirte Steuer auf Grund der Verordnung vom 4. April 1848 erhoben wird, tritt an Stelle der Klassensteuer die in der Gemeinde zur Hebung kommende, direkte Kommunalsteuer.

Wo auch eine solche ausnahmsweise nicht besteht, muß von der Gemeindeverwaltung nach den Grundsätzen der Klassensteuer-Veranlagung eine ungefähre Einschätzung bewirkt und der Betrag ausgeworfen werden, welchen jeder Urwähler danach als Klassensteuer zu zahlen haben würde.

Wird die Gewerbesteuer von einer Handelsgesellschaft entrichtet, so ist die Steuer, behufs Bestimmung, in welche Abtheilung die Gesellschafter gehören, zu gleichen Theilen auf dieselben zu repartiren.

§ 12. Die erste Abtheilung besteht aus denjenigen Urwählern, auf welche die höchsten Steuerbeträge bis zum Belaufe eines Drittheils der Gesammtsteuer (§ 10) fallen.

Die zweite Abtheilung besteht aus denjenigen Urwählern, auf welche die nächst niedrigeren Steuerbeträge bis zur Gränze des zweiten Drittheils fallen.

Die dritte Abtheilung besteht aus den am niedrigsten besteuerten Urwählern, auf welche das dritte Drittheil fällt. In diese Abtheilung gehören auch diejenigen Urwähler, welche keine Steuer zahlen.

§ 13. So lange der Grundsatz wegen Aufhebung der Abgabenbefreiung in Bezug auf die Klassensteuer und direkte Kommunalsteuer noch nicht durchgeführt ist, sind die zur Zeit noch befreiten Urwähler in diejenige Abtheilung aufzunehmen, welcher sie angehören würden, wenn die Befreiungen bereits aufgehoben wären.

§ 14. Jede Abtheilung wählt ein Drittheil der zu wählenden Wahlmänner.

Ist die Zahl der in einem Urwahlbezirke zu wählenden Wahlmänner nicht durch 3 theilbar, so ist, wenn nur 1 Wahlmann übrig bleibt, dieser von der zweiten Abtheilung zu wählen. Bleiben 2 Wahlmänner übrig, so wählt die erste Abtheilung den einen und die dritte Abtheilung den anderen.

§ 15. In jeder Gemeinde ist sofort ein Verzeichniß der stimmberechtigten Urwähler (Urwählerliste) aufzustellen, in welchem bei jedem einzelnen Namen der Steuerbetrag angegeben wird, den der Urwähler in der Gemeinde oder in dem, aus mehreren Gemeinden zusammengesetzten Urwahlbezirk zu entrichten hat. Dies Verzeichniß ist öffentlich auszulegen, und daß dieses geschehen, in ortsüblicher Weise bekannt zu machen.

Wer die Aufstellung für unrichtig oder unvollständig hält, kann dies innerhalb dreier Tage nach der Bekanntmachung bei der Ortsbehörde oder dem von derselben dazu ernannten Kommissar oder der dazu niedergesetzten Kommission schriftlich anzeigen oder zu Protokoll geben.

Die Entscheidung darüber steht in den Städten der Gemeinde-Verwaltungsbehörde, auf dem Lande dem Landrathe zu.

In Gemeinden, die in mehrere Urwahlbezirke getheilt sind, erfolgt die Aufstellung der Urwählerlisten nach den einzelnen Bezirken.

§ 16. Die Abtheilungen (§ 12) werden Seitens derselben Behörden festgestellt, welche die Urwahlbezirke abgrenzen (§§ 5, 6).

Eben diese Behörden haben für jeden Urwahlbezirk das Lokal, in welchem die auf den Bezirk bezügliche Abtheilungsliste öffentlich auszulegen, und die Wahl der Wahlmänner abzuhalten ist, zu bestimmen und den Wahlvorsteher, der die Wahl zu leiten hat, so wie einen Stellvertreter desselben für Verhinderungsfälle zu ernennen.

In Bezug auf die Berichtigung der Abtheilungslisten kommen die Vorschriften des § 15 gleichmäßig zur Anwendung.

§ 17. Der Tag der Wahl ist von dem Minister des Innern festzusetzen.

§ 18. Die Wahlmänner werden in jeder Abtheilung aus der Zahl der stimmberechtigten Urwähler des Urwahlbezirks ohne Rücksicht auf die Abtheilung gewählt.

Mit Ausnahme des Falles der Auflösung der Kammer, sind die Wahlen der Wahlmänner für die ganze Legislaturperiode dergestalt gültig, daß bei einer erforderlich werdenden Ersatzwahl eines Abgeordneten nur an Stelle der inzwischen durch Tod, Wegziehen aus dem Urwahlbezirk, oder auf sonstige Weise ausgeschiedenen Wahlmänner neue zu wählen sind.

§ 19. Die Urwähler sind zur Wahl durch ortsübliche Bekanntmachung zu berufen.

§ 20. Der Wahlvorsteher ernennt aus der Zahl der Urwähler des Wahlbezirks einen Protokollführer, so wie 3 bis 6 Beisitzer, welche mit ihm den Wahlvorstand bilden, und verpflichtet sie mittelst Handschlags an Eidesstatt.

§ 21. Die Wahlen erfolgen abtheilungsweise durch Stimmgebung zu Protokoll, nach absoluter Mehrheit und nach den Vorschriften des Reglements (§ 32).

§ 22. In der Wahlversammlung dürfen weder Diskussionen stattfinden, noch Beschlüsse gefaßt werden.

Wahlstimmen, unter Protest oder Vorbehalt abgegeben, sind ungültig.

§ 23. Ergiebt sich bei der ersten Abstimmung keine absolute Stimmenmehrheit, so findet die engere Wahl statt.

§ 24. Der gewählte Wahlmann muß sich über die Annahme der Wahl erklären. Eine Annahme unter Protest oder Vorbehalt gilt als Ablehnung, und zieht eine Ersatzwahl nach sich.

§ 25. Das Protokoll wird von dem Wahlvorstande (§ 20) unterzeichnet und sofort dem Wahlkommissar (§ 26) für die Wahl der Abgeordneten eingereicht.

§ 26. Die Regierung ernennt den Wahlkommissar für jeden Wahlbezirk zur Wahl der Abgeordneten [...].

§ 27. Der Wahlkommissar beruft die Wahlmänner mittelst schriftlicher Einladung zur Wahl der Abgeordneten. Er hat die Verhandlungen über die Urwahlen nach den Vorschriften dieser Verordnung zu prüfen, und wenn er einzelne Wahlakte für ungültig erachten sollte, der Versammlung der Wahlmänner seine Bedenken zur endgültigen Entscheidung vorzutragen. Nach Ausschließung derjenigen Wahlmänner, deren Wahl für ungültig erkannt ist, schreitet die Versammlung sofort zu dem eigentlichen Wahlgeschäfte.

Außer der vorgedachten Erörterung und Entscheidung über die etwa gegen einzelne Wahlakte erhobenen Bedenken dürfen in der Versammlung keine Diskussionen Statt finden, noch Beschlüsse gefaßt werden.

§ 28. Der Tag der Wahl der Abgeordneten ist von dem Minister des Innern festzusetzen.

§ 29. Zum Abgeordneten ist jeder Preuße wählbar, der das dreißigste Lebensjahr vollendet, den Vollbesitz der bürgerlichen Rechte, in Folge rechtskräftigen richterlichen Erkenntnisses, nicht verloren hat, und bereits ein Jahr lang dem preußischen Staatsverbande angehört.

§ 30. Die Wahlen der Abgeordneten erfolgen durch Stimmgebung zu Protokoll.

Der Protokollführer und die Beisitzer werden von den Wahlmännern auf den Vorschlag des Wahlkommissarius gewählt und bilden mit diesem den Wahlvorstand.

Die Wahlen erfolgen nach absoluter Stimmenmehrheit. Wahlstimmen unter Protest oder Vorbehalt abgegeben, sind ungültig.

Ergiebt sich bei der ersten Abstimmung keine absolute Mehrheit, so wird zu einer engeren Wahl geschritten.

§ 31. Der gewählte Abgeordnete muß sich über die Annahme oder Ablehnung der auf ihn gefallenen Wahl gegen den Wahlkommissarius erklären. Eine Annahme-Erklärung unter Protest oder Vorbehalt gilt als Ablehnung und hat eine neue Wahl zur Folge.

§ 32. Die zur Ausführung dieser Verordnung erforderlichen näheren Bestimmungen hat Unser Staatsministerium in einem zu erlassenden Reglement zu treffen.

D: Huber, S. 497–500.

72
Die Verlegung der Nationalversammlung nach Stuttgart

31. Mai 1849

Die Nationalversammlung beschließt:

1) Die nächste Sitzung der Nationalversammlung findet im Laufe der nächsten Woche auf Einladung des Büreau's in Stuttgart statt.

2) Das Büreau hat sofort durch einen Aufruf sämmtliche abwesende Mitglieder, sowie die Stellvertreter der Ausgeschiedenen bis zum 4. Juni nach Stuttgart einzuberufen.

3) Die Centralgewalt wird in Gemäßheit und zur Aus-

führung des Art. 10 des Gesetzes vom 28. Juni 1848 aufgefordert, sich ungesäumt nach Stuttgart zu begeben.

4) Die Bevollmächtigten derjenigen Staaten, welche die Reichsverfassung anerkannt haben, werden in Ausführung des Beschlusses vom 26. Mai eingeladen, sich ebenfalls in Stuttgart einzufinden.

D: Huber, S. 436.

73

Die Einsetzung der Reichsregentschaft

6. Juni 1849

1) Bis zur Einsetzung des Reichsstatthalters wird von der Nationalversammlung eine Regentschaft von fünf Personen einzeln und mit absoluter Stimmenmehrheit auf Widerruf erwählt, welche der Nationalversammlung verantwortlich ist, die Reichsverfassung durchzuführen, die Beschlüsse der Nationalversammlung zu vollziehen und im Uebrigen die durch das Gesetz vom 28. Juni der provisorischen Centralgewalt übertragenen Pflichten und Befugnisse auszuüben hat.

2) Die Theilnahme an der Regentschaft ist mit der Eigenschaft eines Abgeordneten vereinbar.

3) Die Wirksamkeit der provisorischen Centralgewalt hört mit dem Augenblicke des Eintrittes der Regentschaft auf.

4) Als nächste Zielpunkte ihrer Wirksamkeit bezeichnet die Nationalversammlung der Regentschaft:

   a) Schleunige Aufstellung eines Reichsheeres und Organisation der Volksbewaffnung zur Durchführung der Reichsverfassung.

   b) Wahrung der Interessen Deutschland's nach Außen,

besonders auch in der deutsch-dänischen Angelegenheit.
c) Betreibung der Wahlen zu dem auf den 15. August einzuberufenden Reichstage.
d) Einberufung der Bevollmächtigten der die Reichsverfassung anerkennenden Staaten an den Sitz der Nationalversammlung.

D: Huber, S. 436 f.

74
Die Auflösung der deutschen Nationalversammlung

Schreiben Friedrich Römers, des württembergischen Innenministers, an Wilhelm Loewe-Calbe, den Präsidenten des Stuttgarter Rumpfparlaments

17. Juni 1849

Geehrter Herr Präsident! Ich erfülle im Auftrage des hiesigen Gesamtministeriums eine peinliche Pflicht, indem ich Ihnen anzeige, daß die württembergische Regierung sich in der Lage befindet, das Tagen der hierher übergesiedelten Nationalversammlung und das Schalten der von ihr am 6. d. M. gewählten Reichsregentschaft in Stuttgart und Württemberg nicht mehr länger dulden zu können. Sie wissen selbst, daß die Nationalversammlung am 30. v. M. den Beschluß faßte, ihre Beratungen hier fortzusetzen, ohne daß die diesseitige Regierung vorher gefragt wurde, ob ihr eine solche Übersiedlung erwünscht sei. Es kann Ihnen ferner nicht unbekannt sein, daß das an die Regierung gerichtete Notifikationsschreiben über jenen Beschluß nicht vor dem 3. Juni in unsere Hände gelangte, und daß gleichzeitig mit demselben die Mitglieder der Nationalversammlung hier eintrafen, so daß es unmöglich war, der beschlossenen

Übersiedlung – wenn auch zunächst nur beratend – entgegenzutreten. Nachdem die Versammlung beisammen war und die Vollzähligkeit von hundert erreicht hatte, wollten wir ihr zunächst kein Hindernis in den Weg legen. Wir glaubten annehmen zu dürfen, sie werde, ihrer Schwäche und den Verhältnissen Rechnung tragend, eine vermittelnde, zuwartende Stellung einnehmen, sie werde sich als den Stamm der so sehr herabgeschmolzenen Nationalversammlung betrachten und neben der Permanenz bis zu den neuen Wahlen ihr Hauptaugenmerk darauf richten, die getrennten Teile wieder an sich zu ziehen und so allmählich wieder zu einer nachhaltigen Beschlußfähigkeit zu erstarken. Wie sehr befanden wir uns im Irrtum. Die Beschlüsse vom 6. und 16. Juni gehören zu den extremsten, die man fassen kann, und das Auftreten Ihrer Regentschaft ist so gestaltet, daß man vermuten sollte, es stehen ihr 200 000 Bajonette zu Gebot, um Ihren Beschlüssen Geltung zu verschaffen. Eben deshalb fanden wir uns vor einigen Tagen veranlaßt, Ihrer Exekutivgewalt zu erklären, daß wir nicht in der Lage seien, einen Ihrer Beschlüsse und Befehle zu befolgen, und daß wir sie zur alsbaldigen Entfernung aus Württemberg dringend auffordern. Die Aufforderung hat die gewünschte Wirkung nicht gehabt. Die Regentschaft hat uns erwidert, sie beharre auf ihren Verfügungen und habe am Sitz der Nationalversammlung zu verbleiben.

Herr Präsident! Ich will mit Ihnen nicht streiten über den rechtmäßigen Bestand der bis auf hundert Mitglieder herabgesunkenen Nationalversammlung. Ich für meine Person erkenne an, daß der Nationalversammlung zusteht, ihre Geschäftsordnung hinsichtlich der Beschlußfähigkeit der Versammlung abzuändern und nach und nach selbst bis auf drei Mitglieder herabzusetzen. Aber wenn es sich um Anerkennung der Beschlüsse einer solchen Versammlung handelt, so muß man nach meiner Überzeugung, einen andern als den bloß juristischen Maßstab der Beurteilung anlegen. Man muß sich fragen: Ist die deutsche Nation repräsentiert durch 100 Mitglieder, deren überwiegende Mehrzahl den kleineren Staaten angehört, während z. B. Österreich nur durch 13, Preußen durch 19, Bayern durch 11, Hannover (ich glaube) nur durch einen Abgeordneten vertreten sind, während diese Abgeordneten mit sehr wenigen Ausnahmen einer extremen politischen Richtung angehören, so daß manche von ihnen nicht einmal imstande wären, die nach monarchischem Zuschnitt gefertigte, mit einem Erbkaiser ausgestattete deutsche Reichsverfassung mit gutem Gewissen zu beschwören – während endlich manche von ihnen sich leider in dem Falle befinden, ihre Heimat aus politischen Gründen meiden zu müssen. Gestehen Sie, Herr Präsident, eine so zusammengesetzte Versammlung bietet einem Lande, das seiner großen Mehrheit nach nur auf dem gesetzlichen Wege vorschreiten will, keine Garantien dar. Doppelt aber ist Württemberg bei der obschwebenden Frage beteiligt, weil, mag man auch dagegen sagen, was man will, die Nationalversammlung bei Durchführung ihrer Pläne zunächst nur auf Württemberg angewiesen ist. Mögen Sie in den übrigen Staaten Streiter und Geldbeiträge noch so entschieden einfordern, Sie werden nichts erhalten. Mit Ausnahme von Württemberg haben so ziemlich alle Staaten Deutschlands faktisch aufgehört, die Reichsverfassung anzuerkennen; denn die Tendenz in Baden und Pfalzbayern ist republikanisch; – überdies haben diese beiden Provinzen für sich selbst zu sorgen, und die übrigen Teile Deutschlands haben teils die Reichsverfassung nicht anerkannt, teils neigen sie sich, wir dürfen es uns nicht verhehlen, dem preußischen Verfassungsentwurfe zu. Die ganze Last der Durchführung der Reichsverfassung fällt somit zunächst auf Württemberg und dieses hätte, nach dem Plane der Reichsregentschaft, vor allem Baden und der Pfalz bewaffnet zu Hilfe zu kommen. Nun hat man Ihnen vielleicht gesagt, das württembergische Volk brenne vor Begierde, für die Reichsverfassung jedes Opfer zu bringen, Bürgerwehren und Turner haben geschworen, Gut und Blut für diesen Zweck hinzugeben, und das stehende Heer sei von demselben Geiste beseelt. Glauben Sie mir, Herr Präsident, man hat Sie getäuscht. Allerdings bestehen für die Reichsverfassung und Nationalversammlung starke Sympathien im Volk; aber so begeistert ist denn doch die große Mehrzahl nicht, daß sie bereit wäre, sich bei einem so unwahrscheinlichen Erfolge in einen so ungleichen und verderblichen Kampf zu stürzen. Alle diese Rücksichten, deren Gewicht man nicht verkennen kann, wenn man statt der Leidenschaft die Vernunft und statt des Hasses die Kenntnis der menschlichen Natur zu Rate zieht, müssen uns bestimmen, den Beschlüssen der Nationalversammlung und den Anordnungen der Regentschaft die Anerkennung zu versagen. Dann aber ist ein längeres Tagen in Württemberg nur dazu geeignet, die ohnehin vorhandene Aufregung in unserm Lande zu vermehren, eine Aufregung, welche durch die demokratischen Vereine und den hiesigen Landesausschuß auf das emsigste gepflegt wird. Ob und wieweit einzelne einflußreiche Mitglieder der Nationalversammlung und Regentschaft bei jenen aufregenden Bestrebungen beteiligt seien, will ich dahingestellt sein lassen; verhehlen aber kann ich Ihnen nicht, daß in dieser Beziehung sehr bestimmte Anzeichen vorliegen. Indem ich Sie nun, allem Vorstehenden zufolge, geziemend ersuche, ohne Verzug dahin zu wirken, daß Nationalversammlung und Regentschaft ihren Sitz außerhalb Württembergs verlegen und schon jetzt die Vornahme jedes weiteren offiziellen Aktes unterlassen, habe ich noch die Bemerkung beizufügen, daß die Mißachtung dieses ergebenen Ansinnens uns nötigen würde, demselben durch Anwendung der geeigneten Mittel Geltung zu verschaffen, und daß etwaige Versuche, sich bewaffneter Zuzüge zu versichern, nur dazu dienen würden, einen blutigen, aber der uns feindlichen Partei verderblichen Konflikt herbeizuführen.

Stuttgart, 17. Juni 1849.

                                           Hochachtungsvoll
                                                 Römer

D: Obermann, *Einheit*, S. 851–853.

75
Waffenruf badischer Freiheitskämpfer

Ende Juni 1849

Aufruf an unsre deutschen Brüder
in Würtemberg.

Deutsche Brüder!

Die deutsche National-Versammlung wird in den Mauern Eurer Hauptstadt von dem Ministerium Römer und seinen Söldnern auf eine Weise behandelt, die selbst in dem Herzen des Friedliebendsten das Gefühl der Entrüstung erzeugen muß. – Deutsche Brüder! Ihr werdet nicht dulden, daß die Maßregeln einer volksverrätherischen Regierung Eure Geschichte für ewige Zeiten brandmarken, daß Eure deutschen Brüder, daß selbst Eure eigenen Kinder einst von Euch sagen müssen: die sonst so hochherzigen Schwaben haben das heilige Recht der Gastfreundschaft verletzt, – sind zu Verräthern an unserer deutschen Freiheit geworden; – sie haben, im Widerspruch mit ihrem der Reichsverfassung geleisteten Eid, die Reichsgewalt, die National-Versammlung, die sich ihrem Schutze anvertraute, – sie haben die deutsche Freiheit gemordet!

O! nimmer werdet Ihr eine solche Schmach auf Euch laden! – Ermannt Euch, tretet zu uns und reicht uns Eure brüderliche Rechte zum Schutze der in Eurer Hauptstadt gleichsam verhöhnten National-Versammlung, – zum Schutze der von Euch beschworenen Verfassung! 20,000 Mann Deutscher, die Alle wie Ihr die Reichsverfassung anerkannt und beschworen haben, stehen an Euren Gränzen und fordern Euch auf, mit ihnen vereint die heilige Sache unserer Freiheit gegen die Anmaßungen fürstlicher Empörer und ihrer feilen Söldner zu vertreten.

Auf, Ihr Brüder! ergreift die Waffen, folgt unserm Beispiel, laßt uns jetzt unsere Freiheit erkämpfen oder untergehen!

Sieg oder Tod sei unsre Losung!! –

Wir wollen die Gränze Eures Gebiets nicht ungerufen überschreiten, aber wir stehen Eures Winkes, Eures Rufes gewärtig und werden, wenn dieser Ruf oder der Ruf der National-Versammlung an uns ergeht, das Land unseres befreundeten deutschen Bruderstammes mit dem Bewußtsein unseres Rechtes und dem festen Vertrauen betreten, daß von nun an die, nur durch das Interesse rebellischer Fürsten bestehende Trennung für immer aufhöre, und Ein Band,

das Band der deutschen Bruderliebe, der Freiheit und der Ehre,

uns Alle umschlingen wird.

Es lebe Deutschland, es lebe die Freiheit!!

Die neuesten Nachrichten vom Kriegsschauplatze beweisen Euch, mit welchem Muthe Eure Brüder in Baden für die Freiheit zu kämpfen verstehen.

Auch Frankreich geht uns wieder mit energischem Beispiel voran.

D: Sauer, S. 168.

76
Das Gothaer Programm der liberalen Erbkaiserpartei

28. Juni 1849

Die schweren Bedrängnisse des Vaterlandes, die Gefahren eines Zustandes, welcher keine Bürgschaften des Friedens im Innern, der Stärke nach außen bietet, haben es den Unterzeichneten zum Bedürfnis gemacht, ihr Urteil über die gegenwärtige Lage der Dinge gemeinsam festzustellen und sich über den Weg zu verständigen, auf welchem jeder einzelne von ihnen in Erfüllung seiner Pflichten gegen das Vaterland dazu mitwirken kann, daß in der Nation Einheit und Freiheit gewährender Rechtszustand hergestellt werde. – Das Ergebnis der darüber in Gotha am 26., 27. und 28. Juni d. J. gehaltenen Besprechungen fassen sie in folgenden Sätzen zusammen:

1. Innig überzeugt, daß die deutsche Nationalversammlung, als sie am 28. März d. J. die deutsche Reichsverfassung verkündigte, derjenigen Stellung gemäß gehandelt hat, welche die Lage der deutschen Dinge ihr anwies, dürfen die Unterzeichneten doch die Augen vor der Tatsache nicht verschließen, daß die Durchführung der Reichsverfassung ohne Abänderung zur Unmöglichkeit geworden ist. Dahingegen ist in der Verfassungsaufstellung, welche die Berliner Konferenz bietet, neuerdings ein Weg eröffnet, auf welchem sich der verlorene Einigungspunkt möglicherweise wieder finden läßt. Das Betreten dieses Weges nicht zu verschmähen, mahnt uns das von inneren und von äußeren Feinden schwer bedrohte und vom Bürgerkriege zerfleischte Vaterland, ebenso dringend aber der Inhalt jenes Entwurfs, der, wie entschieden man auch einzelne seiner Bestimmungen verwerfen möge, dennoch die unerläßlichen Grundlagen des deutschen Bundesstaates, namentlich ein erbliches

Reichsoberhaupt in der Person des mächtigsten rein deutschen Staates, ein Staatenhaus und ein Volkshaus und somit den Kern der Reichsverfassung in sich aufgenommen hat.

2. Den Unterzeichneten stehen die Zwecke, welche durch die Reichsverfassung vom 28. März erreicht werden sollten, höher, als das starre Festhalten an der Form, unter der man dieses Ziel anstrebte. Sie betrachten die von den drei Königreichen dargebotene Verfassung als eine der Nation erteilte unverbrüchliche Zusage, und erkennen an, daß der von denselben eingeschlagene Weg zum Ziele führen kann, unter der Voraussetzung:

> daß alle deutschen Regierungen, welche zur Berufung eines Reichstags auf obiger Grundlage mitwirken, dem Reichstage in einer jede einzelne Regierung bindenden Form gegenübertreten, und
>
> daß die dem Reichstage vorbehaltene Revision sich nur auf solche Verfassungsbestimmungen erstreckt, welche in der Reichsverfassung vom 28. März und dem Entwurfe vom 28. Mai nicht wörtlich oder wesentlich übereinstimmen.

3. Erscheint es daher als politisch notwendig, daß die anderen deutschen Staaten – abgesehen von dem den deutschen Bundesstaat verneinenden Österreich – sich an jene Verfassungsvorlage in bindender Weise baldigst anschließen und die schleunige Berufung eines Reichstags möglichst befördern, so erwächst auch für die einzelnen die Verpflichtung, in ihren Kreisen und nach ihren Kräften zur Vollendung des großen vaterländischen Werkes beizutragen.

4. In diesem Sinne wird es von den Unterzeichneten als die hauptsächlichste Aufgabe betrachtet, für das Zustandekommen eines Reichstags, also auch für die Beteiligung bei den Wahlen zu wirken. Was die Wahlen zum Volkshause betrifft, so sind dem in Frankfurt beschlossenen, die unmittelbare Durchführung voraussetzenden Wahlgesetze nicht zu beseitigende Hindernisse entgegengetreten, und daher erfordert es das Wohl des Vaterlandes, daß für die Wahlen

eine andere gesetzliche Form maßgebend werde. In dieser Rücksicht erkennen die Unterzeichneten es als das Angemessenste an, wenn in jedem einzelnen Staate auf landesverfassungsmäßigem Wege das Wahlgesetz für den nächsten Reichstag festgestellt wird. Wenn dies aber unter den obwaltenden Umständen nicht erreichbar sein sollte, so würde doch (wie dies schon in der Berliner Denkschrift in Aussicht gestellt ist) den Einzelstaaten überlassen bleiben müssen, bei der Ausführung des mit dem Verfassungsentwurfe vorgelegten Wahlgesetzes die durch ihre abweichenden Verhältnisse gebotenen Modifikationen anzuordnen, und jedenfalls glauben die Unterzeichneten nicht verantworten zu können, wenn sie durch ihre Haltung dazu beitragen sollten, das Zustandekommen des ganzen Werkes an den Bedenken gegen ein Wahlgesetz scheitern zu lassen.

Demnach halten die Unterzeichneten, in Erwägung der schwer bedrohten Lage des Vaterlandes, dessen Existenz ohne Betreten dieses Weges gegenwärtig aufs höchste geschädigt ist, sich für verpflichtet, unter den angeführten Voraussetzungen:

1. so viel an ihnen ist, auf den Anschluß der noch nicht beigetretenen Staaten an den von der Berliner Konferenz vorgelegten Entwurf hinzuwirken, und
2. an den Wahlen zum nächsten Reichstage sich zu beteiligen.

D: Huber, S. 547 f.

Kapitulationsbedingungen der in der Festung Rastatt eingeschlossenen Revolutionäre

23. Juli 1849

1) Die Besatzung unterwirft sich auf Gnade und Ungnade Seiner Königlichen Hoheit dem Großherzog von Baden und ergibt sich den vor der Festung stehenden preußischen Truppen. Sie nimmt dabei die Gnade Seiner Königlichen Hoheit in Anspruch, die andern Truppen unter ähnlichen Verhältnissen bewilligt sein soll. Eine feste Zusage kann der kommandirende General des 2. Armeekorps nicht geben, wird aber seine gestern gegebene Verheißung zu erfüllen bemüht sein.
2) Heute Nachmittag um 3 Uhr wird das Fort C. den preußischen Truppen übergeben, welche zum Ottersdorfer Thor einrücken, und von einem Offizier der Besatzung werden geführt werden – dieser Offizier meldet sich schon in Rheinau bei dem Oberst v. Rommel.
3) Die Besatzung rückt in 3 Kolonnen heute um 5 ½ Uhr, und zwar möglichst gleichmäßig vertheilt, aus; voran die Artillerie, dann Linie, dann Volkswehr – die Kavallerie zu Fuß (unter Zurücklassung der Pferde).
4) Auf dem Glacis werden sämmtliche Waffen abgelegt, das Gepäck der Offiziere wird auf Wagen aus der Festung, unter preußischer Bedeckung, nachgeführt. Die höheren Führer können zu Pferde sein.
5) Der Kommandant übergibt einem preußischen Offizier, welcher um 2 ½ Uhr als Parlamentär sich bei der Festung angekündigt, das Verzeichniß sämmtlicher Geschütze, Gewehre, Munition, Provision, Pläne und alles Dessen, was zur Ausrüstung der Festung gehört.
6) Die preußischen Truppen werden am Iffezheimer Walde, um 4 ½ Uhr, bei Niederbühl und an der Karlsruher

Straße im Nieder-Rastatter Walde stehen und die Besatzung daselbst in Empfang nehmen.
7) Die Bürgerwehr legt heute um 2 ½ Uhr Mittags auf dem Rathhaus die Waffen ab.

Im Auftrag des kommandirenden Generals des 2. Korps der Rheinarmee, Generallieutenants Grafen v. d. Gröben.

(gez.) v. Alvensleben,
Major im Generalstabe.

(gez.) v. Biedenfeld,   (gez.) Corvin-Wiersbitzky,
    Oberst.   Oberstlieutenant.

D: Fickler, S. 271 f.

78

Standgerichtsurteile gegen Revolutionäre

Juli bis August 1848

1.

Zur Warnung! Johann Ludwig Maximilian Dortu aus Potsdam, ehemal. kgl. preußischer Auskultator und Unteroffizier im 24. Landwehr-Regiment, hatte sich aus Anlaß der im Mai d. J. stattgefundenen Staatsumwälzung in dieses Land begeben und war nach dem Einrücken der kgl. preußischen Armee den Truppen seines eigenen rechtsmäßigen Land- und Kriegsherrn, seinen eigenen Waffenbrüdern und Landsleuten mit den Waffen in der Hand feindselig gegenübergetreten. Derselbe wurde daher am 11. Juli c. wegen Kriegsverraths hierselbst vor ein Kriegsgericht gestellt. Das von diesem wider ihn erlassene Erkenntniß ist am gestrigen Tage von mir dahin bestätigt worden, daß der Angeschuldigte wegen Kriegsverraths, unter Degradation zum Gemeinen, Versetzung in die zweite Klasse des Soldatenstandes und dem Verluste der Nationalkokarde, mit dem Tode durch Erschießen zu bestrafen. Dies rechtskräftige Urtheil ist heute Morgen um 4 Uhr an dem Angeschuldigten in der Nähe des Kirchhofes von Wiehre vollzogen worden, was hiermit zur öffentlichen Kenntniß gebracht wird.

Hauptquartier Freiburg, 31. Juli 1849.

> Der kommandirende General
> des ersten Armeekorps der
> kgl. preuß. Operationsarmee am Rhein:
>
> v. Hirschfeldt.

2.

Friedrich Neff von Rümmingen im Großherzogthum Baden, 28 Jahre alt, ledig, hatte sich schon bei den früheren hochverrätherischen Unternehmungen durch Schrift und That betheiligt, namentlich bei dem von Struve im September vorigen Jahres unternommenen Umwälzungsversuch durch Plünderung von Staatskassen und andere Verbrechen sich ausgezeichnet. Wegen seiner Theilnahme an dem dritten hochverrätherischen Unternehmen im Mai d. J. wurde er auf Anordnung des großherzoglichen Kriegsministeriums vor das hiesige Kriegsgericht gestellt. Seine Anschuldigung bestand hauptsächlich darin, daß er die deutschen Flüchtlinge im Auslande zur Unterstützung der Revolution in das Großherzogthum gerufen, dieselben organisirt und vom 5. bis 29. Juni als Bewaffneter mit ihnen den Kriegszug über Heidelberg, Schönau, Heddesbach nach Durlach und Rastatt in der Eigenschaft eines Kriegskommissärs gemacht hat. Auf gepflogene standgerichtliche Verhandlung hat das Kriegsgericht in der am 8. August d. J. abgehaltenen öffentlichen Sitzung erkannt: Friedrich Neff von Rümmingen sei als Anstifter und Theilnehmer bei dem im Großherzogthum Baden im Mai d. J. ausgebrochenen hochverrätherischen Aufruhr mit dem Tode durch Erschießen zu bestrafen. Dieses Urtheil wurde heute früh um 4 Uhr vor den Thoren der Stadt vollzogen.

Freiburg, den 9. August 1849.

v. Hillern,
Major und Kommandeur des 8. Jägerbataillons,
als Präses des Kriegsgerichts.

Bachelin, Untersuchungsrichter.

3.

Karl Höfer, gebürtig aus Brehmen, Amts Gerlachsheim, Volksschullehrer in Altneudorf, betheiligte sich freiwillig als Hauptmann des ersten Aufgebots Altneudorfs, Heddesbachs, Brombachs und der umliegenden Orte bei dem letzten Aufstande. Insbesondere führte er dieses Aufgebot in Verbindung mit Freischaaren am Abend des 21. Juni auf dem Heiligenberg (bei Heidelberg) gegen kgl. preußische Truppen, suchte dasselbe, als es bei der näher rückenden Gefahr sich zurückziehen wollte, durch eine Rede zum Vorrücken anzufeuern, zwang es durch Freischaaren, welche er mit dem Befehle, die Weichenden niederzuschießen, in seinen Rücken stellte, zum Kampfe, und lieferte den erwähnten Truppen ein Gefecht, in welchem zwei Mann seines Aufgebots verwundet wurden und ein Mann desselben getödtet. Karl Höfer wurde daher nach öffentlich und mündlich gepflogener Verhandlung durch Urtheil des Standgerichts vom Gestrigen des Widerstandes gegen die bewaffnete Macht, sowie der Aufforderung hierzu für schuldig erklärt und deshalb zum Tode mittelst Erschießens verurtheilt. Dies Urtheil wurde am nämlichen Tage, Abends 7 ¾ Uhr, vollzogen.

Mannheim, den 17. August 1849.

Im Namen der
Untersuchungskommission des Standgerichts:

v. Hillern.

D: Blos, S. 665 f.

79
Fünfundzwanzig Jahre danach
»Noch sind nicht alle Märze vorbei«

Georg Herwegh

Achtzehnter März

März 1873

Achtzehnhundert vierzig und acht,
Als im Lenze das Eis gekracht,
Tage des Februar, Tage des Märzen,
Waren es nicht Proletarierherzen,
Die voll Hoffnung zuerst erwacht
Achtzehnhundert vierzig und acht?

Achtzehnhundert vierzig und acht,
Als du dich lange genug bedacht,
Mutter Germania, glücklich verpreußte,
Waren es nicht Proletarierfäuste,
Die sich ans Werk der Befreiung gemacht
Achtzehnhundert vierzig und acht?

Achtzehnhundert vierzig und acht,
Als du geruht von der nächtlichen Schlacht,
Waren es nicht Proletarierleichen,
Die du, Berlin, vor den zitternden, bleichen
Barhaupt grüßenden Cäsar gebracht
Achtzehnhundert vierzig und acht?

Achtzehnhundert siebzig und drei,
Reich der Reichen, da stehst du, juchhei!
Aber wir Armen, verkauft und verraten,
Denken der Proletariertaten –

> Noch sind nicht alle Märze vorbei,
> Achtzehnhundert siebzig und drei.

D: Herwegh, S. 142 f.

Georg Herwegh, der 1841 mit seinen »Gedichten eines Lebendigen« als Freiheitssänger und während der Revolution als aktiver Republikaner hervortrat, schloß sich Anfang der sechziger Jahre der Arbeiterbewegung an. Sein anläßlich des 25. Jahrestags des Berliner Volksaufstands entstandenes Gedicht »Achtzehnter März« deutet die bürgerliche Revolution als proletarischen Emanzipationskampf; der Dichter bezog – unausgesprochen – auch den Kommuneaufstand des Pariser Proletariats ein, der am gleichen Tag (1871) ausgebrochen war. Im Gegensatz zu Ferdinand Freiligrath machte Herwegh niemals seinen Frieden mit den konservativen Mächten, die die Revolution bezwungen hatten. Ebensowenig war der neuerrichtete Obrigkeitsstaat, das ›Reich der Reichen‹ geneigt, jenen zu verzeihen, die sich gegen die bestehende Ordnung aufgelehnt hatten; ihr Andenken sollte ausgelöscht werden. Als nach einem Vierteljahrhundert Freunde und Gesinnungsgenossen den in Rastatt Erschossenen einen gemeinsamen Grabstein setzen wollten, wurde ihr Ansuchen vom Gouverneur abgelehnt.

Zeittafel

1847

April	Brotkrawalle und ›Kartoffelkrieg‹ in Berlin.
Sommer	Ausbruch der allgemeinen Wirtschafts-, Handels- und Agrarkrise in Europa. Gründung des Bundes der Kommunisten.
10. September	Offenburger Programm der südwestdeutschen Demokraten.
10. Oktober	Heppenheimer Programm der südwestdeutschen Liberalen.
November	Sonderbundskrieg in der Schweiz; Sieg der liberalen Kantone über die katholischen.

1848

Februar	Erscheinen des *Kommunistischen Manifests*.
22. Februar	Ausbruch der Revolution in Paris.
25. Februar	Sturz des Königs Louis Philippe und Ausrufung der Republik in Frankreich.
Ende Februar/Anfang März	Volksversammlungen in Mannheim, Heidelberg, Köln und anderen Städten sowie Anträge oppositioneller Politiker in den badischen und hessischen Ständeparlamenten fordern Umgestaltung des Deutschen Bundes, gesamtdeutsche Volksvertretung und Gewährung bürgerlicher Freiheiten.
3. März	Beschluß des Frankfurter Bundestages über die Aufhebung der Zensur.
5. März	51 Persönlichkeiten aus verschiedenen deutschen Teilstaaten rufen in Heidelberg zur Wahl von Vertrauensmännern und Vorbereitung einer Nationalvertretung auf; Einsetzung eines Siebener-Ausschusses.
6. März	Nach Demonstrationen und Straßenkämpfen in München verspricht Ludwig I. von Bayern politische Reformen und Freiheiten.

9. März	Beschluß des Frankfurter Bundestags über Einführung der Farben Schwarz-Rot-Gold.
10. März	Bundesbeschluß über Berufung von Männern des allgemeinen Vertrauens.
Anfang März	Einsetzung von ›Märzministerien‹ in Sachsen, Hannover, den beiden Hessen, Württemberg, Baden und anderen Teilstaaten.
11. März	Petition liberaler Landtagsabgeordneter des Rheinlands an Friedrich Wilhelm IV. von Preußen.
12. März	Einladung des Siebener-Ausschusses an Ständedeputierte (später auch an politische Emigranten), am 30. März in Frankfurt zu Beratungen über eine nationale Volksvertretung zusammenzukommen.
13. März	Revolution in Wien. Sturz und Flucht des Kanzlers Metternich.
14. März	Errichtung einer Wiener Nationalgarde, Verkündung der Pressefreiheit in Österreich.
16. März	Aufhebung der Zensur in Sachsen.
17. März	Aufhebung der Zensur in Preußen.
18. März	Massendemonstration in Berlin; Ausbruch von Straßenkämpfen, Volksaufstand. Ministerium Graf Arnim in Preußen.
19. März	Abzug der Truppen aus Berlin. Proklamation Friedrich Wilhelms IV. Gewährung der Bürgerbewaffnung. Volksversammlung in Offenburg; Friedrich Hecker und Gustav von Struve rufen zur Bildung demokratischer Vereine auf.
20. März	Befreiung von verurteilten Polen aus den Gefängnissen; Amnestie für politische Gefangene in Preußen. Abdankung Ludwigs I. von Bayern; sein Nachfolger wird Maximilian II.
21. März	Aufruf Friedrich Wilhelms IV. »An mein Volk und die deutsche Nation«.
22. März	Proklamation Friedrich Wilhelms IV. über politische Reformen und die Einberufung einer Volksvertretung.

22. März	Bestattung der Märzgefallenen; Gründung des Berliner Politischen Klubs (später ›Demokratischer Klub‹).
24. März	Nach der Verkündung der Einverleibung Schleswigs in Dänemark Bildung einer Provisorischen Regierung in Schleswig-Holstein.
26. März	Volksversammlung in Heidelberg; Forderung eines freigewählten gesamtdeutschen Parlaments und einer ›nordamerikanischen Verfassung‹ (d. h. einer Föderativrepublik).
29. März	Aufruf des Nationalausschusses der Deutschen in der Schweiz zur Errichtung einer deutschen Republik. Ministerium Camphausen-Hansemann in Berlin.
30. März	Wiedereinrücken von Truppen in Berlin. Beginn der Feindseligkeiten in Schleswig.
30. März–3. April	Tagung des Vorparlaments in Frankfurt.
31. März	Heckers Antrag, das Vorparlament in Permanenz zu erklären, wird von der Mehrheit abgelehnt; ebenso Struves republikanische Forderungen. Einsetzung eines Fünfziger-Ausschusses.
2. April	Der Frankfurter Bundestag setzt alle seit 1819 erlassenen Ausnahmegesetze gegen demokratische Bestrebungen (Karlsbader Beschlüsse u. a.) außer Kraft.
4. April	Rücktritt des österreichischen Ministeriums Kolowrat; an seine Stelle tritt Ficquelmont.
5. April	Verkündung der revolutionären Forderungen der kommunistischen Partei durch Karl Marx und Friedrich Engels. Aufruf des Mainzer Arbeiterbildungsvereins.
6. April	Verkündung von politischen Reformen in Preußen.
7. April	Bundestagsbeschluß über die Wahl der deutschen Nationalversammlung. Programm und Wahlmanifest des neugegründeten Deutschen Vereins in Sachsen.
12. April	Beginn des ersten badischen Aufstands; Aufruf Heckers und Struves im Namen der republikanischen provisorischen Regierung (in Konstanz).

17. April	Aufruf der Maschinenbau-Arbeiter an die Berliner Bürger.
20. April	Gefecht bei Kandern zwischen den republikanischen Freischaren Heckers und Struves und badischen Truppen; Niederlage der Republikaner.
21. April	Ernennung des preußischen Generals Wrangel zum Oberbefehlshaber in Schleswig-Holstein. Erklärung des österreichischen Ministeriums Ficquelmont, die Sonderstellung Österreichs in einem künftigen gesamtdeutschen Staatswesen in jedem Fall beizubehalten.
24. April	Georg Herweghs republikanische ›Deutsche Legion‹ überquert den Rhein, um Heckers Freischaren zu Hilfe zu kommen; Niederlage bei Dossenbach (27. April), Ende des ersten badischen Aufstands.
25. April	Oktroyierung einer antidemokratischen Verfassung für die Habsburgermonarchie.
Ende April	Wahlaufrufe von Vereinen verschiedener politischer Couleur in allen Teilstaaten des Deutschen Bundes.
27.–30. April	Bewaffnete Zusammenstöße republikanischer Aufständischer mit bayerischen und hessischen Truppen in Mannheim.
1. Mai	Gleichzeitige Wahl der deutschen Nationalversammlung in Frankfurt und der preußischen Nationalversammlung in Berlin.
2. Mai	Aufnahme eines Teils des Großherzogtums Posen in den Deutschen Bund; Kämpfe gegen polnische Aufständische. Einmarsch preußischer Truppen in Dänemark.
4. Mai	Eröffnung der Konstituierenden Versammlung in Paris (gewählt am 23. März). Rücktritt des österreichischen Ministeriums Ficquelmont; Pillersdorf bildet eine neue Regierung.
14. Mai	Bewaffnete Volksversammlung am Schönhauser Tor in Berlin.
15. Mai	Massendemonstration in Paris. Demokratische Erhebung in Wien gegen die Auflösung des politischen Zentralkomitees der National-

	garde und für die Einberufung eines nach allgemeinem und gleichem Wahlrecht gewählten Reichstags. Zurückziehung der am 25. April oktroyierten Verfassung durch die Regierung.
16. Mai	Flucht Kaiser Ferdinands nach Innsbruck (Rückkehr nach Wien 12. August).
18. Mai	Auflösung des Fünfziger-Ausschusses. Zusammentritt der deutschen Nationalversammlung in der Frankfurter Paulskirche. Aufrufe der Wiener Nationalgarde und der Akademischen Legion an die Arbeiter.
21./22. Mai	Blutige Zusammenstöße zwischen der Bürgergarde und Soldaten der preußischen Garnison in Mainz.
22. Mai	Eröffnungssitzung der Preußischen Nationalversammlung in Berlin.
26. Mai	Nach einem Dekret über die Auflösung der demokratischen Akademischen Legion Demonstrationen und Barrikadenkämpfe in Wien; Einsetzung eines demokratischen Sicherheitsausschusses.
28. Mai	Anträge von Wilhelm Schulz in der Frankfurter Nationalversammlung zur sofortigen Schaffung eines dem Parlament unterstellten Volksheeres, zur Ausgabe von Staatsschuldscheinen, zur progressiven Besteuerung und anderer volkswirtschaftlicher und militärischer Maßnahmen.
1. Juni	Beginn des Erscheinens der *Neuen Rheinischen Zeitung* in Köln unter der Redaktion von Karl Marx.
3. Juni	Eröffnung des Slawenkongresses in Prag.
Anfang Juni	Beginn der Offensive Feldmarschall Radetzkys gegen piemontesische Truppen.
7. Juni	Rückkehr von Prinz Wilhelm nach Berlin (Flucht 19. März nach England); Zeichen des Erstarkens der preußischen Reaktion.
12. Juni	Manifest des Slawenkongresses an die Völker Europas.
13. Juni	Ausbruch des Prager Volksaufstandes; Bombardierung der Stadt durch die Truppen von Feldmarschall Windischgrätz (Kapitulation Prags am 17. Juni).

14. Juni	Sturm auf das Zeughaus in Berlin.
14.–17. Juni	Kongreß der deutschen demokratischen Republikaner in Frankfurt (Erster Demokratischer Kongreß).
18./19. Juni	Berliner Kongreß der Handwerker- und Arbeitervereine.
Mitte Juni	Programm des zentralen Wahlkomitees für den Österreichischen Reichstag; Wahlen in der Habsburgermonarchie, außer in den Königreichen Ungarn und Lombardo-Venetien.
20. Juni	Rücktritt des Ministeriums Camphausen in Preußen, Bildung des Ministeriums Auerswald-Hansemann.
22. Juni	Ankündigung der Schließung der Nationalwerkstätten in Paris; Beginn des Arbeiteraufstandes.
24. Juni	Übertragung der diktatorischen Gewalt auf General Cavaignac; blutige Barrikadenkämpfe (3000 Tote) bis 26. Juni. Niederlage der Arbeiter; Ernennung Cavaignacs zum Chef der Exekutive (28. Juni). Negative Auswirkungen auf die revolutionäre Bewegung in Mitteleuropa.
28. Juni	Beschluß der Frankfurter Nationalversammlung über die Einsetzung einer provisorischen Zentralgewalt.
29. Juni	Wahl Erzherzog Johanns zum Reichsverweser, als unverantwortliches Oberhaupt für Deutschland.
1. Juli	Protest der Äußersten Linken (Fraktion Donnersberg) gegen die Wahl des Reichsverwesers.
5. Juli	Eröffnungssitzung der ungarischen Nationalversammlung in Budapest (Wahl Anfang Juni). Beginn der Debatte über die Grundrechte des deutschen Volkes in der Frankfurter Nationalversammlung.
7. Juli	Beginn der Beratungen über Wehrangelegenheiten im Frankfurter Parlament. Beschluß der Erhöhung des Heereskontingentes für die Einzelstaaten und allgemeine Wehrpflicht. Ablehnung des Antrags von Wilhelm Schulz vom 28. Mai auf Errichtung eines dem Parlament unterstellten Reichsheeres (Abstimmung 15. Juli).

8. Juli	Kabinettsumbildung in Österreich; an die Stelle Pillersdorfs tritt Wessenberg als Premierminister.
12. Juli	Übertragung der Befugnisse des Frankfurter Bundestages auf die provisorische Zentralgewalt.
15. Juli	Kundmachung des Reichsverwesers Johann über die Bildung eines vorläufigen Reichsministeriums unter dem Vorsitz des Österreichers Anton von Schmerling.
22. Juli	Eröffnungssitzung des Österreichischen Reichstages in Wien.
24.–27. Juli	Polendebatte in der Frankfurter Nationalversammlung. Negierung der Beschlüsse des Vorparlaments auf Wiederherstellung eines selbständigen polnischen Staates; die Äußerste Linke (Fraktion Donnersberg) verwahrt sich gegen die antipolnische Resolution (27. Juli).
25. Juli	Sieg der Truppen Radetzkys über die piemontesische Armee bei Custozza; Stärkung der Habsburgermonarchie.
Ende Juli	Ferdinand Freiligrath, Mitarbeiter der *Neuen Rheinischen Zeitung* in Köln, ruft in seinem Gedicht »Die Todten an die Lebenden« dazu auf, »die halbe Revolution zur ganzen zu machen«.
31. Juli	Blutige Zusammenstöße zwischen Garnison und Bürgerwehr in Schweidnitz.
6. August	Einzug der Truppen Radetzkys in Mailand.
8. August	Protest der konservativen Wiener Innungen gegen die Gewährung der Gewerbefreiheit.
9. August	Waffenstillstand zwischen Piemont-Sardinien und Österreich.
13./14. August	Rheinischer Demokratenkongreß unter Teilnahme von Marx und Engels.
21.–23. August	Arbeiterunruhen in Wien wegen Lohnkürzungen bei öffentlichen Arbeiten; blutige Niederschlagung des Aufstandes durch die bürgerliche Nationalgarde.

22. August	Der in Frankfurt seit dem 20. Juli tagende Allgemeine Arbeiterkongreß ruft zur Errichtung eines »sozialen Parlaments« auf (Ende der Kongreßtagungen 20. September).
23. August–3. September	Allgemeiner Arbeiterkongreß in Berlin. Gründung der Arbeiterverbrüderung (Stephan Born). Manifest des Arbeiterkongresses an die Frankfurter Nationalversammlung über die Notwendigkeit sozialer Reformen (2. September).
24. August	Selbstauflösung des Wiener Sicherheitsausschusses.
26. August	Abschluß des Waffenstillstands zwischen Preußen und Dänemark in Malmö; Preisgabe nationaler Interessen in Schleswig-Holstein.
7. September	Beschluß des österreichischen Reichstags auf Antrag des Abgeordneten Hans Kudlich, die Untertänigkeitsverhältnisse der Bauern ohne Entschädigung und die Ablösung der Dienste und Abgaben gegen Entschädigung aufzuheben.
8. September	Rücktritt des preußischen Ministeriums Auerswald-Hansemann.
13. September	Ernennung des Generals Wrangel zum Oberkommandierenden sämtlicher Truppen in den Marken. Volksversammlung in Köln.
16. September	Bestätigung des Waffenstillstands von Malmö durch die Frankfurter Nationalversammlung; Krise im Reichskabinett wegen dieser Kapitulation vor Preußen.
17. September	Massenversammlung in Worringen bei Köln für eine demokratische und soziale Republik; Zusage der Unterstützung der Nationalversammlung im Falle des Konflikts mit Preußen.
17./18. September	Volksaufstand in Frankfurt wegen der Annahme des Malmöer Waffenstillstands; Barrikadenkämpfe, Verkündung des Belagerungszustands; Sieg der Zentralgewalt.
21. September	Ausrufung der deutschen Republik in Lörrach durch Gustav von Struve; zweiter badischer Aufstand.

22. September	Bildung des Ministeriums Pfuel in Preußen. Proklamation der Fraktion Donnersberg an das deutsche Volk; Protest gegen die Akzeptierung des Malmöer Waffenstillstands.
24. September	Gefecht bei Staufen; Sieg badischer Truppen über die republikanischen Freischärler Struves.
25. September	Volksunruhen in Köln im Zusammenhang mit der Schleswig-Holstein-Krise; Barrikadenbau.
26. September	Ausrufung des Belagerungszustandes in Köln; zeitweiliges Verbot der demokratischen Vereine und der *Neuen Rheinischen Zeitung*.
3. Oktober	Freispruch Ferdinand Freiligraths durch ein Düsseldorfer Schwurgericht von der Anklage, durch sein Gedicht »Die Todten an die Lebenden« zu Gewalttaten aufgereizt zu haben.
6. Oktober	Volksaufstand in Wien, um den Ausmarsch von Truppen an die Front gegen die ungarischen Revolutionäre zu verhindern; Ermordung des Kriegsministers Latour.
7. Oktober	Flucht Kaiser Ferdinands nach Olmütz; Neukonstituierung des Wiener Gemeinderats; Organisierung der Volksbewaffnung; Einsetzung des Zentralkomitees der demokratischen Vereine als revolutionäres Vollzugsorgan.
8. Oktober	Arbeiterdemonstration in Düsseldorf unter Führung Ferdinand Lassalles im Zusammenhang mit Freiligraths Prozeß.
12. Oktober	Ernennung Cäsar Wenzel Messenhausers zum Oberkommandierenden der revolutionären Nationalgarde in Wien. Beginn der Verfassungsberatungen in der preußischen Nationalversammlung in Berlin.
16. Oktober	Manifest Kaiser Ferdinands »An meine Völker!« Appell des revolutionären Wiener Studentenausschusses an die Bauern um Beistand. Marx übernimmt provisorisch die Präsidentschaft des Kölner Arbeitervereins. Unruhen in Berlin: Demission des Ministeriums Pfuel.

17. Oktober	Eine Deputation der Linken der Frankfurter Nationalversammlung gelangt nach Wien (Robert Blum, Albert Trampusch, Julius Fröbel, Moritz Hartmann).
20. Oktober	Beginn der Belagerung Wiens durch die Truppen von Windischgrätz und Jellačić.
22. Oktober	Antwort Messenhausers auf den Appell von Windischgrätz.
23. Oktober	Aufruf des Zentralausschusses der Wiener demokratischen Vereine. Beginn des Angriffs der konterrevolutionären Truppen auf Wien; Kampfaufruf des Wiener ›Radikalen‹ (25. Oktober).
26.–30. Oktober	Zweiter Demokratenkongreß in Berlin; Aufrufe zur Rettung der Wiener Revolution.
30. Oktober	Kapitulation der Wiener Revolutionäre. Schlacht bei Schwechat zwischen kaiserlichen und revolutionären ungarischen Truppen; Rückzug der Ungarn.
31. Oktober	Niederlage der Wiener Revolution.
1. November	Proklamation von Feldmarschall Windischgrätz. Bildung des Ministeriums Brandenburg in Preußen.
8. November	Staatsstreich in Preußen; Verlegung der preußischen Nationalversammlung nach Brandenburg.
9. November	Standrechtliche Erschießung Robert Blums in Wien unter Mißachtung seiner parlamentarischen Immunität. – Proteste der preußischen Nationalversammlung und des Konstitutionellen Klubs in Berlin gegen den konterrevolutionären Staatsstreich.
10. November	General Wrangel rückt mit 40 000 Soldaten in Berlin ein; Auflösung der Bürgerwehr.
12. November	Verhängung des Belagerungszustandes in Berlin.
15. November	Beschluß der Steuerverweigerung durch die preußische Nationalversammlung. Suspension von Presseorganen.
16. November	Hinrichtung des Kommandanten der revolutionären Nationalgarde während des Wiener Oktoberaufstands, Cäsar Wenzel Messenhauser (in den

	folgenden Tagen auch Hinrichtung anderer Demokraten).
Mitte November	Konstituierung einer gesamtdeutschen demokratischen Organisation, des Zentralmärzvereins, in Frankfurt.
18. November	Aufruf des Kreisausschusses der Rheinischen Demokraten zur Steuerverweigerung, zur Organisierung des bewaffneten Landsturms und zur Bildung von revolutionären Sicherheitsausschüssen.
27. November	Wiedereröffnung der preußischen Nationalversammlung in der Provinzstadt Brandenburg. Wiedereröffnung des österreichischen Reichstags in Kremsier (in Mähren). Programmatische Erklärung des seit 1. November amtierenden Ministerpräsidenten Schwarzenberg über einen zentralistisch regierten österreichischen Gesamtstaat.
2. Dezember	Abdankung Kaiser Ferdinands von Österreich; sein Nachfolger Franz Joseph.
5. Dezember	Auflösung der preußischen Nationalversammlung; Oktroyierung einer Verfassung.
10. Dezember	Präsidentschaftswahlen in Frankreich; Louis Napoleon zum Präsidenten gewählt.
15. Dezember	Rücktritt Anton von Schmerlings als Ministerpräsident der Frankfurter Zentralgewalt; sein Nachfolger Heinrich von Gagern.
Mitte Dezember	Offensive österreichischer Truppen gegen die ungarische Revolutionsarmee.

1849

5. Januar	Einnahme von Budapest durch die Österreicher; Evakuierung der ungarischen Nationalversammlung nach Debreczin.
22. Januar	Wahlen für die preußische Volksvertretung (Zweite Kammer) nach indirektem, gleichem Wahlrecht, und für die Ständevertretung (Erste Kammer) nach indirektem, ungleichen Wahlrecht, laut der oktroyierten Verfassung vom 5. Dezember.
23. Januar	Preußische Zirkularnote über die Errichtung eines Kleindeutschen Bundes unter preußischer Führung.

23. Februar	Kündigung des Waffenstillstands von Malmö durch Dänemark.
2. März	Beschluß der Frankfurter Nationalversammlung, in die Reichsverfassung das allgemeine, gleiche und geheime Wahlrecht aufzunehmen.
4. März	Auflösung des österreichischen Reichstags von Kremsier; Oktroyierung einer Verfassung für den gesamten Habsburgerstaat.
8. März	Projekt des österreichischen Premierministers Schwarzenberg, die gesamte Habsburgermonarchie in den Reichsverband aufzunehmen.
12. März	Antrag des Abgeordneten Carl Welcker in der Frankfurter Nationalversammlung auf en-bloc-Annahme der Reichsverfassung (abgelehnt am 21. März). Kündigung des österreichisch-piemontesischen Waffenstillstandes.
23. März	Schlacht bei Novara; Sieg der österreichischen Truppen unter Radetzky über Piemont.
26. März	Erneuerung des Waffenstillstands zwischen Piemont und Österreich.
27. März	Annahme des Erbkaisertums durch die Frankfurter Nationalversammlung.
28. März	Wahl Friedrich Wilhelms IV. zum Erbkaiser; amtliche Verkündung der Reichsverfassung.
3. April	Empfang der Frankfurter Delegation in Berlin; Angebot der Kaiserkrone und ihre Zurückweisung durch den preußischen König.
5. April	Abberufung der österreichischen Abgeordneten aus der Frankfurter Nationalversammlung.
12. April	Verkündung des in Frankfurt ausgearbeiteten Reichswahlgesetzes.
14. April	Anerkennung der Reichsverfassung und der Kaiserwahl durch 28 kleine Teilstaaten in einer Kollektivnote. Beschluß der ungarischen Nationalversammlung über die Unabhängigkeit Ungarns und Absetzung der Habsburgerdynastie.

21. April	Anerkennung der Reichsverfassung durch die Zweite preußische Kammer.
26. April	Auflösung der preußischen Zweiten Kammer durch die preußische Regierung.
29. April	Rückeroberung Budapests durch die ungarische Revolutionsarmee.
2. Mai	Russisch-österreichisches Abkommen über militärische Intervention Rußlands in Ungarn; Beginn der russischen Invasion (5. Mai).
3. Mai	Bitte König Friedrich Augusts von Sachsen um militärisches Eingreifen Preußens; seine Flucht aus Dresden (4. Mai); Beginn des Dresdner Aufstands. Bildung von Landesverteidigungsausschüssen in der Pfalz und im Rheinland zur Durchsetzung der Reichsverfassung.
4. Mai	Aufforderung der Frankfurter Nationalversammlung zur Durchsetzung der Reichsverfassung.
6. Mai	Aufruf des Zentralmärzvereins an die deutschen Soldaten zum Kampf für die Reichsverfassung.
7. Mai	Endgültige Ablehnung der Frankfurter Beschlüsse durch die preußische Regierung.
8. Mai	Widerstandserklärung des Kongresses rheinischer Gemeinderäte gegen die preußische Regierung.
9. Mai	Eroberung Dresdens durch preußisch-sächsische Truppen; Zusammenbruch des sächsischen Aufstands. Beginn der Erhebung der revolutionären Landwehr in Elberfeld und anderen rheinisch-westfälischen Städten; blutige Barrikadenkämpfe, Verhängung des Belagerungszustands (16. Mai).
10. Mai	Wirkungsloser Protest der Frankfurter Nationalversammlung gegen die Unterdrückung des sächsischen Aufstands. Rücktritt des Reichsministeriums Gagern; Bildung des Kabinetts Grävell-Detmold (14. Mai).
14. Mai	Kampfaufruf der Elberfelder Aufständischen. Abberufung der preußischen Abgeordneten aus der Frankfurter Nationalversammlung.

17. Mai	Niederwerfung des Elberfelder Aufstands durch die preußischen Truppen. Bildung einer provisorischen Revolutionsregierung in der Pfalz.
19. Mai	Proklamation zu Beginn der badischen Reichsverfassungskampagne (dritter badischer Aufstand). Letzte Nummer der *Neuen Rheinischen Zeitung*.
26. Mai	Tagesbefehl des Generalkommandos der revolutionären Volkswehr in Baden. Aufruf der Frankfurter Nationalversammlung an das deutsche Volk. Dreikönigsbündnis zwischen Preußen, Sachsen und Hannover: Bildung einer Staatenunion unter preußischer Führung. Friedensschluß zwischen Österreich und Piemont-Sardinien in Mailand.
30. Mai	Einführung des Dreiklassenwahlrechts in Preußen.
31. Mai	Beschluß der Frankfurter Nationalversammlung, ihren Sitz nach Stuttgart zu verlegen; Aufnahme der dortigen Sitzungen 6. Juni.
6. Juni	Einsetzung einer Reichsregentschaft durch das Stuttgarter Rumpfparlament.
10. Juni	Eröffnung der badischen konstituierenden Landesversammlung.
13. Juni	Niederlage der Demokraten in Paris. Beginn der preußischen Intervention in der Pfalz.
15. Juni	Beginn der russischen Großoffensive gegen die ungarischen Revolutionäre. Besetzung Mannheims durch preußische Truppen.
16. Juni	Absetzung des Reichsverwesers Johann durch das Stuttgarter Rumpfparlament.
17. Juni	Schreiben Friedrich Römers, des württembergischen Innenministers an Wilhelm Loewe-Calbe, den Präsidenten des Rumpfparlaments, über die Auflösung der Nationalversammlung.
18. Juni	Sprengung des Rumpfparlaments durch württembergische Truppen.

Ende Juni	Gefechte bei Ladenburg, Wiesenthal, Waghäusel, Bruchsal, Durlach und an der Murg zwischen der badischen Revolutionsarmee und preußischen Truppen; Waffenruf badischer Freiheitskämpfer.
28. Juni	Zusammenbruch der Revolutionsregierung in Karlsruhe. Tagung der Erbkaiserpartei in Gotha; Verkündung ihres Programms.
1. Juli	Beginn der Belagerung der Festung Rastatt durch preußische Truppen.
Anfang Juli	Rückzug der badisch-pfälzischen Revolutionsarmee (etwa 6000 Mann) in die Schweiz; Flucht der meisten Mitglieder des Stuttgarter Rumpfparlaments.
23. Juli	Kapitulation der in Rastatt eingeschlossenen revolutionären Truppen (etwa 5600 Mann).
Anfang August	Standgerichtsurteile gegen deutsche Revolutionäre; Vollziehung von 28 Todesurteilen in Rastatt, Freiburg und Mannheim (bis Oktober).
6. August	Unterzeichnung des Mailänder Friedens zwischen Österreich und Piemont-Sardinien.
11. August	Rücktritt Ludwig Kossuths als Gouverneur Ungarns.
13. August	Kapitulation der ungarischen Revolutionsarmee bei Vilagos.
22. August	Kapitulation der Revolutionäre in Venedig.
6. Oktober	Hinrichtung von 13 Generälen der ungarischen Revolutionsarmee.

1850

2. Juli	Frieden von Berlin zwischen Preußen und Dänemark.
24. Juli	Preußen räumt Schleswig.
29. November	Konvention von Olmütz zwischen Preußen und Österreich.

1851

2. Dezember	Staatsstreich Louis Bonapartes in Frankreich.
31. Dezember	Aufhebung der oktroyierten Verfassung vom 4. März 1849 in Österreich; Rückkehr zum unverhüllten Absolutismus.

Editorische Notiz

Die vorliegende Dokumentation ist eine Auswahl aus der Quellensammlung, die ich 1980 in der Nymphenburger Verlagshandlung, München, herausgegeben habe. Sie versucht – soweit es der zur Verfügung stehende Raum ermöglicht –, den Benutzer in die vielschichtige und weitgefächerte Problematik einzuführen und über die Einstellung der verschiedenen Klassen, Gruppen und bedeutenden Persönlichkeiten zu sozialen, konstitutionellen und nationalen Fragen zu informieren. Dabei habe ich auf Ausgewogenheit der politischen Positionen geachtet. Konservative Machtträger, konstitutionelle Liberale, gemäßigte Republikaner, radikale Republikaner und Sprecher der proletarischen Unterschichten kommen alle zu Wort; Marx und der Kommunistenbund sind mit den wichtigsten Texten enthalten.

Die Sammlung legt das Schwergewicht auf innenpolitische und soziale Probleme, die die Bevölkerung am meisten beschäftigten. Die Texte stammen aus allen Phasen der Revolution, vom ersten Aufbegehren des Proletariats bis zu den Standgerichtsurteilen nach der gescheiterten Reichsverfassungskampagne. Sie sind allen Teilen des deutschsprachigen Raums entnommen, in denen die Revolution aufflammte, wobei die drei Brennpunkte Frankfurt, Berlin und Wien am stärksten berücksichtigt sind. Außerparlamentarische Volksbewegungen, die die Revolution sozial vertiefen und vorantreiben wollten, die Arbeiter- und Handwerkerkongresse, die demokratischen Klubs kommen zu Wort. Die Revolutionszeit von 1848 erlebte eine Blüte politischer Dichtung; diese wird mit dem berühmtesten Gedicht der Erhebung, Ferdinand Freiligraths »Die Todten an die Lebenden«, dokumentiert. Den Anträgen des Darmstädter Abgeordneten in der Frankfurter Paulskirche, Wilhelm Schulz, gebührt besonderes Interesse, weil diese Forderungen, wären sie von der Versammlungsmehrheit akzeptiert worden, das Scheitern der Revolution verhindert hätten.

Die ausführliche Zeittafel soll die Orientierung erleichtern und setzt die abgedruckten Dokumente in den exakten zeitgeschichtlichen Kontext. Aus der reichen Literatur über die Revolution sind die wichtigsten Quellenwerke und Spezialuntersuchungen in die Bibliographie aufgenommen. Die ältere Literatur findet sich ziemlich vollständig in der bisher umfassendsten – wenn auch teilweise überholten – Darstellung Veit Valentins *Geschichte der deutschen Revolution von 1848–1849* (1930/31, unveränd. Neuaufl. 1970). Gute Literaturverzeichnisse enthalten die Arbeiten von Manfred Botzenhart und Günter Wollstein sowie – für Österreich – die aufschlußreiche Studie Wolfgang Häuslers *Von der Massenarmut zur Arbeiterbewegung*.

Da die Dokumentation kein Lehrbuch ersetzen soll, sind die Kommentare knapp gehalten. Die Dokumente sind meist vollständig wiedergegeben; die Auslassungen betreffen Stellen, die heute keine Aufmerksamkeit mehr beanspruchen.

Auf einige Forschungslücken soll hingewiesen werden. Wichtig wäre eine vergleichende Darstellung der großstädtischen Massenbewegungen in Wien und Berlin sowie eine komparative Untersuchung der demokratischen Bewegungen in Deutschland, Österreich und anderen Ländern. In den Archiven der Schweiz, Frankreichs, Englands und der Vereinigten Staaten ist noch viel wissenschaftliches Neuland über die Lebensschicksale und die politischen Beziehungen zahlreicher vertriebener Revolutionäre zu entdecken. Als Fernziel wäre eine weitausgreifende sozial- und ideengeschichtliche Darstellung ins Auge zu fassen, die Veit Valentins Standardwerk aufgrund der neuerschlossenen Quellen und mittels neuer Forschungsmethoden ersetzt. Dazu ist interdisziplinäre und internationale Zusammenarbeit von Wissenschaftlern unerläßlich.

Quellennachweis

Die Dokumente des vorliegenden Bandes werden nach den angegebenen Druckvorlagen (D) zitiert und sind folgenden Bibliotheken, Quellensammlungen und Publikationen entnommen:

Blos, Wilhelm: Die Deutsche Revolution. Geschichte der Deutschen Bewegung von 1848 und 1849. Illustriert von Otto E. Lau. Stuttgart: I. H. W. Dietz, 1893.

Fenske, Hans (Hrsg.): Vormärz und Revolution 1840–1849. Darmstadt: Wissenschaftliche Buchgesellschaft, 1976. (Quellen zum politischen Denken der Deutschen im 19. und 20. Jahrhundert. Freiherr-vom-Stein-Gedächtnis-Ausgabe. Bd. 4.)

Fickler, C. B. A.: In Rastatt 1849. Rastatt: Verlag von H. Kronenwerth, W. Hanemann's Buchhandlung, ²1899.

Freiligrath, Ferdinand: Neuere politische und soziale Gedichte. H. 1. Köln: Selbstverlag des Verfassers / St. Louis (Flor.): Schuster, 1849.

Grab, Walter (Hrsg.): Die Revolution von 1848/49. Eine Dokumentation. 131 Dokumente und eine Zeittafel. München: Nymphenburger Verlagsanstalt, 1980.

Hessische Landes-Hochschulbibliothek, Darmstadt.

Herwegh, Georg: Werke in drei Teilen. Hrsg., mit Einl. und Anm. vers. von Hermann Tardel. Tl. 3: Neue Gedichte. Berlin [u. a.]: Deutsches Verlagshaus Bong & Co., [1909].

Hildebrandt, Gunther: Parlamentsopposition auf Linkskurs. Die kleinbürgerlich-demokratische Fraktion Donnersberg in der Frankfurter Nationalversammlung 1848/49. Berlin: Akademie-Verlag, 1975.

Huber, Ernst Rudolf (Hrsg.): Dokumente zur deutschen Verfassungsgeschichte: Bd. 1: Deutsche Verfassungsdokumente 1803–1850. 3., neubearb. und verm. Aufl. Stuttgart [u. a.]: W. Kohlhammer, 1978.

Klein, Tim (Hrsg.): 1848. Der Vorkampf deutscher Einheit und Freiheit. Erinnerungen, Urkunden, Berichte, Briefe. Ebenhausen-München / Leipzig: Wilhelm Langewiesche-Brandt, 1914.

Mellach, Kurt (Hrsg.): 1848: Protokolle einer Revolution. Eine Dokumentation. Eingel. von Gerhard Fritsch. Wien/München: Verlag Jugend & Volk, 1968.

Neue Rheinische Zeitung, Nr. 136, 7. November 1848. – Nr. 170, 16. Dezember 1848.

Obermann, Karl (Hrsg.): Einheit und Freiheit. Die deutsche Geschichte von 1815 bis 1849 in zeitgenössischen Dokumenten dargest. und eingel. von K. O. Berlin: Dietz, 1950.

– (Hrsg.): Flugblätter der Revolution. Eine Flugblattsammlung zur Geschichte der Revolution von 1848/49 in Deutschland. Berlin: Deutscher Verlag der Wissenschaften, 1970.

Otruba, Gustav: Wiener Flugschriften zur Sozialen Frage. Bd. 1: Arbeiterschaft, Handwerk und Handel. Wien [u. a.]: Europaverlag, 1978.

Der Radikale, Nr. 97, 9. Oktober 1848. – Nr. 110, 25. Oktober 1848.

Ranke, Leopold von: Aus dem Briefwechsel Friedrich Wilhelms IV. mit Bunsen. Leipzig: Duncker & Humblot, 1873.

Sauer, Paul: Revolution und Volksbewaffnung. Die württembergischen Bürgerwehren im 19. Jahrhundert, vor allem während der Revolution von 1848/49. Ulm: Süddeutsche Verlagsgesellschaft, 1976.

Steiner, Herbert: Karl Marx in Wien. Die Arbeiterbewegung zwischen Revolution und Restauration 1848. Wien [u. a.]: Europaverlag, 1978.

Auswahlbibliographie

Quellen

(Aktenpublikationen, Protokolle, Dokumentationen, Briefsammlungen, Memoiren, Augenzeugenberichte, Tagebücher, zeitgenössische Darstellungen)

Angerstein, Wilhelm (Hrsg.): Die Berliner Märzereignisse im Jahre 1848 nebst vollständigem Revolutionskalender, Aktenstücken, Berichten von Augenzeugen. Zur Feststellung der Wahrheit und als Entgegnung wider die Angriffe der reaktionären Presse. Leipzig 1864.
Bamberger, Ludwig: Erlebnisse aus der pfälzischen Erhebung im Mai und Juni 1849. Frankfurt a. M. 1849.
– Erinnerungen. Hrsg. von Paul Nathan. Berlin 1899.
Bassermann, Daniel: Denkwürdigkeiten. Hrsg. v. F. V. Bassermann-Jordan. Frankfurt a. M. 1926.
Bauer, Bruno: Der Untergang des Frankfurter Parlaments. Geschichte der deutschen konstituierenden Nationalversammlung. Berlin 1849. Neudr. 1970.
Bergsträsser, Ludwig (Hrsg.): Das Frankfurter Parlament in Briefen und Tagebüchern. Ambrosch, Rümelin, Hallbauer, Blum. Frankfurt a. M. 1929.
Biedermann, Karl: Erinnerungen aus der Paulskirche. Leipzig 1849.
Biographische Umrisse der Mitglieder der deutschen konstituierenden Nationalversammlung zu Frankfurt a. M. nach authentischen Quellen. Frankfurt a. M. 1848.
Bleich, E. (Hrsg.): Die Verhandlungen der Versammlung zur Vereinbarung der preußischen Staatsverfassung. 2 Bde. Berlin 1848–59.
Blum, Robert: Briefe und Dokumente. Hrsg. von Siegfried Schmidt. Leipzig 1981.
Boldt, Werner: Die Anfänge des deutschen Parteiwesens. Fraktionen, politische Vereine und Parteien in der Revolution 1848. Darstellung und Dokumentation. Paderborn 1971.
Born, Stephan: Erinnerungen eines Achtundvierzigers. Leipzig 1898. Neudr. Berlin/Bonn 1978.
Carl, Adolph [Pseud. von Adolf Streckfuss]: Das freie Preußen! Ge-

schichte des Berliner Freiheitskampfes vom 18. März 1848 und seiner Folgen. 3 Bde. Berlin 1848–49.
D'Ester, Karl: Der Kampf der Demokratie und des Absolutismus in der Preußischen konstituierenden Versammlung 1848. Mannheim 1849.
Droysen, Johann Gustav: Aktenstücke und Aufzeichnungen zur Geschichte der Frankfurter Nationalversammlung aus dem Nachlaß. Hrsg. von Rudolf Hübner. Berlin/Leipzig 1924.
Dumstrey, Wilhelm (Hrsg.): Die Revolution von 1848 in zeitgenössischen Berichten, Reden, Erklärungen, Denkschriften und Urkunden. Berlin 1948.
Duncker, Max: Politischer Briefwechsel aus seinem Nachlaß. Hrsg. von Johannes Schultze. Stuttgart 1923.
– Zur Geschichte der deutschen Reichsversammlung in Frankfurt. Berlin 1849.
Eigenbrodt, Reinhard Carl Theodor: Meine Erinnerungen aus den Jahren 1848, 1849 und 1850. Hrsg. von Ludwig Bergstrásser. Darmstadt 1914.
Eisenmann, Johann Gottfried: Die Parteien der deutschen Reichsversammlung. Ihre Programme, Statuten und Mitgliederverzeichnisse. Erlangen 1848.
Engels, Friedrich: Der Status quo in Deutschland. In: Marx-Engels-Werke. Bd. 4. Berlin 1959. S. 40–57.
– Die Deutsche Reichsverfassungskampagne. In: Marx-Engels-Werke. Bd. 7. Berlin 1969. S. 109–197.
Frei, Wilhelm: Die Volksbewegung in Baden im Mai und Juni 1849. Offenbach 1849.
Fröbel, Julius: Grundzüge zu einer republikanischen Verfassung für Deutschland. Der in Frankfurt zusammentretenden konstituierenden Versammlung vorgelegt. Mannheim 1848.
Gagern, Heinrich von: Deutscher Liberalismus im Vormärz. Heinrich von Gagern, Briefe und Reden 1815–1848. Hrsg. vom Bundesarchiv und der Hessischen Historischen Kommission, bearb. von Paul Wentzke und Wolfgang Klötzer. Göttingen 1959.
Die Gegenwart. Eine enzyklopädische Darstellung der neuesten Zeitgeschichte für alle Stände. 12 Bände. Leipzig 1848–56.
Gerlach, Ernst Ludwig von: Von der Revolution zum Norddeutschen Bund. Politik und Ideengut der preußischen Hochkonservativen 1848–1866. Aus dem Nachlaß von E. L. v. G. Hrsg. von Hellmut Diwald. 2 Tle. Göttingen 1970.

Gessner, Hugo: Der Central-März-Verein. Ein Fragment zur Beleuchtung der deutschen Bewegung. München 1850.

Gneist, Rudolf: Berliner Zustände. Politische Skizzen aus der Zeit vom 18. März 1848 bis 18. März 1849. Berlin 1849.

Goebel, Klaus / Wichelhaus, Manfred (Hrsg.): Aufstand der Bürger. Revolution 1848 im westdeutschen Industriezentrum. Vorwort von Gustav W. Heinemann. Wuppertal 1974.

[Goegg, Amand:] Nachträgliche authentische Aufschlüsse über die Badische Revolution von 1848, deren Entstehung, politischen und militärischen Verlauf. Zürich 1876. [Anonym ersch.]

Goldammer, Peter (Hrsg.): 1848. Augenzeugen der Revolution. Briefe, Tagebücher, Reden, Berichte. Berlin 1973.

Haenchen, Karl (Hrsg.): Revolutionsbriefe 1848. Ungedrucktes aus dem Nachlaß König Friedrich Wilhelms IV. von Preußen. Leipzig 1930.

Hansemann, David: Das Preußische und Deutsche Verfassungswerk. Mit Rücksicht auf mein politisches Wirken. Berlin 1850.

Hansen, Joseph / Boberach, Heinz (Hrsg.): Rheinische Briefe und Akten zur Geschichte der politischen Bewegung: 1830–1850. Bd. 2, Hälfte 1 (Januar 1846–April 1858). Bonn 1942.

Hartmann, Moritz: Reimchronik des Pfaffen Maurizius. Frankfurt a. M. 1849.

Hartwig, Helmut / Riha, Karl: Politische Ästhetik und Öffentlichkeit. 1848 im Spaltungsprozeß des historischen Bewußtseins. Steinbach 1974.

Hassler, Konrad Dietrich (Hrsg.): Verhandlungen der deutschen Konstituierenden Nationalversammlung zu Frankfurt am Main. 6 Bde. Frankfurt a. M. 1848–49.

Häusser, Ludwig: Denkwürdigkeiten zur Geschichte der Badischen Revolution. Heidelberg 1851.

Haym, Rudolf: Die deutsche Nationalversammlung bis zu den Septemberereignissen. Ein Bericht aus der Partei des rechten Zentrums. Frankfurt a. M. 1848.

– Die deutsche Nationalversammlung von den Septemberereignissen bis zur Kaiserwahl. Ein weiterer Parteibericht. Berlin 1849.

Jacoby, Johann: Gesammelte Schriften und Reden. 2 Bde. Hamburg 1877.

– Briefwechsel 1816–1849: Hrsg. von Edmund Silberner. Hannover 1974.

Jessen, Hans (Hrsg.): Die deutsche Revolution 1848/49 in Augenzeugenberichten. Düsseldorf 1968.

Jürgens, Karl: Zur Geschichte des deutschen Verfassungswerks 1848/49. 2 Bde. Hannover 1856–57.

Kaiser, Bruno: Die Achtundvierziger. Ein Lesebuch für unsere Zeit. Hrsg. von Walter Victor. Berlin 1870.

Lammel, Inge: Lieder der Revolution 1848. Frankfurt a. M. 1957.

Lasker, Ignaz: Des deutschen Volkes Erhebung im Jahre 1848, sein Kampf um freie Institutionen und sein Siegesjubel. Ein Volks- und Erinnerungsbuch für die Mit- und Nachwelt. Danzig 1848.

Laube, Heinrich: Das erste deutsche Parlament. 3 Bde. Leipzig 1849. Neuaufl. 1909.

Lautenschlager, Friedrich (Hrsg.): Volksstaat und Einherrschaft. Dokumente aus der badischen Revolution 1848/49. Konstanz 1920.

Lewald, Fanny: Erinnerungen aus dem Jahre 1848. 2 Bde. Braunschweig 1850.

Marx, Karl: Die Bourgeoisie und die Konterrevolution. In: Marx-Engels-Werke. Bd. 6. Berlin 1959. S. 102–124.

Marx, Karl / Engels, Friedrich: Manifest der Kommunistischen Partei. In: Marx-Engels-Werke. Bd. 4. Berlin 1959. S. 459–493.

Raese, Ferdinand: Die deutsche Volksbewegung von Gottes Gnaden. Geschichte des Jahres 1848. Stuttgart 1849.

Radowitz, Joseph von: Nachgelassene Briefe und Aufzeichnungen zur Geschichte der Jahre 1848–1853. Hrsg. von Walter Möring. Stuttgart 1922.

Raumer, Friedrich von: Briefe aus Frankfurt und Paris 1848/49. 2 Tle. Leipzig 1849.

Reichensperger, Peter: Erlebnisse eines alten Parlamentariers im Revolutionsjahr 1848. Berlin 1882.

Reinöhl, Walter (Hrsg.): Revolution und Nationalversammlung 1848. Schwäbische Urkunden. Stuttgart 1919.

Röckel, August: Zu lebenslänglich begnadigt. Sachsens Erhebung und das Zuchthaus zu Waldheim. Nachw. von Rolf Weber. Berlin 1963.

Roth, Paul / Merck, Herbert (Hrsg.): Quellensammlung zum deutschen öffentlichen Recht seit 1848. 2 Bde. Erlangen 1850–52.

Rümelin, Gustaf: Aus der Paulskirche. Berichte an den Schwäbischen Merkur aus den Jahren 1848 und 1849. Hrsg. von H. R. Schäfer. Stuttgart 1892.

Salomon, Felix: Die deutschen Parteiprogramme. H. 1: Von 1844–1871. Leipzig 1907.

Schlechte, H. (Hrsg.): Die Allgemeine deutsche Arbeiterverbrüderung 1848–1850. Weimar 1979.
– Der Bund der Kommunisten. Dokumente und Materialien. Berlin 1983.
Schulz, K. G.: Die Berliner Märztage vom militärischen Standpunkt aus geschildert. Berlin 1850.
Schulz, Wilhelm: Denkschrift über die internationale Politik Deutschlands. Darmstadt 1848.
– Die österreichische Frage und das preußisch-deutsche Kaisertum. Eine in der Paulskirche nicht gehaltene Rede. Darmstadt 1849.
– Die ungarische und deutsche Revolution. Eine politische Parallele. In: Deutsche Monatsschrift für Politik, Wissenschaft, Kunst und Leben (1850) H. 11.12. S. 276–292; 344–367.
Schurz, Carl: Sturmjahre. Lebenserinnerungen eines Achtundvierzigers. Hrsg. von Joachim Lindner. Berlin 1973.
Siemann, Wolfram: Restauration, Liberalismus und nationale Bewegung 1815–1870. Akten, Urkunden und persönliche Quellen. Darmstadt 1982.
– (Hrsg.): Der ›Polizeiverein‹ deutscher Staaten. Eine Dokumentation zur Überwachung der Öffentlichkeit nach der Revolution von 1848/49. Tübingen 1983.
Sigel, Franz: Denkwürdigkeiten des Generals Franz Sigel aus den Jahren 1848 und 1849. Mannheim 1901.
Simon, Ludwig: Aus dem Exil. 2 Bde. Gießen 1855.
Stahl, Friedrich Julius: Die deutsche Reichsverfassung nach den Beschlüssen der deutschen Nationalversammlung und nach dem Entwurf der drei königlichen Regierungen beleuchtet. Berlin 1849.
Staroste, Daniel: Tagebuch der Ereignisse in der Pfalz und in Baden 1849. 2 Bde. Potsdam 1852.
Stein, Lorenz von: Zur preußischen Verfassungsfrage. [1852] 2., unveränd. Aufl. Sonderausg. Darmstadt 1961.
Stern, S.: Die Geschichte des deutschen Volkes in den Jahren 1848 und 1849. Berlin 1850.
Streckfuss, Adolph: Die Staats-Umwälzungen der Jahre 1847 und 1848. 3 Bde. Berlin 1852.
Struve, Gustav von: Geschichte der drei Volkserhebungen in Baden, 1848/49. Bern 1849. Veränd. Nachdr. Freiburg 1980.
Struve, Gustav von / Rasch, Gustav: Zwölf Streiter der Revolution. Berlin 1867.

Temme, J. D. T.: Erinnerungen. Hrsg. von Stephan Born. Leipzig 1883. Neu hrsg. u. d. T.: Augenzeugenberichte der deutschen Revolution. Ein preußischer Richter als Vorkämpfer der Demokratie. Darmstadt 1996.

Unruh, Hans Viktor von: Erfahrungen aus den letzten drei Jahren. Ein Beitrag zur Kritik der politischen Mittelparteien. Magdeburg 1851.

Verhandlungen des Deutschen Parlaments. Offizielle Ausgabe. Mit einer geschichtlichen Einleitung über die Entstehung der Vertretung des ganzen deutschen Volkes von Karl Jucho. 2 Tle. Frankfurt a. M. 1848.

Violand, Ernst: Die soziale Geschichte der Revolution in Österreich 1848. Leipzig 1850. Neu hrsg. von Wolfgang Häusler. Wien 1984.

Vogt, Karl: Der achtzehnte September in Frankfurt. Frankfurt a. M. 1848.

Weber, Rolf (Hrsg.): Revolutionsbriefe 1848/49. Leipzig 1973.

Wentzke, Paul (Hrsg.): Die erste deutsche Nationalversammlung und ihr Werk. Ausgewählte Reden. München 1922.

Wichmann, Wilhelm: Denkwürdigkeiten aus der Paulskirche. Hannover 1888.

Wigard, Franz (Hrsg.): Stenographische Berichte über die Verhandlungen der deutschen konstituierenden Nationalversammlung zu Frankfurt am Main. 9 Bde. Frankfurt a. M. 1848–49.

Wolff, Adolf (Hrsg.): Berliner Revolutionschronik. Darstellung der Berliner Bewegungen im Jahre 1848 nach politischen, sozialen und literarischen Beziehungen. 3 Bde. Berlin 1851–54. Repr. Leipzig 1978.

Literatur

(Forschungsberichte, Lexika und Sekundärliteratur)

Bach, Maximilian: Geschichte der Wiener Revolution im Jahre 1848. Wien 1898.

Balser, Frolinde: Sozial-Demokratie 1848/49–1863. Die erste deutsche Arbeiterorganisation ›Allgemeine Arbeiterverbrüderung‹ nach der Revolution. Stuttgart 1962.

Bartel, Horst (Hrsg.): Die bürgerlich-demokratische Revolution von 1848/49 in Deutschland. 2 Bde. Berlin 1972.

Baumgart, Franzjörg: Die verdrängte Revolution. Darstellung und Bewertung der Revolution von 1848 in der deutschen Geschichtsschreibung vor dem ersten Weltkrieg. Düsseldorf 1976.

Bavendamm, Dirk: Von der Revolution zur Reform. Die Verfassungspolitik des Hamburgischen Senats 1849/50. Berlin 1969.

Becker, Gerhard: Karl Marx und Friedrich Engels in Köln 1848/49. Zur Geschichte des Kölner Arbeitervereins. Berlin 1963.

Bernstein, Eduard: Geschichte der Berliner Arbeiterbewegung. Ein Kapitel zur Geschichte der deutschen Sozialdemokratie. 2 Bde. Berlin 1907.

Best, Heinrich: Interessenpolitik und nationale Integration 1848/49. Handelspolitische Konflikte im frühindustriellen Deutschland. Göttingen 1980.

Best, Heinrich / Weege, Wilhelm (Hrsg.): Biographisches Handbuch der Abgeordneten der Frankfurter Nationalversammlung 1848/49. Düsseldorf 1996.

Biermann, Wilhelm: Franz Leo Benedikt Waldeck. Ein Streiter für Wahrheit und Recht. Paderborn 1928.

Biermann, Wilhelm Eduard: Karl Georg Winkelblech (Karl Marlo). Sein Leben und sein Werk. 2 Bde. Leipzig 1909.

Blackbourn, David / Eley, Geoff: Mythen deutscher Geschichtsschreibung. Die gescheiterte bürgerliche Revolution von 1848. Frankfurt a. M. 1980.

Biwald, Brigitte: Von Gottes Gnaden oder von Volkes Gnaden? Die Revolution von 1848 in der Habsburgermonarchie. Der Bauer als Ziel politischer Agitation. Frankfurt a. M. 1996.

Bleiber, Helmut (Hrsg.): Bourgeoisie und bürgerliche Umwälzung in Deutschland 1789–1871. Karl Obermann zum 70. Geburtstag gewidmet. Berlin 1977.

Bleiber, Helmut / Schmidt, W. (Hrsg.): Forschungen zur Geschichte der Revolution von 1848/49. In: Zeitschrift für Geschichtswissenschaft. Sonderbd. Berlin 1970.

Blos, Anna: Frauen der deutschen Revolution 1848. 10 Lebensbilder. Dresden 1928.

Botzenhart, Manfred: Deutscher Parlamentarismus der Revolutionszeit 1848–1850. Düsseldorf 1977.

Braubach, Max: Bonner Professoren und Studenten in den Revolutionsjahren 1848/49. Köln 1967.

Brederlow, Jörn: ›Lichtfreunde‹ und Freie Gemeinden. Religiöser Protest und Freiheitsbewegung im Vormärz und in der Revolution von 1848/49. München 1976.

Burian, Peter: Die Nationalitäten in ›Cisleithanien‹ und das Wahlrecht der Märzrevolution 1848/49. Zur Problematik des Parlamentarismus im alten Österreich. Graz/Köln 1962.

Canis, Konrad: Der preußische Militarismus der Revolution von 1848. Rostock 1965.

Conze, Werner (Hrsg.): Staat und Gesellschaft im deutschen Vormärz 1815–1848. Stuttgart 1970.

Denkler, Horst: Der deutsche Michel. Revolutionskomödien der Achtundvierziger. Stuttgart 1971.

– Straßenecken-Literatur 1848/49. Humoristisch-satirische Flugschriften aus der Revolutionszeit. Stuttgart 1977.

Dlubek, Rolf: Johann Philipp Becker. Vom radikalen Demokraten zum Mitstreiter von Marx und Engels in der 1. Internationale. Berlin 1964.

Dobert, Eitel Wolf: Deutsche Demokraten in Amerika. Die Achtundvierziger und ihre Schriften. Göttingen 1958.

Doeberl, Michael: Bayern und die deutsche Frage in der Epoche des Frankfurter Parlaments. München 1922.

Dorpalen, Andreas: Die Revolution von 1848. In: Revolution und Gesellschaft. Hrsg. von Theodor Schieder. Freiburg [u. a.] 1973. S. 97–116.

Dowe, Dieter: Aktion und Organisation. Arbeiterbewegung, sozialistische und kommunistische Bewegung in der preußischen Rheinprovinz 1820–1852. Hannover 1970.

Droz, Jacques: Les Revolutions Allemands de 1848. Paris 1967.

Endres, Robert: Revolution in Österreich 1848. Wien 1947.

Eyck, Frank: Deutschlands große Hoffnung. Die Frankfurter Nationalversammlung. München 1973.

Faulenbach, B.: Ideologie des deutschen Weges. Die deutsche Historiographie zwischen Kaiserreich und Nationalsozialismus. München 1980.

Fendrich, Anton: Die badische Bewegung der Jahre 1848/49. Frankfurt a. M. 1924.

Fenske, Hans: Wahlrecht und Parteiensystem. Ein Beitrag zur deutschen Parteiengeschichte. Frankfurt a. M. 1972.

Fischer, Ernst: Österreich 1848. Probleme der demokratischen Revolution in Österreich. Wien 1946.

Fleck, Robert: Gleichheit auf den Barrikaden. Die Revolutionen von 1848 in Europa. Versuch über die Demokratie. Wien 1991.

Friedensburg, Wilhelm: Stephan Born und die Organisationsbestre-

bungen der Berliner Arbeiterschaft bis zum Berliner Arbeiterkongreß (August/September 1848). Leipzig 1923.
Friedjung, Heinrich: Österreich von 1848 bis 1850. 2 Bde. Stuttgart/Berlin 1918.
Gabe, Walther: Hamburg in der Bewegung von 1848/49. Heidelberg 1911.
Gailus, Manfred: Straße und Brot. Sozialer Protest in den deutschen Staaten unter besonderer Berücksichtigung Preußens 1847–49. Göttingen 1990.
Gerth, Karl Ludwig: Um Einheit und Freiheit. Ursprung und Entwicklung der Revolution 1848. Berlin 1948.
Gollwitzer, Heinz: Friedrich Daniel Bassermann und das deutsche Bürgertum. Mannheim 1955.
Grab, Walter (Hrsg.): Die Revolution von 1848/49. Eine Dokumentation. München 1980.
– Dr. Wilhelm Schulz aus Darmstadt. Weggefährte von Georg Büchner, Inspirator von Karl Marx. Frankfurt a. M. 1987.
Grab, Walter / Schoeps, Julius (Hrsg.): Juden im Vormärz und in der Revolution von 1848. Stuttgart/Bonn 1983.
Griewank, Karl: Deutsche Studenten und Universitäten in der Revolution von 1848. Weimar 1949.
Hammen, Oscar J.: Die roten Achtundvierziger. Karl Marx und Friedrich Engels. Frankfurt a. M. 1972.
Hauch, Gabriella: Frau Biedermeier auf den Barrikaden. Frauenleben in der Wiener Revolution 1848. Wien 1990.
Häusler, Wolfgang: Von der Massenarmut zur Arbeiterbewegung. Demokratie und soziale Frage in der Wiener Revolution von 1848. Wien/München 1979.
– Das Gefecht von Schwechat am 30. Oktober 1848. Wien 1977.
– Das Judentum im Revolutionsjahr 1848. Wien/München 1974.
Heuss, Theodor: Ein Vermächtnis. Werk und Erbe von 1848. Tübingen 1963.
Hock, Wolfgang: Liberales Denken in der Frankfurter Paulskirche. Droysen und die Frankfurter Mitte. Münster 1957.
Hofer, Walther: Das europäische Revolutionsjahr 1848. Zürich 1948.
Hofmann, J.: Das Ministerium Camphausen-Hansemann. Zur Politik der preußischen Bourgeoisie in der Revolution 1848/49. Berlin 1981.
Hohlfeld, Andreas: Das Frankfurter Parlament und sein Kampf um das deutsche Heer. Berlin 1932.

Huber, Ernst Rudolf: Deutsche Verfassungsgeschichte seit 1789. Bd. 2: Der Kampf um Einheit und Freiheit 1830 bis 1850. Stuttgart ²1968.

Katz-Seibert, Mathilde: Der politische Radikalismus in Hessen während der Revolution von 1848/49. Darmstadt 1929.

Keil, Wilhelm (Hrsg.): Deutschland 1848–1849. Beiträge zur historisch-politischen Würdigung der Volkserhebung von 1848/49. Stuttgart 1948.

Kersten, Kurt: Die deutsche Revolution 1848–1849. Frankfurt a. M. 1955.

Kißling, Rudolf (Hrsg.): Die Revolution im Kaisertum Österreich 1848–1849. 2 Bde. Wien 1948.

Klotzer, Wolfgang [u. a.] (Hrsg.): Ideen und Strukturen der deutschen Revolution 1848. Frankfurt a. M. 1974.

Koch, Rainer: Demokratie und Staat bei Julius Fröbel 1804–1893. Liberales Denken zwischen Naturrecht und Sozialdarwinismus. Wiesbaden 1978.

– (Hrsg.): Die Frankfurter Nationalversammlung 1848/49. Ein Handlexikon der Abgeordneten der deutschen verfassunggebenden Reichs-Versammlung. Kelkheim 1989.

Kolmer, Gustav: Parlament und Verfassung in Österreich. Bd. 1: 1848–1869. Wien 1902. Nachdr. Graz 1972.

Koops, Tilman / Boberach, Heinz (Hrsg.): Erinnerungsstätte für die Freiheitsbewegungen in der deutschen Geschichte. Katalog der ständigen Ausstellung in Rastatt. Koblenz 1984.

Krause, Hans: Die demokratische Partei von 1848 und die soziale Frage. Ein Beitrag zur Geschichte der ersten deutschen Revolution. Frankfurt a. M. 1923.

Kreibich, K.: Die Deutschen und die böhmische Revolution 1848. Berlin 1952.

Kuczynski, Jürgen: Die wirtschaftlichen und sozialen Voraussetzungen der Revolution von 1848–1849. Berlin 1948.

Kumhof, Hermann: Karl Marx und die *Neue Rheinische Zeitung* in ihrem Verhältnis zur demokratischen Bewegung der Revolutionsjahre 1848/49. Berlin 1961.

Langewiesche, Dieter: Liberalismus und Demokratie in Württemberg zwischen Revolution und Reichsgründung. Düsseldorf 1974.

– Die deutsche Revolution von 1848/49 und die vorrevolutionäre Gesellschaft. Forschungsstand und Forschungsperspektiven.

Tl. 1. In: Archiv für Sozialgeschichte 21 (1981) S. 458–498. – Tl. 2. In: Ebd. 31 (1991) S. 331–443.

Langewiesche, Dieter: Europa zwischen Restauration und Revolution 1815–1848. München 1985. ³1993.

– (Hrsg.): Die deutsche Revolution 1848/49. Darmstadt 1983.

Liebknecht, Wilhelm: Robert Blum und seine Zeit. Nürnberg 1896.

Lipp, Carola (Hrsg.): Schimpfende Weiber und patriotische Jungfrauen. Frauen im Vormärz und in der Revolution 1848/49. Baden-Baden 1986.

Lüders, Gustav: Die demokratische Bewegung in Berlin im Oktober 1848. Berlin/Leipzig 1909.

Mann, Bernhard: Die Württemberger und die deutsche Nationalversammlung 1848/49. Düsseldorf 1975.

Marx, Julius: Die wirtschaftlichen Ursachen der Revolution von 1848 in Österreich. Graz/Köln 1965.

Mayer, Gustav: Friedrich Engels. 2 Bde. Köln 1970.

– Die Anfänge des politischen Radikalismus im vormärzlichen Preußen. In: Radikalismus, Sozialismus und bürgerliche Demokratie. Hrsg. von Hans Ulrich Wehler. Frankfurt a. M. 1967. S. 7–107.

Mehring, Franz: Geschichte der deutschen Sozialdemokratie. Tl. 1: Von der Julirevolution bis zum preußischen Verfassungsstreit 1830 · 1863. Berlin 1960.

– Karl Marx. Geschichte seines Lebens. Berlin 1964.

Meinecke, Friedrich: 1848 – Eine Säkularbetrachtung. Berlin 1948.

Meyer, Hermann: Studien zur Geschichte der deutschen Revolution. Darmstadt 1949.

Moltmann, Günter: Atlantische Blockpolitik im 19. Jahrhundert. Die Vereinigten Staaten und der deutsche Liberalismus während der Revolution 1848/49. Düsseldorf 1973.

Mosse, Werner [u. a.] (Hrsg.): Revolution and Evolution in German Jewish History. Tübingen 1981.

Näf, Werner: Die Schweiz in der deutschen Revolution. Leipzig 1929.

Namier, L. B.: 1848. The Revolution of the Intellectuals. London 1944.

Nathan, Helene: Preußens Verfassung und Verwaltung im Urteil rheinischer Achtundvierziger. Bonn 1912.

Neher, Walter: Arnold Ruge als Politiker und politischer Schriftsteller. Ein Beitrag zur deutschen Geschichte des 19. Jahrhunderts. Heidelberg 1933.

Neuland, Franz: Proletarier und Bürger. Arbeiterbewegung und radikale Demokratie in Frankfurt am Main 1848. Frankfurt a. M. 1973.

Neumüller, Michael: Liberalismus und Revolution. Das Problem der Revolution in der deutschen liberalen Geschichtsschreibung des 19. Jahrhunderts. Düsseldorf 1973.

Niessner, Alois: Rheinland und Westfalen während der Sturmjahre 1848/49. Aachen 1906.

Noyes, P. H.: Organization and Revolution. Working-class associations in the German revolutions of 1848–49. Princeton 1966.

Obermann, Karl: Die deutschen Arbeiter während der Revolution von 1848. Berlin 1953.

– Zur Geschichte des Bundes der Kommunisten 1849 bis 1852. Berlin 1955.

– Die ungarische Revolution von 1848/49 und die demokratische Bewegung in Deutschland. Budapest 1971.

– Die Revolution von 1848. In: Deutsche Geschichte. Hrsg. von H. J. Bartmuss [u. a.]. Bd. 2: Von 1789–1917. Berlin 1965. S. 247–341.

– (Hrsg.): Männer der Revolution von 1848. Berlin 1970.

Paschen, Joachim: Demokratische Vereine und preußischer Staat. Entwicklung und Unterdrückung der demokratischen Bewegung während der Revolution von 1848/49. München/Wien 1977.

Pazi, Margarita: Die Juden in der ersten deutschen Nationalversammlung (1848/49). In: Jahrbuch des Instituts für deutsche Geschichte 5 (1976) S. 177–209.

Peiser, Jürgen: Gustav Struve als politischer Schriftsteller und Revolutionär. Frankfurt a. M. 1973.

Pelger, Hans: Zur demokratischen und sozialen Bewegung in Norddeutschland im Anschluß an die Revolution von 1848. In: Archiv für Sozialgeschichte 8 (1968) S. 161–228.

Prinz, Friedrich: Hans Kudlich (1823–1917). Versuch einer historisch-politischen Biographie. München 1962.

Quarck, Max: Die erste deutsche Arbeiterbewegung. Geschichte der Arbeiterverbrüderung 1848/49. Leipzig 1924. Neudr. 1970.

Rachfahl, Felix: Deutschland, König Friedrich Wilhelm IV. und die Berliner Märzrevolution. Halle (Saale) 1911.

Rath, R. John: The Viennese Revolution of 1848. New York ²1969.

Robertson, Priscilla: Revolutions of 1848. A social history. Princeton ²1968.

Rogge, Franziska: Wir helfen uns selbst! Die kollektive Selbsthilfe

der Arbeiterverbrüderung 1848/49 und die individuelle Selbsthilfe Stephan Borns. Erlangen 1986.
Rosdolsky, Roman: Friedrich Engels und das Problem der »geschichtslosen Völker«. Die Nationalitätenfrage in der Revolution 1848/49 im Lichte der *Neuen Rheinischen Zeitung*. In: Archiv für Sozialgeschichte 4 (1964) S. 87–282.
– Die Bauernabgeordneten im konstituierenden österreichischen Reichstag 1848–1849. Wien 1976.
Rosenberg, Hans: Politische Denkströmungen im deutschen Vormärz. Göttingen 1972.
Roth, Hans: Die Linke in der Paulskirche und der Nationalismus. Diss. Freiburg 1950.
Sauer, Paul: Revolution und Volksbewaffnung. Die württembergischen Bürgerwehren im 19. Jahrhundert, vor allem während der Revolution von 1848/49. Ulm 1976.
Schauer, Kurt: Der Einzelne und die Gemeinschaft. Vom Geschäftsverfahren des Frankfurter Parlaments. Frankfurt 1923.
Scherr, Johannes: 1848. Ein weltgeschichtliches Drama. 2 Bde. Leipzig 1875.
Scherrer, Hans: Der Aufstand in Baden und in der Rheinpfalz. Leipzig 1911.
Schilfert, Gerhard: Sieg und Niederlage des demokratischen Wahlrechts in der deutschen Revolution 1848/49. Berlin 1952.
Schill, Friedrich Wilhelm: Baden und die preußische Unionspolitik 1849/50. Ein Beitrag zur Geschichte der deutschen Einheitsbewegung. Heidelberg 1930.
Schmidt, Siegfried: Robert Blum. Vom Leipziger Liberalen zum Märtyrer der deutschen Demokratie. Weimar 1971.
Schmidt, Walter [u. a.] (Hrsg.): Illustrierte Geschichte der Revolution von 1848/1849. Berlin 1973.
– Zur historischen Stellung der deutschen Revolution von 1848/49. In: Die großpreußisch-militaristische Reichsgründung 1871. Hrsg. von H. Bartel und E. Engelberg. Bd. 1. Berlin 1971.
Schmiedecke, Adolf: Die Revolution 1848/49 im Lande Sachsen-Anhalt. Halle 1948.
Schnabel, Franz: Der Zusammenschluß des politischen Katholizismus in Deutschland im Jahre 1848. Heidelberg 1960.
– Die Revolution 1848 und die deutsche Geschichte. In: F. Sch.: Abhandlungen und Vorträge 1914–1965. München 1970.
Schneider, Walter: Wirtschafts- und Sozialpolitik im Frankfurter Parlament 1848/49. Frankfurt a. M. 1923.

Schreiner, Klaus: Die badisch-pfälzische Revolutionsarmee 1849. Berlin 1956.

Schulte, Wilhelm: Volk und Staat. Westfalen im Vormärz und in der Revolution 1848/49. Münster 1954.

Schulz, Hugo: Großkampftage der Revolution 1848/49. Wien 1929.

Sieber, Eberhard: Stadt und Universität Tübingen in der Revolution von 1848/49. Tübingen 1974.

Siemann, Wolfram: Die Frankfurter Nationalversammlung zwischen demokratischem Liberalismus und konservativer Reform. Die Bedeutung der Juristendominanz in den Verfassungsverhandlungen des Paulskirchenparlaments. Bern/Frankfurt a. M. 1976.

– Die deutsche Revolution von 1848/49. Frankfurt a. M. 1985.

Silberner, Edmund: Johann Jacoby, Politiker und Mensch. Bonn-Bad Godesberg 1976.

Stearns, Peter: The Revolutions of 1848. London 1974.

Stein, H.: Der Kölner Arbeiterverein 1848/49. Köln 1921.

Steiner, Herbert: Karl Marx in Wien. Die Arbeiterbewegung zwischen Revolution und Restauration 1848. Wien [u. a.] 1978.

Strauss, H. H.: Staat, Bürger, Mensch. Die Debatten der deutschen Nationalversammlung 1848/49 über die Grundrechte. Aarau 1947.

Streisand, Joachim: Um die Einheit Deutschlands. Die Revolution 1848/49. Berlin 1953.

Strey, Joachim / Winkler, Gerhard: Marx und Engels 1848/49. Die Politik und Taktik der *Neuen Rheinischen Zeitung* während der bürgerlich-demokratischen Revolution in Deutschland. Berlin 1972.

Sutter, Otto Ernst: Die Linke in der Paulskirche. Frankfurt a. M. 1924.

Thielbeer, Heide: Universität und Politik in der Deutschen Revolution von 1848. Bonn 1983.

Ullik, Rudolf: Das Ministerium für öffentliche Arbeiten im Jahre 1848. Wien 1975.

Underberg, Elfriede: Die Dichtung in der ersten deutschen Revolution 1848/49. Leipzig 1910.

Valentin, Veit: Geschichte der deutschen Revolution 1848–1849. 2 Bde. Berlin 1930–31. Neudr. Köln 1970. [Literaturverzeichnis mit über 1500 Titeln.]

– Frankfurt am Main und die Revolution von 1848/49. Stuttgart/Berlin 1908.

Valentin, Veit: Baden und Preußen im Jahre 1849. In: Vom staatlichen Werden und Wesen. Festschrift für Erich Marcks. Berlin 1921.
- Die erste deutsche Nationalversammlung. München/Berlin 1919.
- Die 48er Demokratie und der Völkerbundgedanke. Berlin 1919.

Voss, Wilhelm von: Der Feldzug in der Pfalz und in Baden im Jahr 1849. Berlin 1903.

Vossler, Otto: Die Revolution von 1848 in Deutschland. Berlin 1967.

Walter, Friedrich: Die Geschichte der Ministerien Kolowrat, Ficquelmont, Pillersdorf, Wessenberg-Doblhoff und Schwarzenberg. 2 Bde. Wien 1964.

Weber, Rolf: Die Revolution in Sachsen 1848/49. Entwicklung und Triebkräfte. Berlin 1970.

Weigel, Sigrid: Flugschriftenliteratur 1848 in Berlin. Geschichte und Öffentlichkeit einer volkstümlichen Gattung. Stuttgart 1979.

Wentzke, Paul: Heinrich v. Gagern. Vorkämpfer für deutsche Einheit und Volksvertretung. Göttingen 1957.
- 1848. Die unvollendete deutsche Revolution. München 1938.
- Ideale und Irrtümer des ersten deutschen Parlaments (1848–1849). Heidelberg 1959.

Wermuth, Otto: Wir haben's gewagt! Die badisch-pfälzische Revolution 1849. Freiburg 1981.

Werner, Adolf: Die politische Bewegung in Mecklenburg und der außerordentliche Landtag im Frühjahr 1848. Berlin 1907.

Wernicke, Kurt: Geschichte der revolutionären Berliner Arbeiterbewegung 1830–49. Berlin 1978.

Wollstein, Günter: Das ›Großdeutschland‹ der Paulskirche. Nationale Ziele in der bürgerlichen Revolution 1848/49. Düsseldorf 1977.

Wörner, Emil: Leipzig in den Jahren 1848 und 1849. Leipzig 1909.

Zeidler, Sylvia: Wirtschaftliche und soziale Probleme der Wiener Revolution im Spiegel der Wiener Flugschriften. Wien 1976.

Zenker, Ernst Viktor: Die Wiener Revolution in ihren sozialen Voraussetzungen und Beziehungen. Wien [u. a.] 1897.

Zewell, Rudolf: Die österreichische Revolution von 1848/49 im Urteil der Rheinländer. Wien 1983.

Zimmermann, Ludwig: Die Einheits- und Freiheitsbewegung und die Revolution von 1848 in Franken. Würzburg 1953.

Inhalt

Einleitung: 1848: Eine gescheiterte, aber keine vergebliche Revolution 5

1 Das Offenburger Programm der südwestdeutschen Demokraten
   12. September 1847 25

2 Das Heppenheimer Programm der südwestdeutschen Liberalen
   10. Oktober 1847 27

3 Bundesbeschluß über die Einführung der Preßfreiheit
   3. März 1848 30

4 Anonyme revolutionäre Flugschrift
   Anfang März 1848 31

5 Erklärung der Heidelberger Versammlung
   5. März 1848 34

6 Bundesbeschluß über Wappen und Farben des Deutschen Bundes
   9. März 1848 37

7 Bundesbeschluß über die Berufung von Männern des allgemeinen Vertrauens
   10. März 1848 38

8 Kundmachung über die Zugeständnisse des kaiserlichen Hofes nach dem Wiener Volksaufstand
   14. März 1848 39

9	Preußisches Preßgesetz
	17. März 1848 40

10	Die Märztage in Berlin oder die Nacht des Freiheitskampfes
	18. März 1848 43

11	Errichtung einer Bürgerwehr in Berlin
	19. März 1848 45

12	Proklamation des Königs von Preußen »An mein Volk und an die deutsche Nation«
	21. März 1848 46

13	Proklamation des Königs von Preußen über Volksvertretung und Bürgerrechte
	22. März 1848 48

14	Forderungen der Volksversammlung zu Heidelberg
	26. März 1848 49

15	Die Beschlüsse des Vorparlaments
	31. März und 1. bis 4. April 1848 52

16	Bundesbeschluß über die Aufhebung der Bundes-Ausnahmegesetze gegen demokratische Bewegungen
	2. April 1848 57

17	Forderungen der kommunistischen Partei
	5. April 1848 57

18	Beschluß des Frankfurter Bundestages über die Wahlen zur deutschen Nationalversammlung
	7. April 1848 60

19	Wahlmanifest des Deutschen Vereins
	10. April 1848 61

20	Kölner Volks-Wahlprogramm 19./20. April 1848	64
21	Aufruf des Wiener Wahlkomitees zur Wahl der Abgeordneten zur deutschen Nationalversammlung in Frankfurt am Main 20. April 1848	68
22	Grundgesetze des Deutschen Vaterlandsvereins 24. April 1848	70
23	Aufrufe der Nationalgarde und der Akademischen Legion nach den Mai-Unruhen in Wien 18. Mai 1848	71
24	Statuten des demokratischen Klubs in Berlin 21. Mai 1848	72
25	Appell des Wiener Bürger- und Studentenausschusses an die Arbeiter nach den Barrikadenkämpfen vom 26. Mai 1848 27. Mai 1848	73
26	Anträge an die Reichsversammlung in Frankfurt zur Abwehr der unserem Vaterlande drohenden Gefahren. Von Wilhelm Schulz 28. Mai 1848	74
27	Flugblatt Friedrich Heckers, verteilt in der Nationalversammlung zu Frankfurt a. M. Anfang Juni 1848	84
28	Forderungen des Zentralkomitees der Berliner Arbeitervereine 10. Juni 1848	88
29	Programm des zentralen Wahlkomitees für den Österreichischen Reichstag Juni 1848	89

30 Warnung Johannes Ronges vor der Tatenarmut
der Nationalversammlung
21. Juni 1848 91

31 Beschluß der Frankfurter Nationalversammlung
über die Errichtung einer provisorischen
Zentralgewalt
28. Juni 1848 94

32 Die Programme der Parteien der Deutschen
Nationalversammlung in Frankfurt a. M.
Juni bis Oktober 1848 96

33 Erlaß des Reichsverwesers an die deutschen
Regierungen, die Übernahme der provisorischen
Zentralgewalt betreffend
16. Juli 1848 104

34 Öffentlicher Protest der radikal-demokratischen
Fraktion Donnersberg gegen den antipolnischen
Beschluß der Mehrheit der Frankfurter Nationalversammlung
27. Juli 1848 106

35 Ferdinand Freiligrath: »Die Todten an die
Lebenden«
Juli 1848 110

36 Manifest des Berliner Arbeiterkongresses an die
Deutsche Nationalversammlung
2. September 1848 115

37 Ludwig Simons Rede bei der Volksversammlung
auf der Frankfurter Pfingstweide nach der Ratifi-
zierung des Malmöer Waffenstillstands durch die
Nationalversammlung
17. September 1848 119

38 Proklamation Gustav von Struves während
   seines republikanischen Putsches in Baden
   21. September 1848 122

39 Offizielle Darstellung des Frankfurter
   Volksaufstands. Erlaß der Zentralregierung
   22. September 1848 123

40 Kundmachung der Vereinigten Linken in der
   Frankfurter Nationalversammlung über die
   Septemberkrise
   22. September 1848 126

41 Der Beginn des Wiener Oktoberaufstands
   6. Oktober 1848 128

42 Siegesmeldung der Wiener Aufständischen
   9. Oktober 1848 131

43 Appell des Wiener Studentenausschusses an die
   Bauern, der Revolution zu Hilfe zu kommen
   16. Oktober 1848 133

44 Manifest Feldmarschalls Windischgrätz vor dem
   Sturmangriff auf Wien
   20. Oktober 1848 134

45 Aufruf des Wiener Demokratischen Vereins
   23. Oktober 1848 135

46 Die Verteidigung des revolutionären Wien
   26. Oktober 1848 136

47 Aufruf des Demokratenkongresses in Berlin
   29. Oktober 1848 139

48 Die Niederlage des Wiener Oktoberaufstands
   31. Oktober 1848 140

49	Aufruf der *Neuen Rheinischen Zeitung* zu revolutionärem Terrorismus 6. November 1848	142
50	Botschaft der preußischen Regierung über die Verlegung der preußischen Nationalversammlung in die Provinz 8. November 1848	146
51	Protest gegen den konterrevolutionären Staatsstreich in Preußen 10. November 1848	147
52	Die Verhängung des Belagerungszustandes in Berlin 12. November 1848	148
53	Kundmachung des demokratischen Zentralmärzvereins an das deutsche Volk November 1848	150
54	Verordnung über die Auflösung der preußischen Nationalversammlung 5. Dezember 1848	154
55	Verfassungsurkunde für den preußischen Staat 5. Dezember 1848	155
56	Wahlgesetz für die Zweite Kammer 6. Dezember 1848	173
57	Schreiben Friedrich Wilhelms IV. von Preußen an den Botschafter in London, von Bunsen, über Gottesgnadentum, Kaiserwürde und Revolution 13. Dezember 1848	175
58	Karl Marx über die Ursachen des Scheiterns der Revolution in Preußen 16. Dezember 1848	176

59	Verfassung des Deutschen Reiches 28. März 1849	180
60	Das Angebot der Kaiserkrone 3. April 1849	192
61	Die Antwort Friedrich Wilhelms IV. an die Deputation der Nationalversammlung 3. April 1849	193
62	Die Akzeptierung der Reichsverfassung der Paulskirche durch 28 kleine Teilstaaten Deutschlands 14. April 1849	195
63	Aufforderung der Nationalversammlung zur Durchsetzung der Reichsverfassung 4. Mai 1849	197
64	Der Beginn des Dresdner Aufstands 4. Mai 1849	198
65	Aufruf des Zentralmärzvereins an die deutschen Soldaten 6. Mai 1849	200
66	Endgültige Ablehnung der Frankfurter Beschlüsse durch Preußen. Erlaß des preußischen Ministeriums 7. Mai 1849	202
67	Mitteilung Gagerns über den Rücktritt seines Kabinetts 10. Mai 1849	206
68	Die Abberufung der preußischen Abgeordneten aus der Nationalversammlung 14. Mai 1849	207

69	Proklamation zu Beginn der Reichsverfassungskampagne	
	19. Mai 1849	208
70	Aufruf der Nationalversammlung an das deutsche Volk	
	26. Mai 1849	209
71	Die Einführung des Dreiklassenwahlrechts in Preußen	
	30. Mai 1849	212
72	Die Verlegung der Nationalversammlung nach Stuttgart	
	31. Mai 1849	218
73	Die Einsetzung der Reichsregentschaft	
	6. Juni 1849	219
74	Die Auflösung der deutschen Nationalversammlung	
	17. Juni 1849	220
75	Waffenruf badischer Freiheitskämpfer	
	Ende Juni 1849	224
76	Das Gothaer Programm der liberalen Erbkaiserpartei	
	28. Juni 1849	226
77	Kapitulationsbedingungen der in der Festung Rastatt eingeschlossenen Revolutionäre	
	23. Juni 1849	229
78	Standgerichtsurteile gegen Revolutionäre	
	Juli bis August 1848	230
79	Fünfundzwanzig Jahre danach · Georg Herwegh: »Noch sind nicht alle Märze vorbei«	
	18. März 1873	233

Zeittafel 235
Editorische Notiz 251
Quellennachweis 253
Auswahlbibliographie 255

Deutsche Geschichte
in Quellen und Darstellung

Eine neue, elfbändige Reihe mit den wichtigsten Quellentexten der deutschen Geschichte. Jedes Dokument wird einzeln erläutert und in den historischen Kontext eingeordnet. Auf der Basis des authentischen Materials der Zeit entsteht so eine fortlaufend lesbare Einführung in die jeweilige Epoche.

Bd. 1: Frühes und hohes Mittelalter. 750–1250.
Hrsg. von W. Hartmann. 472 S. UB 17001

Bd. 2: Spätmittelalter. 1250–1495.
Hrsg. von J.-M. Moeglin u. R.A. Müller. (In Vorbereitung)

Bd. 3: Reformationszeit. 1495–1555.
Hrsg. von U. Köpf. (In Vorbereitung)

Bd. 4: Gegenreformation und Dreißigjähriger Krieg. 1555–1648.
Hrsg. von B. Roeck. 437 S. UB 17004

Bd. 5: Zeitalter des Absolutismus. 1648–1789.
Hrsg. von H. Neuhaus. 488 S. UB 17005

Bd. 6: Von der Französischen Revolution bis zum Wiener Kongreß. 1789–1815.
Hrsg. von W. Demel u. U. Puschner. 427 S. UB 17006

Bd. 7: Vom Deutschen Bund zum Kaiserreich. 1815–1871.
Hrsg. von W. Hardtwig u. H. Hinze. 488 S. UB 17007

Bd. 8: Kaiserreich und Erster Weltkrieg. 1871–1918.
Hrsg. von R. v. Bruch. (In Vorbereitung)

Bd. 9: Weimarer Republik und Drittes Reich. 1918–1945.
Hrsg. von H. Hürten. 464 S. UB 17009

Bd. 10: Besatzungszeit, Bundesrepublik und DDR. 1945–1969.
Hrsg. von M. Niehuss. 478 S. UB 17010

Bd. 11: Bundesrepublik und DDR. 1969–1990.
Hrsg. von D. Grosser, St. Bierling u. B. Neuss. 422 S. UB 17011

Philipp Reclam jun. Stuttgart